浙江师范大学非洲研究文库
非洲人文经典译丛
总主编 洪 明 刘鸿武
副总主编 胡美馨 汪 琳

面向
肯尼亚山

Facing Mount Kenya

Jomo Kenyatta

［肯尼亚］乔莫·肯雅塔 著

陈芳蓉 译

浙江工商大学出版社 | 杭州
ZHEJIANG GONGSHANG UNIVERSITY PRESS

国家出版基金项目
NATIONAL PUBLICATION FOUNDATION

图字:11-2018-423号

图书在版编目(CIP)数据

面向肯尼亚山 / (肯尼亚)乔莫·肯雅塔著;陈芳蓉译. —杭州:浙江工商大学出版社, 2018.12

(非洲人文经典译丛 / 洪明,刘鸿武总主编)

书名原文:Facing Mount Kenya

ISBN 978-7-5178-2901-0

Ⅰ.①面… Ⅱ.①乔… ②陈… Ⅲ.①基库尤人—民族志

Ⅳ.①K424.8

中国版本图书馆 CIP 数据核字(2018)第182758号

面向肯尼亚山

MIANXIANG KENNIYASHAN

[肯尼亚]乔莫·肯雅塔 著

陈芳蓉 译

出 品 人	鲍观明
策划编辑	罗丁瑞
责任编辑	张莉娅　姚　媛
封面设计	林朦朦
封面插画	张儒赫　周学敏
责任印制	包建辉
出版发行	浙江工商大学出版社
	(杭州市教工路198号　邮政编码310012)
	(E-mail:zjgsupress@163.com)
	(网址:http://www.zjgsupress.com)
	电话:0571-88904980,88831806(传真)
排　　版	杭州朝曦图文设计有限公司
印　　刷	杭州高腾印务有限公司
开　　本	880mm×1230mm　1/32
印　　张	10.875
字　　数	204千
版 印 次	2018年12月第1版　2018年12月第1次印刷
书　　号	ISBN 978-7-5178-2901-0
定　　价	36.00元

"非洲人文经典译丛"
编委会

　　本书的版权购买和翻译出版获浙江师范大学外国语学院学科建设经费、浙江省"2011协同创新中心"非洲研究与中非合作协同创新中心支持。

总　序

　　非洲文学作为世界文学的重要组成部分，既拥有灿烂的口头文明，又不乏杰出的书面文学，是非洲不同群体的集体欲望与自我想象的凝结。非洲是个多民族地区，每个民族都有自己的语言。仅西非的主要语言就多达100多种，各地土语尚未包括在内。其中绝大多数语言没有形成书面形式，非洲口头文学通过民众和职业演唱艺人"格里奥"世代相传，内容包罗万象，涵盖神话传说、寓言童话、民间故事、历史传说等，直到今天依然保持活力。学界一般认为非洲现代文学诞生于19世纪末20世纪初，五六十年代臻于成熟，七八十年代形成百花齐放的局面，迎来了非洲文学繁荣期。这一时期的一大特点是欧洲语言（英语、法语、葡萄牙语等）与非洲本土语言（阿拉伯语、斯瓦希里语、豪萨语、阿非利卡语、奔巴语、修纳语、默里纳语、克里奥尔语等）文学并存，有的作家同时用两种语言写作。用欧洲语言写作是为了让世界听到非洲的声音，用本土语言写作是为了继承和发扬非洲本土文化。无论使用何种语言创作，非洲的知识分子奋笔疾书，向世界读者展现属于非洲人民自己的生活、文化与斗争。研究非洲文学，就是去认识非洲人民的生活历程、生命体验、情感结构，认识西方文化的镜像投射，认识第三世界文学、东方文学等世界经验的个体表述。

20世纪末，世界各地的图书出版业推出各区域、各语种"最伟大的100本书"，如美国现代文库曾推出"20世纪最伟大的100部英语作品"，但是其中仅3部为非裔美国人所创作，且没有一位来自非洲本土。即便是获得20世纪诺贝尔文学奖的非洲作家也榜上无名。在过去百年中，非洲作家用不同的语言，以不同的形式和风格，创作了不同主题的作品。尽管这些作品被翻译成多种语言在世界各国出版，但世界对于非洲文学的独创性及其作品仍是认知寥寥，遑论予其应有的认可。在此背景下，在出生于肯尼亚、现任纽约州立大学宾汉姆顿分校全球文化研究所所长的阿里·马兹瑞（Ali Mazrui）教授的推动下，评选"20世纪非洲百部经典"的计划顺势而出。津巴布韦国际书展与非洲出版网络、泛非书商联盟、泛非作家联盟合作，由来自13个非洲国家的16名文学研究专家组成的评委会从1521部提名作品中精选出"百部"经典，于2002年在加纳公布了最终名单。这可以说是迄今为止最权威的、由非洲人自己评选出来的非洲经典作品名单。

　　细读这一"百部"名单，我们发现其中译成中文的作品只有20余部，其中6部为诺贝尔文学奖获得者所著，11部在20世纪80年代（含）之前出版。许多在非洲极具影响力的作家不为中国读者所知，其作品没有中文译本，也没有相关研究成果。相对欧美文学、东亚文学，甚至南美文学，非洲文学在我国的译介与传播远远不足。

　　非洲文学在我国的译介历史可追溯至晚清，但直到20世纪50年代才真正起步。这既有文化方面的原因，也有政治方面的原因。非洲虽然拥有悠久的口头文学历史，但书面文学直到殖民文化普及才得以大量面世。书面文学起步晚，成熟自然也晚，在我国的译介则更晚。中华人民共和国成立以后，非洲国家逐渐摆脱殖民枷锁，中非国家建交与领导人互访等外交往来带动了上世纪五六十年代的非洲文学翻译热潮。当时译入的大部分作品是揭露殖民者罪恶的反殖民小说或者诗歌，这和我国当时的意识形态宣传需求紧密相关。70年代出现了一段沉寂。自80年代起，非洲数位作家获诺贝尔奖、布克奖、龚古尔奖等国际文学奖，此后，非洲英语文学、埃及文学逐渐成为非洲文学译介的重心。进入90年代以来，我国学界开始从真正意义上关注非洲文学的自身表现力，关注非洲作家如何表达非洲人民在文化身份、种族隔离、两性关系、婚姻与家庭等方面的诉求。非洲文学研究渐有增长，但非洲文学译介却始终不温不火，甚至出现近30年间仅有2部非洲法语文学中译本的奇特现象。此外，我国的非洲文学译介所涉及的语种也不均衡。英语、阿拉伯语文学的译介多于法语、葡语文学，受非洲土语人才缺乏的局限，我国鲜有非洲本土语言创作的作品译本。因此，尽管非洲文学进入中国已有数十年，读者对其仍较为陌生，"非洲文学之父"阿契贝在我国的知名度也远不及拉美的马尔克斯、博尔赫斯。

不了解非洲文学，就无法深入理解非洲文化，无法深入开展中非文化交流。2015年初，浙江师范大学外国语学院策划了"20世纪非洲百部经典"译介工程，并计划经由翻译工作，深入解读文本，开辟"非洲文学研究"这一新的学科发展方向。经过认真研讨、论证，学院很快成立了"非洲人文经典译丛学术组"，协同我校非洲研究院，联合国内其他高校与研究机构，组织精干力量，着手设计非洲人文经典作品的译介与研究方案。学院决定首先组织力量围绕"20世纪非洲百部经典"撰写作家作品综述集，同时，邀请国内外学者开办非洲文学研究论坛，引导学术组成员开展非洲经典研读，为译介与研究工作打好基础。

2016年5月，由我院鲍秀文教授、汪琳博士主编的近33万字的《20世纪非洲名家名著导论》出版。这是30余位学者近一年协同攻关的集体智慧结晶，集中介绍了14个非洲国家的30位作家，涉及文学、社会学、人类学、民俗学、哲学等领域。同年5月，学院主办了以"从传统到未来：在文学世界里认识非洲"为主题的

"2016全国非洲文学研究高端论坛"，60余名中外代表参会。在本次会议上，我们成立了"浙江师范大学非洲文学研究中心"——这也是国内高校第一个专门从事非洲文学研究的研究机构。中心成员包括校内外对非洲文学研究有浓厚兴趣且在该领域发表过文章或出版过译作的40余位教师，聘任国内外10位专家为学术顾问，旨在开展走在前沿的非洲文学研究，建设非洲文学译介与研究智库，推进国内非洲文学研究模式创新与学科发展。

与此同时，我们从百部经典名单中剔除已经出版过中译本的、用非洲生僻语言编写的，以及目前很难找到原文本的作品，计划精选40余部作品进行翻译，涉及英语、法语、阿拉伯语、葡萄牙语与斯瓦希里语等多个语种，将翻译任务落实给校内外学者。然而，译介工程一开始就遇到各种意想不到的困难。仅在购买原作版权这一环节中，就遇到各种挑战。我们在联系版权所属的出版社、版权代理或作者本人时，有的无法联系到版权方，有的由于战乱、移居、死后继承等原因导致版权归属不明，还有的作品遭到版权方拒绝或索要高价。挑战迭出，使该译介工程似乎成了"不可能完成的任务"。但我们抱着"20世纪非洲百部经典值得译介给中国读者"的信念，坚持不懈，多方寻找渠道联系版权，向对方表达我们向中国读者介绍非洲文学和文化的真诚愿望。渐渐地，我们闯过一个又一个看似不可能闯过的难关，签下一份又一份版权合同，打赢了版权联系攻坚战。然而当团队成员着手翻译时，着实感受到了第二场攻坚战之艰难。不同于大家相对较为熟悉的欧美文学作品，中国读者对非洲文学迄今仍相当陌生，给翻译工作带来巨大挑战。在正式翻译之前，每位译者都查阅了大量的资料，部分译者还远赴非洲相关国家实地调研。我们充分发挥学校的非洲研究优势，与原著作者所在国家的学者、留学生，或研究该国的非洲问题专家合作，不放过任何一个疑惑。译介团队成员在交流时曾戏称，自己在翻译时几乎可以将作品内容想象成电影情节在脑海里播放。尽管所费心血不知几何，但我们清楚翻译从来都不可能尽善尽美，译文如有差错或不当之处，我们诚挚邀请广大读者匡正，以求真务实，共同进步。

在中非合作越来越紧密的今天，人文领域的相互理解也变得越来越迫切，需要双方学者进行全方位、多角度、深层次的系统研究。我们希望在中国文化走向非洲的过程中，也将非洲经典作品引介给中国读者。丛书的出版得到了浙江师范大学非洲研究院的大力支持，长江学者、院长刘鸿武教授是国内非洲研究领域的领军学者，对本项目的设计、推进提供了十分重要的指导意见，王珩书记也持续关心工作的进展。杭州电子科技大学非洲及非裔文学研究院院长谭惠娟教授在本项目设计之初就给出了宝贵的指导意见。借此机会，我代表学院向他们一并表示衷心的感谢！

"非洲人文经典译丛"的出版是我们在非洲文学文化研究的学术道路上迈出的第一步。随着我们对非洲人文经典作品的译介和研究的深入，今后将会有更多更好的成果与读者见面。谨希望这套丛书能够为中国读者了解非洲文化、促进中非人文交流尽一份绵薄之力。

浙江师范大学外国语学院院长

洪　明

2017年12月于金华

他 序

　　"人类学始于家乡"，这已成为现代社会科学的口号。对英格兰北部小镇、美国"米德尔敦"的大量观察，对东欧尤其是罗马尼亚和波兰的村庄和农民生活展开的全面研究，里维耶尔和瓦兰格涅卡在法国民间传说研究方面的新努力，等等，这些都使人类学的技术、方法和目标指向对我们自己文明的研究。即使德国学者对本国人民进行的民俗学研究，虽带有神秘色彩，且多有滥用，但也依然表明了这一十分合理的观点：我们必须从了解自身开始，才能继续了解其他异域化的原始部族。

　　一个受过教育、训练有素的社会成员是否更有能力，更善于观察自己所在的社会？我们从未对此有所争论。我们对心理分析并无禁忌，因为心理分析师本人可能与他的病人属于同一种族和文化范畴，有时甚至处于相同的神经质状态。我们不把英国的行为主义者派遣到澳洲中部，原因是他自己身为白人，可能无法研究白人孩子。英国经济学家可获准从事伦敦金融城的商业和银行工作，法国的法学家也给了我们关于《拿破仑法典》的经典分析。

然而，当一个非洲人要写一本关于自己部落的书时，证明作者的资质似乎成了必要之事。我并不打算对此做任何证明，在我看来，这本书本身已说明一切。肯雅塔先生也未就"人类学始于家乡"这句话是否同样适用于非洲提出异议。答案不言而喻。肯雅塔先生已据此原则，撰写了一部关于非洲生活和习俗的优秀专著。

作者跟其他所有优秀的民族志学者一样，在其序言中说明了自己撰写本书的资质。他接受了全程的非洲教育，后在实践中熟悉了东非政策中的行政和经济问题。关于他在人类学方面的学习，我可以在此补充一二。过去几年，肯雅塔先生一直参与我在伦敦经济学院开设的讨论课。由此，他与许多经验丰富、才华横溢、能力超群的年轻学者一起进行研究和讨论，一起开展即席评论活动，做出了原创性的贡献。他们所有人都曾经有过多年的学术训练，其中许多人都已完成自己的田野工作。肯雅塔先生在这样一个讨论小组里，能够发挥积极作用且颇具创见，给予了我们启发。这种启发的灵感源于一个非洲人的内在知识，但得益于一个西方学者训练有素的建构能力。本书充分证明了作者具有较强的建构能力，且思路清晰，表达流畅。

本书还有一个特质尤其值得关注，那就是肯雅塔先生坦率而诚实：他认识到自己怀有偏见的危险性。这一点在社会科学专业的学生中极为少见。"我在本书中主要基于自己的亲身经历，尽我所能记录事实，且始终极为努力地克制着自己在政治上的愤懑与不平，这种经历对任何一个进步的非洲人来说都是不可避免的"（见后文作者自序）。出于对肯雅塔先生的公平起见，对于亲善的欧洲人和遭受高等教育伤害的非洲人之间的任何合作，我们必须认识到，一个既从自身部落出发，又从西方文明角度来看待事物的非洲人，他在现代社会经历的苦痛比他人更为剧烈。

用美国哲学家威廉·詹姆斯的话说："进步是件可怕的事情。"的确，对于我们这些出生于半个世纪之前的和平有序的世界，对社会的稳步发展抱有合理期望，而现在却不得不经历充满谎言与非道义之历史事件的人来说，这确实是可怕的。我指的是过去几年发生的一些事件，似乎再次证明了"强权即公理"；证明了一旦良好的合作愿望未能达成，取而代之的就是厚颜无耻的欺骗和侵略。

肯雅塔先生提醒我们说："非洲人并不盲目。"那些受过教育的，通常被视为"鼓动者"的少数非洲知识分子正在迅速凝结成一股力量。他们正在激起非洲公众的民意，甚至已影响原始部族。我们是努力让这些少数的"鼓动者"对经济、社会和政治问题保持一个平衡、温和的态度，还是忽略他们，用蔑视的态度来对待他们？这将在很大程度上决定非洲民意在这一神秘大陆的传递走向。

例如，阿比西尼亚（埃塞俄比亚旧称）如何在各地土著中间成功激起民意，这着实令人惊叹。我们从未怀疑这些土著居民会对国际联盟、殖民主义的双重任务、劳动尊严和四海皆兄弟等方面存有任何看法。然而，大部分班图人和黑人却对阿比西尼亚存在看法。他们仇恨欧洲侵略，蔑视无能的欧洲列强，认为其既已在非洲安定下来，却由于软弱和无能放弃了为非洲奋斗的事业，任非洲自生自灭。再者，全世界的有色人种正在联合起来对抗西方（尤其是英国和美国）的势力。毕竟，无论是对黑色、棕色或黄色人种而言，大国理应承担起应有的责任，正所谓"在其位，谋其政"。

对于上述这些观点，肯雅塔先生在书中未曾提及只言片语，这是十分明智的。他客观地陈述事实，且基本不带任何情绪。即使在事实陈述中带有那么一点情绪，对读者也是助益，而非阻碍。如果这本书仅是帮助我们了解非洲人如何看穿我们的伪装，了解他们如何评判殖民主义的"双重任务"的现实，那么它已做出了极大的贡献。从这一角度来看，本书中关于土地所有权、经济生活、婚姻制度，以及最后的宗教和巫术的章节都值得我们仔细研究。这些章节中提及的非洲偏见于我们而言都是助益。

当然，书中某些段落对于欧洲的偏见可能过多。我曾试图建议作者谨慎使用"集体"与"个人"，比如基库尤是"本质上集体

主义", 而欧洲人是"本质上个人主义"这样的对立表达。书中多
处运用了不必要的比较, 也使用了诸如"教会""国家""法律制
度""经济学"等欧洲表达方式, 且略带不必要的暗示。当我们读
到"一个自幼就研究这种外科手术的女性专家(文中指基库尤割
礼师)", 以"可与伦敦哈利街外科医生相媲美的灵巧度"来进行
手术的时候, 这个画面虽然有趣, 却毫无益处。据我所知, 哈利
街的医学专家从未被与古老的基库尤割礼师放在一起进行比较。
很显然, 无菌原则在任何非洲部落的割礼手术中都不重要。

　　在另一章节中, 肯雅塔先生提醒我们要注意滥用欧洲术语的
风险。"未曾接受过比较社会学训练的普通欧洲观察者……认为部
落应该与欧洲主权国家类似。"确实, 使用"国家""主权""教
会"这些术语时, 只有对其进行重新定义, 使之适用于非洲文化,
才是有用的。然而, 肯雅塔先生在后面的陈述却与自己的明智建
议和谨慎使用术语的原则背道而驰。"若使用欧洲术语, 可以说基
库尤的宗教是'国家建立', 或者更确切地说教会与国家是一体
的。"正如上文所说, 肯雅塔先生告诉我们"国家"和"教会"这
些词不能准确地用来描述非洲事务, 而"国家建立的宗教"带有
许多不必要的含义, 还是不要引入这个带有误导性且十分多余的
比喻, 并对其进行具体描述为好。当然, 以上诸多批评皆源于我
对本书吹毛求疵的学究态度, 实则表达了我对其质量的高度评价。

　　书中关于巫术的章节尤其重要, 极具价值。作者用大量的文

字详尽描述了基库尤的巫术及使用的具体材料，还提及了行为心理等信息。一些人类学家可能会质疑巫术背后的真实过程，要求对其进行重新说明。比如，肯雅塔先生在书中写道："可以肯定地说，这（即巫术）是一种将思想从一个人传递给另一个人的传心术。""通过集中注意力，巫师或追求者能够进入他们想要建立联系之人的心理世界。这样，巫师的建议就可以轻而易举地通过震动的方式传递到对方的大脑，再传递到其心里。"

我认为肯雅塔先生仍然需要提供一些证据，来说明这些"震动"是如何产生，如何作用于大脑，然后到达人的思想层面的。但是，当肯雅塔先生告诉我们"这种巫术具有某些神秘学的性质，因而不能仅作为迷信加以简单取缔"，这就消除了所有上述批评。毕竟，我们怎能批评肯雅塔先生相信那些神秘的震动和穿透他人心理世界的可能性，批评他相信神秘学、传心术或通灵术呢？我们怎能一边批评肯雅塔先生，一边又宽恕那些相信幽灵存在，相信能通过桌灵击方式与亡灵沟通的英国物理学家，或者认为我们的两三位在职内阁部长信奉基督教科学或牛津运动或通灵术是文明行为？

因此，我们不禁反思：欧洲也已同样深陷神秘学之中；迷信、盲从和迷失不仅危及非洲，同样也使西方文明的心脏溃烂。实际上，正是因为我们所知更多且有各种打击迷信的手段，对于肯雅塔先生的坦率言辞，我们更应扪心自问，而不是以傲慢的姿态对非洲的迷信再次横加指责。我们自身实则存在更多迷信，这些迷信远比原始部落中的任何地方都更加危险和卑劣。

综上所述，本书内容丰富，读来颇具启迪，兼具娱乐性与教育性，惠及众多读者。它由一位完全出身非洲的学者独立写就，为非洲民族志做出了真正有效和有益的贡献。肯雅塔先生在其成长过程中，将纯粹的非洲教育和非洲观点与西方知识和西方思维方式结合在一起，这是非同寻常的。总之，作为对于非洲代表性文化的第一手描绘，作为一部以文化接触和交流为宗旨的无价文献，最后，也作为一个进步的非洲人展望新前景的自我陈述，这部书都将成为具有拓荒意义的杰出之作。

马林诺夫斯基

伦敦大学人类学系

自　序

本书将要谈到的基库尤①部落位于肯尼亚中部。它分为五个行政区：齐阿姆布区、霍尔堡区、尼耶利区、艾姆布区和梅鲁区，拥有约一百万人口。由于农牧区所有权遭到转让，目前约有十一万②基库尤人居住在肯尼亚各地归属欧洲人的农场中，且大多是非法居民。其他人口则居住在基库尤保护区和一些城镇。基库尤人靠农业为生，他们饲养大量绵羊和山羊，牛群相对较少，原因是遵照部落习俗，人们时常需要为"结婚聘礼"、祭祀、筵席、巫术

---

① 欧洲人通常把"基库尤"这个名字拼写成Kikuyu，实际上正确的拼写应该是Gikuyu，或者更严格来讲是Gekoyo。在基库尤语中，Gikuyu只指基库尤族本身，单个基库尤人用Mu-Gikuyu，复数用A-Gikuyu，但为了方便读者理解，作者在本书中只使用了Gikuyu这一种形式。

② "我们没有理由怀疑这一数据的准确性，备忘录中的原始数据也给出了佐证结果，认为目前居住在保护区以外的基库尤人总数大约是十一万人。"（《肯尼亚土地委员会报告》，1933年9月，第499页）

仪式、净化仪式和平日开支等多种目的提供绵羊和山羊，而且这些牲畜的皮毛还能满足家庭成员的日常穿着所需。

基库尤人的文化和历史传统通过一代代口口相传得以保留。作为一个基库尤人，这些传统已在我脑海中铭刻多年。我们没有文字记录可以追溯，因而学会了使用持久记忆，可以像图书馆那样工作；没有笔记本，也没有日记来写下备忘录，非洲人学会了将事情铭刻在自己的脑海中，并随时可以回想起来。基库尤人的一生中有很多事情需要记忆。从早期教育开始，那些生动的讲故事的方式，那些在眼前发生的事件，都帮助孩子在脑海中形成了不可磨灭的图景。在他们生活中的各个阶段，也有各种为不同年龄组成员安排的比赛，用来测试他们通过歌曲和舞蹈对故事或事件进行回忆和联系的能力，父母和其他普通公众则作为观众对参赛者进行评判，并纠正错误。

因此，我和其他基库尤孩子一样，在青年时代接受了我们国家的通识教育。在我与家族其他成员一起生活时，并无用文字记录生活的必要。然而，在我游历欧洲各国，从事人类学研究的过程中，曾有幸接触到许多对非洲生活方式极富兴趣的人。那时，我才意识到有必要用白纸黑字把我迄今为止所掌握的知识记录了下来，这样不仅可以使欧洲人，也可以使那些脱离部落生活的非洲人从中受益。由于缺乏比较社会人类学方面的教育，我在起始阶段便意识到这项工作困难重重，于是开始寻求各种方法和手段，以获取能够科学记录信息的必要技术知识。这时候，正是我的朋友和老师——马林诺夫斯基教授通过国际非洲语言和文化研究所为我提供了这个机会。我想借此机会在本序言中感谢他在学习研究和素材整理方面对我一贯的支持和鼓励。

我还想感谢欧洲和非洲的许多朋友，他们阅读和讨论了我的手稿的部分内容，并坦率提出看法，他们的批评和建议使我受益匪浅。感谢雷蒙·福斯博士仔细阅读手稿，并就人类学方面的内容提供技术指导。感谢我的弟弟莫依格依帮助拍摄成人仪式的照片，核实仪式方面的相关信息。还有我的父亲和其他长老，他们都给予了我力所能及的帮助。

我也要感谢我的敌人，他们的不断阻挠反而激励我抖擞精神，坚持不懈地完成这项工作。你们干得不错，祝愿你们健康长寿！

最后，我要感谢基库尤中央协会的成员们，他们也是我过去、现在和将来的战友。他们在为基库尤人民服务过程中表现出来的合作、勇气和牺牲精神，一直是我灵感的源泉和坚持的力量。

我在本书中主要基于自己的亲身经历，尽我所能记录事实，且始终极为努力地克制着自己在政治上的愤懑与不平，这种经历对任何一个进步的非洲人来说都是不可避免的。我的主要目的是让事实和真相说明一切，而不是与那些试图通过外部观察来了解基库尤的人进行争论。当然，我知道有很多科学家和读者会公正无私地乐于听到非洲人的观点，我也很乐意为他们效劳。但与此同时我也十分清楚，若要公正地陈述事实，就不得不冒犯那些所谓 "专业的非洲朋友"。他们准备与非洲人保持永恒的友谊，并将此作为神圣职责。当然，其前提是非洲人会继续扮演无知野蛮人的角色，这样他们便可以实施垄断，为非洲人阐释思想，替非洲人发声。对他们来说，写这本书的这个非洲人无异在侵占他们的保护区，这个非洲人已从一只温顺的兔子变成了偷猎者。

但非洲人并不盲目。他们知道谁是真仁慈，谁是假慈悲。非洲大陆各个地方的人们正在觉醒，他们逐渐认识到一条奔腾的河流不可能被堤坝永久阻挡，总有一天它将冲破阻隔。非洲人的表达力量已受到阻碍，但他们正在突破，并将很快摆脱操控和镇压。

毫无疑问，读者十分希望了解我凭何资质撰写本书。仅凭自己生于基库尤，长于基库尤，似乎并不能充分证明我的资质，因此我将在下文进行详细说明。

我曾在前文提到自己接受了基库尤男孩的普通教育。本书 "亲属体系" 和 "政府体制" 两章，以及书中其他章节提到的传说，都是我在早期传统习俗的教育中从长辈那里吸收所得，后来常作为晚上娱乐时的谈资与后辈分享。书中提到的各种亲属方面的称呼在我自己的家族中已使用多年。由于祖父和父亲奉行一夫多妻制，我自小就生活在一个关系复杂的庞大家族群体中。

按照部落习俗，我必须和自己所在的年龄组成员一起经历割礼仪式的各个阶段，因而我可以从自身经历出发为读者讲述相关仪式和典礼。虽然男性不能亲眼目睹女孩的割礼手术，但一起经历割礼仪式的男孩女孩会在手术后自由交谈，知晓女孩的手术细节便也不足为奇。另外，我的阿姨瓦休是一位割礼师。自小我就经常去她家做客，从她和其他女性的谈话中自然而然地了解了割礼手术过程的诸多细节。

我参加了所在年龄组的各种活动，并当选为领袖。此后，凭借对外界的了解，我逐渐在基库尤的进步运动中担任领导工作，并保持该职位至今。作为基库尤中央协会的秘书长，我在1928—1930年编辑了基库尤的第一本杂志《调节者》（基库尤语为"Muigwithania"）。这使我有机会走遍基库尤各地，与老老少少探讨各种文化、政治、社会、宗教和教育等问题。我顺利地通过了长老的三个阶段，得以加入长老委员会，了解基库尤各地委员会的程序。作为一名勇士，我不仅具备基库尤战争的兵法知识，还曾在马赛一个靠近恩加里·纳罗克的地方生活，学到了马赛的许多兵法。我还访问过马赛以外的许多其他部落。

关于巫术，我曾多次在自己家中或其他地方目睹其仪式表演。我的祖父是一个先知和巫师，我常与他一起出行，帮他背包，也算是学习巫术的学徒。此外，我曾在基库尤中部一个叫作格图里的地方生活过。这个地区以巫术闻名，在那里我有机会接触到许多巫师或巫医，学习他们的许多方法。我也曾有幸与来自沿海和北部部落的其他巫师会面，一起讨论巫术问题。

1930—1931年期间，就在结束首次欧洲访问回国时，我听到有关新宗教信仰的信息。当时他们的委员代表团前来拜访，因此，我有机会了解到这个团体的许多活动和想法。

综上所述，凭借自己在基库尤方方面面的亲身生活体验，我自认为可以代表基库尤人民撰写本书。最后，关于极其重要的土地使用权问题，我已具备这方面的专业知识，这一点在第二章开篇已有所解释。基库尤人民选择我作为发言人，与两个皇家委员会就土地事宜进行交涉。一个是1928—1929年间的希尔顿青年委员会，另一个是1931—1932年间的东非联合委员会。我曾作为代表，以基库尤中央协会的名义向东非联合委员会提交备忘录。1932年，我向位于伦敦的莫里斯·卡特肯尼亚土地委员会提供证据，该委员会于1934年提交了此事件的相关报告。我仔细研究了该报告，并参与了各种相关讨论。报告也引发了一些争端，其中就包括让基库尤人民从蒂哥尼祖屋搬迁出去的事，这件事已引起新闻媒体和下议院的广泛讨论。

我在此处特意提及上述问题，是想向读者说明：要想真正了解基库尤，没有什么比正确了解土地使用权问题来得重要。土地使用权制度是基库尤人民生活的根本，是他们安居乐业的保障。土地满足了他们的物质需求，土地给了他们一方面向肯尼亚山的净土，使其能够在此承袭巫术和传统仪式，免受外界干扰。

乔莫·肯雅塔

于英国伦敦

谨以此书献给莫依格依〔Moigoi〕、瓦姆博依〔Wamboi〕，以及所有流离失所的非洲年轻人。他们在争取非洲自由的斗争中与祖先保持持久交流；他们坚信无论是逝者、生者，还是未出生者，都将团结起来，重建这块已遭破坏的圣地。

目 录

面向肯尼亚山

/ 第一章

部落起源和亲属体系

　　基库尤部落的构建基于三大要素，这三大要素共同维护着部落生活的和谐。在基库尤社会，人们的行为举止和社会地位都由这三大要素决定，接下来我们会对此一一说明。第一大要素是家族（mbare 或 nyomba），家族把有血缘关系的人都联系在一起，也就是说，一个家族包括男人，他的妻子（们）、孩子、孙子、曾孙等等。第二大要素是宗族（moherega），即聚集了数个家族的群体，他们拥有共同的姓氏，若追溯到很久以前，他们属于同一个家族。很显然，由于一夫多妻的婚姻制度，家庭或家族的规模迅速扩大，到了某一代，一个家族就会有数百名甚至更多的成员。因此，在之后的几代人里，家族成员的数量会增长至几千人。如此，一个家族生活在一起，成员间便不太可能再简单地称对方为父亲、母亲、姐妹、兄弟、叔父、姨母、祖父或祖母。

　　紧密的血缘关系联结起一个群体，而当这种由血缘关系赋予的身份消失时，成员间仅剩的纽带就是宗族身份。这种身份能将远亲联系起来，在感情上，这有利于双方在有关宗族利益和福利的重要事项上互帮互助。这种感情代代延续，宗族代表通常会在重要场合上会面，如婚庆仪式、割礼仪式等。在这样的聚会中，长老们会各自带上一位他们家族中的年轻成员，将宗族里的年轻人介绍给彼此认识，并告知他们家族间的血缘关系。将这些信息告知年轻人的目的在于，当他们长大且有能力承担起领导家族的责任时，能够明智地管理家族内各项事务，同时也能遵循祖辈的正确路线，进一步加强宗族凝聚力。

　　统一基库尤社会的第三大要素是年龄组（riika）①。如上所述，家族和宗族体系有利于在部落内部形成一些亲属群体，这些群体行事较为独立。但年龄组制度则通过部落内的各项活动统一和巩固整个部落。

　　几乎每年都有几千名基库尤族的男孩和女孩经历割礼仪式，此后他们就自然而然地属于同一年龄组，这与他们属于哪一家族、宗族或地区无关。他们在一切部落事务中作为一个整体共同行动，并且拥有兄弟姐妹般的亲密联系。因此在世世代代的生活中，不同年龄组，或老或少的族人在基库尤族的政治、社会、宗教和经

---

　　① 也有人将riika译为"年龄等级组织"，本书中简译为"年龄组"。

济生活方面和谐共处，由此稳固了基库尤的部落结构。

了解完这些背景，我们就能进一步勾勒出基库尤人的行为模式——这是理解亲属群体内部成员间关系的关键所在。为了能有效地厘清这一点，我们将从部落传说出发，阐明基库尤族亲属体系的起源。

根据基库尤族的传说，在一切初始之时，当人类开始繁衍，部落的创立者——一位名叫基库尤的男子为莫盖神（Mogai，宇宙之神）所召唤，并得到了一片属于他的土地。那里有河流、森林、峡谷、野禽和莫盖神对人类的所有馈赠。同时，莫盖神还把一座名为基里尼亚加的大山（Kere-Nyaga，即肯尼亚山）作为他巡视时的休息之地，也作为他的神迹象征。随后，他又带着基库尤登上这座神迹之山的顶峰，向其展示这片土地的美丽之处。他们站在山顶，莫盖神指着一处满是大树的地方告诉基库尤，那里正是这片土地的中心。展示完这片神奇大地的全部景象后，他命令基库尤在他选定的地方建立自己的家园繁衍生息，并将这个地方命名为莫克威·瓦·加斯安加（Mokorwe wa Gathanga）。这就是基库尤族人的第一个家园。他们俩分开前，莫盖神告诉基库尤，无论何时，若有所需，基库尤只需准备好祭品，冲着肯尼亚山（神迹之山）高举双手，自然之神就会前来援助。基库尤听从了莫盖神的指示。当他到达那个选定的地方后，神赐给了他一个美丽的妻子。基库尤将她命名为姆比（Moombi），意为"造物者之意"。她就是基库尤族的始母。基库尤和姆比幸福快乐地生活在一起，还有了九个女儿，可惜他们没有儿子。

由于没有男性继承人，基库尤十分苦恼。就在绝望之时，他向莫盖神求助，希望能得到一些建议。莫盖神很快就答复了基库尤，告诉他不必焦虑，只需耐心等待，一切都会如他所愿。莫盖神指示说："去你的羊群里捉一头羔羊和一头小山羊，在你家附近的那棵大无花果圣树（mokoyo）下宰杀，再把这两头羊的血和肥肉倒在树干上。然后，你和家人一起在树下生火，把羊肉作为祭品献祭给我——你的恩人。等这些都完成以后，你先带着妻女回家，再自己一个人回到圣树下，你会在那儿找到九个帅气的小伙子，他们会愿意以任何你们乐意提出的条件与你的女儿们成婚。"

基库尤按照莫盖神指示的去做，而这一切果然在他返回圣树时实现了。在那儿，他看到了九个年轻的小伙子，他们热情地向他问候。基库尤一时无言，喜不自胜。他从激动中回过神来，就把九个小伙子带回家中，介绍给家人。

按照风俗，基库尤一家十分热情地款待了这群陌生客人。他们杀羊煮粥，为客人们精心准备食物。等一切就绪，他们带小伙子们到附近的小溪洗去一身疲惫，然后一起享用大餐，愉快地交谈。晚饭后，大家都上床休息。

第二天一早，基库尤早早起床把小伙子们叫醒，让其和他一起享用早餐。饭后，他们开始讨论结婚的问题。基库尤告诉这群小伙子，如果他们想娶自己的女儿，便要答应遵照母系制度，婚后仍住在基库尤家中。

小伙子们都答应了基库尤提出的条件，他们实在无法拒绝姑娘们的美貌和基库尤一家所表现出的善意。这让基库尤夫妇十分开心，没有儿子的遗憾如今已得到弥补。姑娘们呢？能拥有一个男性伴侣，自然也十分开心。不久，他们都正式成婚，并很快建立了自己的家庭。这些家庭为向母亲姆比表示敬意，都以姆巴里·亚·姆比（Mbari ya Moombi）为名，并生活在一起，即姆比家族。

这九个小家庭继续同他们的父母基库尤和姆比住在一起，基库尤夫妇的地位相当于姆巴里·亚·姆比家族的家长。时光流逝，每个小家庭都迅速壮大起来，基库尤夫妇也有了很多孙辈。他们去世之后，九个女儿均等地继承了父母的全部财产。

在悼念去世父母的日子里，他们仍继续生活在同一个大家族中，但随着每个小家庭不断繁衍生息，家族成员日益增多。若再不分立出更多的家族和宗族，他们便不太可能有序地在一起生活，也很难进行分类命名。

因此，九个女儿决定把自己的子孙都聚集在一起，建立以自己名字命名的宗族。基库尤九个最主要的宗族就此成立。这九大宗族的名字分别是：1）阿舍拉（Acheera）；2）阿格西库（Agachiko）；3）阿依里莫（Airimo）；4）阿博依（Amboi）；5）安格里（Angare）；6）安基洛（Anjiro）；7）安格依（Angoi）；8）艾萨格（Ethaga）；9）阿依赛兰多（Aitherando）。当然除此之外，或多或少还有一些其他的原始宗族分支。

自亲属体系从一个姆巴里·亚·姆比家族扩大为几个家族和宗族后，基库尤人认为很有必要将所有群体集中在一个强有力的亲属纽带之下。这样，他们会团结一致，视彼此为同一个大家庭中的成员。

于是，这个庞大的宗族随之成立，以祖先的集体名字洛里里·里瓦·姆巴里·亚·姆比（Rorere rwa Mbari ya Moombi）为名，意为"姆比或姆比一族的后代或族人"。在这个宗族里，女性在接下来几代中依然担任她们家族和宗族的领导者。但之后由于某些原因，出现了从母系制度向父系制度的转变。

据说女性在部落里担任较高职位后，会变得盛气凌人又残忍无情。此外，她们还实行一妻多夫制。由于她们的性嫉妒，许多男性因外遇行为或其他轻微的罪行就被判处死刑。此外，男性还会遭受各种侮辱和不公的惩罚。

遭到如此对待，男性觉得愤愤不平，他们决定奋起反抗。但那时，女性在体格上要比男性更为健壮，也更骁勇善战，于是他们决定在大多数女性尤其是他们的首领怀孕时进行反击，这是最佳的时间点。

这个决定得到了男人们的一致认同，他们都极其渴望推翻女性的统治。他们随即召开了一次秘密会议，会上安排了一个合适的日子来实施计划。到了约定的那一天，这些男人开始积极实施反击计划的第一步。他们诱使那些女首领和大部分男人发生性关系。不幸的是，这些女人都为男人们的阿谀奉承所蒙骗，对这个阴谋推翻女性统治的邪恶计划一无所知，盲目地被其引诱。

完成第一阶段计划后，男人们开始安静地等待结果。六个月后，计划的成果明确显现，于是他们立即组建了一支队伍。他们在反抗过程中没有遇到过多的抵抗，女首领因身怀六甲，几乎毫无反击之力。男人们胜利了，他们接过了部落领导者的位置，成为各自家庭的首领，女性不再处于领导地位。很快，他们开始着手废除母系制度，建立父系制度。

男人们还决定要改变部落和宗族的名字，这些部落和宗族本是在母系制度下以女性的名字命名的，如今在父系制度下自然要有所改变。他们成功地把部落的名字从洛里里·姆巴里·亚·姆比改为洛里里·基库尤，意为"基库尤的子孙"。但对于宗族名字的更改，女人们十分愤慨，她们将宗族更名视为男人忘恩负义的象征，因而强烈抗议这一决定。她们明确地告诉男人们，这些名字是女性为宗族体系最初创立者的证明，如果他们胆敢抹去这些名字，她们就不再孕育子嗣。而作为报复的开始，她们会杀掉所有因这个背叛计划而降临人世的男孩。

女人们对此决定的强烈坚持让男人们深感害怕。为了避免冲突，他们同意保持原宗族名不变，且基库尤九大宗族依然以基库尤的九个女儿的名字命名。如上所述，它们分别是：1）阿舍拉；2）阿格西库；3）阿依里莫；4）阿博依；5）安格里；6）安基洛；7）安格依；8）艾萨格；9）阿依赛兰多。如今，这些名字都已成为基库尤社会里常见的女性名字。

了解了基库尤亲属体系建立的背景后，我们将对亲属群体中的行为模式进行分析。这一行为模式决定了成员间的人际关系。

与其他形式的部落组织一样，为维持家族的团结与和谐，基库尤家族也有一些必须严格遵守的行为准则。这些"良好品行"（基库尤人称之为"metugo ya nganyiiti"）极为重要。尽管世界上每个地方的家族模式都近乎一致，但毫无疑问，在父系制度和母系制度的不同影响下，每个社会的男女劳动力分工和责任分担都极为不同。

基库尤社会的组织和运转基于父系制度。父亲扮演着家庭主心骨的角色，是一家之中绝对的掌权者。基库尤语中称"我（们）的父亲"为爸爸（baba），"他/她（们）的父亲"为伊赛（ithe），"你（们）的父亲"为索古（thogwo）。父亲实际上拥有一切，换句话说，他就是家庭财产的掌管者。家族内所有成员都要敬重他，遵守他制定的规则。他在部落中的地位在很大程度上取决于他如何管理自己的家庭，一个好的家庭管理者所体现的能力，就是管理好公共事务的保证。

对子女而言，礼貌温柔地对父亲说话是一种礼节；而除了在斥责或是纠正孩子的错误的时候，按照习俗，父亲往往也需要以同样的礼节对待孩子。

同样地，与子女同年龄组的人也按照相同的方式称呼对方的父亲。直呼父亲的名字是一种不礼貌的行为；一个孩子称他的父亲为"我（们）的父亲"，其他孩子就称其为"某某人的父亲"。无人敢在私下或是公开场合直呼父亲的名字，除非是个不孝子，但以家族的名义提及父亲的名字时可以例外，比如莫盖的家族、莫盖的土地等。

基库尤语中"我（们）的母亲"叫玛托（maito），"他/她（们）的母亲"叫妮娜（nyina），"你（们）的母亲"叫努克瓦（nyokwa）。人们认为，"母亲"这个名词是一种光荣的称呼，这是基库尤社会中每个女性都渴望拥有的身份。当一个女人到了母亲这个阶段时，她会极其受人尊敬，这种敬意不仅来自她的孩子，也来自整个部落。她的名字也因此变得神圣，邻居和孩子们称她为"某某的母亲"。为了维护这一声望，她必须热情接待来访者，还要在邻居有困难或是需要帮助时施以援手。

一个人最糟糕的行为就是胆敢用一种极不尊重的方式直呼母亲其名。这往往会引发众怒，从而引发一场护卫母亲神圣名字的战斗。母亲抚养孩子长大，因此孩子们极为依赖和敬重母亲。比起父子关系，孩子和母亲之间有着更密切的日常联系。母亲照顾着孩子们的衣食住行，把他们打扮得整洁美丽。若是孩子们遇到麻烦，他们首先想到的就是母亲，向她倾诉或忏悔。若是有问题需要父亲的帮助，也是由母亲把问题告诉父亲，并且巧妙地向丈夫解释孩子的需要。很多情况下，母亲会设法调解父亲和孩子之间的关系，避免发生冲突。

在基库尤家庭中，尤其是在那些一夫多妻制的家庭中，母亲是这个家庭单元的直接领导者。也就是说，房子、孩子、个人装饰品、家庭用品、种着庄稼的耕地和谷仓都属于母亲。在这些方面，母亲就是她自己的女主人，哪怕家中还有其他妻子。

妻子们之间的关系是基于拥有同一个丈夫的"伙伴关系"，而不是妻子对房屋或谷仓的财产所有权。妻子们称呼彼此为莫依鲁·瓦卡瓦（moiru wakwa），意为"我的伙伴或平妻"。实际上，在物质方面，每个妻子都几乎是独立的。正妻并没有高于其他妻子的权力，她唯一受他人尊敬的原因是她的资历，当然前提是她配得上这个身份。正妻在家庭中的主要职责是在关系家族利益的宗教和其他仪式中发挥主导作用。就工作而言，根据家庭组织规定，她得和其他妻子一样做好自己的分内之事。

在耕种土地、播撒种子或收割庄稼方面的合作，完全取决于妻子们和丈夫之间的共同协议。每个妻子都称她的丈夫为莫苏里·瓦卡瓦（mothuri wakwa），即"我的老爷"或"我的丈夫"。丈夫则称妻子为穆图棉·瓦卡瓦（mutumia wakwa），即"我的夫人"。若是有很多妻子，丈夫则叫她们阿图棉·阿卡瓦（atumia akwa），即"我的夫人们"，而妻子们就一起喊他莫苏里·威托（mothuri wito），即"我们的老爷"。这种形式的称呼也象征性地扩大到丈夫这个年龄组的每个人。同样地，丈夫也以同样的方式称呼妻子这个年龄组的人为"我的夫人/夫人们"。

妻子会用昵称称呼丈夫的弟弟，这是一种钟爱的表现。丈夫的弟弟也会以同样的方式进行称呼，有时还会送些小礼物以示回报。丈夫称妻子的妹妹为玛拉姆（maramu），就是"我的小姨子"的意思。包括女方父母在内的女方所有亲戚都有他们个人和集体的称呼，个人的就叫莫索尼·瓦卡瓦（mothoni wakwa），集体的则统称为阿索尼·阿卡瓦（athoni akwa），意为"我的亲家"或"我的亲家们"。

妻子管丈夫的父母叫玛托或巴巴，即"我的母亲"或"我的父亲"。而丈夫的父母则以妻子父亲的名字来称呼她，比如"某某人的女儿"，以示对其父母的亲近和尊重。

现在，我们已经了解了妻子（们）和丈夫之间、双方亲戚之间的关系。接下来，我们将关注家族中孩子们之间的社会行为，以及他们与父、母两方家族中其他成员的关系。

一母同胞的孩子们之间的亲属纽带因母亲而强化。男孩子称彼此为莫洛·瓦·玛托（moro wa maito），即"我（们）母亲的儿子"。女孩子称彼此为姆瓦里·瓦·玛托（mware wa maito），意为

"我（们）母亲的女儿"。兄弟管他们的姐妹叫姆瓦里·瓦·玛托（mware wa maito），姐妹则喊她们的兄弟为莫洛·瓦·玛托（moro wa maito）。

至于年龄资历，年纪小的孩子管年纪大的叫莫库洛·瓦卡瓦（mokoro wakwa），即"我的哥哥姐姐"。父母叫最年长的孩子为伊里基萨齐（irigithathi），意为"第一个孩子"。第一个出生的孩子被认为是父母关爱的中心和珍贵的财富，若这个孩子是第一个妻子所生，则尤为如此。年纪大的孩子管年纪小的叫莫鲁纳·瓦卡瓦（moruna wakwa），意为"我的小跟班"。最小的孩子叫克黑甘达（kehinganda），意思是"母亲子宫中孕育的最后一个孩子"，这个孩子会特别受母亲重视和喜爱。

同父异母的孩子之间的关系则因父亲而强化。他们称呼彼此为莫洛·瓦·巴巴（moro wa baba），即"我们父亲的儿子"，或姆瓦里·瓦·巴巴（mware wa baba），即"我们父亲的女儿"。

若是同父同母，孩子们之间的亲属纽带比起那些同父异母的孩子会更为牢固。前者之间的感情是无法分离的，据说这是因为他们曾在同一个子宫（mongire nda emwe）中孕育，吸吮过同一个胸口（mongire nyondo emwe）的乳汁，他们是彼此的血肉，也正因如此，他们都是为彼此而活。

另一方面，同父异母的孩子对待彼此的方式又有所不同。他们之间皆因父亲的关系才将各自独立的家庭联结在一起。只要父亲在世，这种联结就会十分牢固；可若是父亲去世，孩子们可以自由地打破这种同一个家庭的格局，与他们各自的母亲生活在一起。此后，这个曾因父亲的指导和合作才得以维持和运转的家族，会分裂成两三个独立的家庭，并各自为政。

这就是小部落开始出现的原因。起初同父异母的儿子还是一起参加宗教和其他祭祀仪式，而且终生如此。但当他们去世之后，其后代之间的关系就开始慢慢疏远，直至大家的分歧达到一个顶点，这以后所有的集体行动、宗教活动，以及家庭的私人聚会，都不再显得必要。在这个转折点上，家族成员间仅剩的纽带就是他们共同的祖先，每个家庭根据各自的需要与其祖先交流。

在许多情况下，特别是在只有一两个妻子的小家族中，家族成员间的紧密联系可以维系好几代。父亲的权力总是通过长子交给下一代。在亲属体系的延续中，女孩们很少依靠她们的父母，她们的作用在未来的丈夫家中更为重要。

如果一个男人在没有子嗣前离世，他的家族也就随之消亡，这是基库尤人特别害怕的一件事，据说这也是实行一夫多妻制的原因之一。毫无疑问，家族或是亲属群体的延续是每段基库尤婚姻最重要的职责。亲属群体的消失意味着切断了祖先的灵魂来到人间的路径，人间已没有活着的人可以与他们交流。如果一个男人拥有多个妻子，子孙众多，那他的灵魂就会得以安息。世间总有人能与他保持交流，他的灵魂便不会在野外四处游荡，不会与人世失去联系。

孩子和父族的关系

在基库尤社会中，对待父族亲戚的态度与对待母族亲戚截然不同。根据自己的父亲和父亲的兄弟们的年龄，孩子以"我（们）的父亲"之名来进行称呼。如果是父亲的哥哥，就叫他爸爸·莫库洛（mokoro），即"我（们）的大爸爸"，如果是父亲的弟弟，就叫他爸爸·莫尼尼（monyinyi），即"我（们）的小爸爸"。他们也都以同样的方式来称呼这些孩子。有时，这种关系取决于这些父亲的地位与表现。若是父亲的兄弟们富有又能逗孩子们开心，他们就会听到更多的"我们的大爸爸""我们的小爸爸"。但若他们无法好好招待孩子们，就不太能听见这样亲昵的称呼。因此，有一句基库尤族俗语说："大爸爸，小爸爸，只有富人配得上，穷人你别想。"

兄弟的孩子之间也会称呼彼此为"我们大爸爸（小爸爸）的儿子（女儿）"。父亲的姐妹叫作塔塔（tata），即"姑姑"。她和兄弟的孩子之间的关系取决于她嫁的人及她丈夫家和兄弟家之间的距离。如果两家观念一致，又能经常互相拜访往来，孩子们会对姑姑十分熟悉，把她当作十分亲近的亲戚，一个能逗他们开心的人。孩子们不会像看待父亲那样看待姑姑，她在孩子中也没有至高权力。除了在社会职能方面，姑姑在涉及孩子或是兄弟家的事情上影响力极小。

她的孩子和兄弟家的孩子称呼彼此为莫依哈瓦（moihwa），即"表亲"。他们之间有着牢固的亲属纽带，无论何时去拜访对方，主人家都会为客人送上特别的大餐。即使是路过，若是不去表亲家拜访或是没吃东西就走，无论多小的行为，都会被认为是凶兆。有句基库尤族俗语这样解释这种行为："表亲的饭菜不可拒。"

两边的（外）祖父母

（外）祖父叫作古卡（guuka），（外）祖母叫休休（coco），他们和孩子之间的感情非常好。孩子象征性地属于他们祖父母这个年龄组。家族长子的名字随他的祖父，因此出生时是宣告"祖父"的到来。同样，第二个男孩的名字随他的外祖父，从而代表"外祖父"来到人世。在宗教仪式上，人们会用对待（外）祖父母的方式对待这些孩子，包括（外）孙女。由于（外）祖父母在家族中拥有至高无上的权力，当孩子和他们在一起时，会有一种自己和（外）祖父母平等的感觉。有时候，孩子们大部分时间都和（外）祖父母，尤其是（外）祖母待在一起，这比和父母待在一起的时间更长。男孩被他的（外）祖母称为"我的丈夫"，女孩则被称作"我的伙伴"。（外）祖父管男孩叫瓦齐内（wakine），意为"我的同辈"，称女孩为莫海齐·瓦卡瓦（mohiki wakwa），即"我的新娘"。当然，这种称呼是象征性的，只是一种亲近的表现。

如果（外）祖父母和子女住得不是很近，孩子们会时常去看望他们，陪他们待一段时间。有时候要让孩子回到父母身边比较困难，他们觉得比起和父母待在一块，同（外）祖父母在一起玩耍、开玩笑会更加自由。

母族的亲戚

同样，对待母亲的行为模式也扩展到母亲的兄弟姐妹中。母亲家族中的重要成员主要有母亲的父亲、母亲、兄弟和姐妹。正如上文所述，她的父母亲极为尊重和喜爱女儿的孩子。

母亲的姐妹叫作塔塔，和父亲的姐妹是一样的称呼，但是她和自己姐妹的孩子之间的关系与父亲的姐妹和她兄弟的孩子之间的关系全然不同。她看待那群孩子就如同看待自己的孩子一般，给予孩子们的溺爱和呵护甚至比他们自己的母亲还要多。孩子们都喜欢去拜访阿姨，也喜欢阿姨来看望自己。无论何时，这样的拜访总是欢乐和盛宴相伴的。姐妹的孩子称呼彼此为"我（们）阿姨的子女"，他们之间的相处几乎就像是亲生的兄弟姐妹。

母亲的兄弟叫作玛玛（mama），意为"我（们）的叔叔（舅舅）"，是家族中唯一享有这个头衔的人，因为父亲这边没有这样的称呼。欧洲亲属体系中被称为"叔叔"的人在基库尤社会中都被称为"父亲"。舅舅对他姐妹的孩子的感情是一种父爱般的感情，他在孩子中间有一定的影响力。比如说，在孩子获准打耳洞之前（这是他们可以进行割礼仪式的标志），必须要得到舅舅的同意。到了需要孩子的舅舅许可时，父亲会送给后者五只绵羊（山羊）作为礼物。

孩子们也会去舅舅家做客，但不会像去阿姨家那么频繁。阿姨是自家里的领导，可在舅舅家，孩子们进行娱乐活动的权利都掌握在舅舅的妻子手里。除非舅舅有个非常贤惠又热情好客的妻子，不然孩子们在他家做客时总会觉得很紧张。若是由妈妈陪着在舅舅家参加节日宴会，情况则会好一些。

亲家

上文已讨论了夫妻双方亲戚的称呼语和行为模式，下面有必要谈一谈两个亲家之间的关系，毕竟一段婚姻联结起的是两个远距离宗族的所有成员。

在两家许下婚约之后，夫妻双方所属宗族的所有成员就会被联结在一起。他们视彼此为莫索尼（mothoni），即"亲家"。对亲家的态度与"莫索尼"这个词有着莫大的联系，莫索尼是指"一个害羞但有礼貌的人"。因此，每个亲家都必须彼此以礼相待。若是女性，她的礼貌往往表现为羞怯，尤其是在她的亲家面前。她不能在亲家面前吃东西或说些不好的话；在坐下或是经过他们身边时，她必须穿着得体；必须以一种甜美、礼貌的语调和亲家说话；等等。

男性也同样如此。男子须对岳母或是与她年龄相仿的人以礼相待，必须给她们让座，在她们经过的时候让路。在岳母面前，他也必须穿着得体，同岳母说话或是当着岳母的面时不能使用任何粗俗的字眼。在媳妇生下孩子之前，公公不能踏进媳妇娘家的门；为表礼貌，公公去做客时要准备绵羊或山羊作为礼物；等等。

在经济问题上，双方都会给予彼此很大的帮助。在农活方面，亲家间通常也会互相帮忙。此外，若是有一家没有足够的土地来维系生活，他的亲家就会给他自家土地的栽种权。亲家之间会有很多人情往来，尤其是在割礼、婚礼或是宗教仪式等场合。比如说，一个男人的儿子或女儿要进行割礼，但他却没有足够的粮食款待前来参加仪式的亲朋好友，亲家就会帮他提供必需的食物和水酒。因为亲家知道，若是自己也处于类似的情况，他们也会同样去寻求帮助。这种人情往来遵循的是"礼尚往来"原则。

第二章

土地使用权制度

　　我的父亲是一名土地所有者,除了教我许多社会习俗之外,他还教我土地使用权的相关规定。考虑到我是长子,他就尽可能详细地把涉及土地使用权的知识都传授给我,以便我日后能够胜任家族领袖即莫拉马缇(moramati)这一职位,履行好自己的职责。这样,我便学到了每个基库尤族人尤其是家族长子通常都须了解的土地知识。除此之外,我也见证过基库尤各地多宗公开或私下进行的土地交易和纠纷。比如,我曾在一宗大型土地案中,担任过当事人凯欧族长的私人口译员。此案先是在长老委员会齐阿玛(kiama)面前进行了几次听证,后于1921年移交至内罗毕的最高法院。1928年,我们向希尔顿青年委员会陈述案件时,我被选为基库尤中央协会的发言人。1929年,此案的报告被提到英国议会上进行讨论,我代表基库尤人民向英国殖民政府的国务大臣阐明了我们在土地及其他问题上的立场。此后这类案子，我总是参与其中。

所以，我了解基库尤土地使用权，不仅因为我是基库尤人，更因为这些经历使我开始对这方面产生了浓厚兴趣，并潜心钻研部落里世代相传的有关案例资料和事实依据。

土地使用权在基库尤的社会、政治、宗教及经济生活中扮演着至关重要的角色。研究基库尤部落组织时，必须将其考虑在内。基库尤人以农耕为生，依赖土地而活。土地满足他们的物质需求，而后又满足了他们的精神和心理需求。土地里还埋葬着部落的祖先，通过土壤，基库尤人得以与先灵进行思想交流。基库尤人认为，土地是部落真正的"母亲"。一个母亲一次怀胎仅八到九个月，哺育期也很短，而土壤没有一刻不在哺育生者的生命，滋养逝者的灵魂。因此，对基库尤人而言，土地是世界上最神圣的事物。他们对土地非常尊敬，必须对着土地才能许下永恒的誓言（koirugo）。

鉴于土地对基库尤人的重要性，基库尤的土地使用权制度通过仪式得以详细地制定下来，以保证基库尤的每个家族或个体能够在自己拥有的土地上安居乐业。按照基库尤的土地使用权习惯法，虽然拥有形式不尽相同，但每户都有土地使用权。尽管基库尤人共同保卫他们的领土疆域，但是基库尤的每一寸土地都有其所有者。

以下是用以表示土地拥有者身份和土地所有权形式的术语。

1）最初的土地所有者，姆威内·努昂度（Mwene ng'ondo），或基萨卡（githaka）：土地的个人所有者，也就是通过购买、继承，或是获取某地的首次狩猎权来获得土地的人。

2）家族领袖，莫拉马缇（Moramati）：受托管理家族的人，保护家族中年纪较轻的成员。

3）土地种植权拥有者，莫罕（Mohoi）：基于双方的友好关系，免费使用其他家族或个人的土地，享有其土地种植权的人。

4）被收养者，莫西阿瓦（Mociarwa）：通过特殊的宗教仪式被其他宗族家庭收养的人。

5）共有土地财产，基萨卡·齐亚·格瓦塔尼洛（Githaka kia ngwataniro）：土地作为共同财产，为两个家庭共有（这种情况十分少见）。

6）姻亲，莫索尼（Mothoni）：配偶的一级亲属，获得土地种植权或建造权的人。

7）土地种植权或建造权的拥有者，莫萨米（Mothami）：在其他宗族或个人的土地上享有土地种植权和建造权的人。

8）基库尤土地，博罗里·瓦·基库尤（Borori wa Gikuyu），专指政治意义上的部落的所有土地。该术语强调这片土地只归属于基库尤。毫无疑问，欧洲人曲解了这个词的意思，认为土地是公有的，归属于部落。

　　介绍了这些概况以后，我们再来讲讲早在欧洲人来到基库尤之前，基库尤人如何获得土地，如何维持传统的土地使用权制度。首先，我们要从部落传说讲起。传说部落的创始人是一个名叫基库尤的老人，这个国家和人民的名字便由此得来。

　　大部分基库尤人都知道这个部落传说。我小的时候，从爷爷和其他长辈的谈话中得以耳闻。传说万物伊始，宇宙之神莫盖就把世界分割成一块块领地，并把它们分给地球上不同国家和种族的人。同时，莫盖也给了基库尤一块自然资源丰富的土地，并命令他在这里为自己和子孙建立家园。于是，基库尤和他的妻子姆比便在这块土地上安家落户，还生了很多孩子。但由于基库尤奉行一夫多妻制，人们在大地母亲的哺育下茁壮成长，慢慢地，这里的人越来越多。很快，这片土地上便人满为患。于是，有人决定往南扩充土地，试图从森林住户那边获取更多的土地。

　　森林里住着一个叫古姆巴（Gumba）的种族，他们以打猎为生，身材矮小精壮。他们生性腼腆，住在地下，不喜欢和陌生人打交道。为了避免和村子外的人碰面，他们挖了许多隧道（miungu），把地下村庄的各个部分都连接起来。一旦遇到生人，他们立刻钻进极为隐蔽的隧道入口，在地下飞奔，然后从另一头冒出地面。基库尤人对此感到十分吃惊，他们觉得这些人拥有魔法，想让大地开门，就能让大地开门；想要消失，就能钻入地下。

　　故事讲到这里，并没有任何证据表明基库尤人和古姆巴人进行过土地交易。但据说后者在地下消失了，没人知道他们后来的情况。有人猜测，他们的消失是因为能帮助他们自由往返于地面和地下的魔法失灵了。当大地将他们吞噬，他们就无法及时施展魔法返回地面了。

而我们认为，早期"猎人一族"古姆巴人不太可能如部落传说那样被大地吞噬。他们的消失可以有两种解释。第一种，他们已往西迁徙到刚果的森林里，那里可能存在与他们相似的群体。然而，考虑到刚果森林和基库尤之间路途遥远，古姆巴人在迁徙途中肯定困难重重，我们更倾向于认为他们并未真正迁徙至刚果森林。

若真是如此，那么唯一的可能就是他们和早期到森林里拓荒的基库尤人通婚了。而这些基库尤人可能与自己种族的人失去了联系，便只好在森林里落户，过着和古姆巴人一样的猎人生活。

事实上，第二种解释有着强有力的事实依据。古姆巴种族消失以后，森林里出现了另一个"猎人一族"，叫恩多洛博（Ndorobo）或阿拉希（Aathi）人，他们在森林里繁衍生息。他们的身材不像古姆巴人那般矮小，而是介于古姆巴人和基库尤人之间。而且，他们不住地下，而是像基库尤人一样将房屋建在地面上。他们和基库尤人使用的语言也有相通之处。从某种程度上说，这两个部落可以毫不费力地进行交流。

这些证据表明，我们认为古姆巴种族消失的原因是他们和基库尤人混种，之后成为恩多洛博或阿拉希人，也就是森林的"新主人"，这并不是全凭猜测。

恩多洛博人成为森林的"新主人"之后，和基库尤人建立了友好的关系。那时基库尤人还在不断向南扩张，于是这两个相邻部落开始进行土地交易。恩多洛博人对耕作毫无兴趣，他们主要以打猎和收集森林里的野生蜂蜜为生。除了土地交易，他们还采取物物交换的方式和基库尤人做生意。恩多洛博人把蜂蜜和动物皮卖给基库尤人，作为交换，基库尤人则给他们一些农作物，如谷物、山药、甘蔗、香蕉等。

随着时间的推移，基库尤的人口趋于密集，可供耕种的土地越来越少。他们开始向恩多洛博人购买土地。经这种途径购买的土地归个人所有或作为家庭共同财产。实际上，据我所知，基库尤没有任何公有土地，即所谓"无主之地"。因此，用"部落所有或土地公有制"这个术语来形容基库尤的土地制度是不恰当的，这会让人误以为基库尤的土地为部落所有成员共有。

当然，基库尤人共同保卫他们的部落，与陌生人交谈时，他们会称这个部落、这片土地及其他所有的东西为"我们的"，如"我们的部落或基库尤土地"，以示同胞间的团结。但是，基库尤的每一寸土地都有其所有者，且界线分明。相邻土地的所有者也都相互尊重。《关于基库尤土地使用权制度的报告》第二十二章中这样写道："在肯尼亚的尼耶利（Nyeri）和霍尔堡区（Fort Hall），有这样几个地方，从那里一眼望去，能看到一千多英亩土地，几乎全是耕地。土地纷争虽复杂麻烦，但也极为少见。"那时，未经土地合法所有者允许，人们不敢随意在别人的土地上耕作。土地是私有财产，这一思想在基库尤人心中根深蒂固，但土地私人所有制并不意味着只有土地所有者能使用他的土地，也不意味着他会向那些想要获得这块土地的种植权或建造权的人索要租金。换句话说，拥有自己的财产是基库尤人的骄傲，他们很乐意和别人共享这些财产。他们的热情友好使得所有东西看起来都像是公有的。欧洲人便曲解了这种热情和友善，非说基库尤的土地是公有的，归属于部落。因此，他们认为土地属于马里·亚·谢里卡利（mali ya serikali），也就是英国政府。英国政府杜撰出土地所有权的新概念之后，开始驱逐那些真正的土地所有者。

接下来，我们会继续讲述基库尤的土地所有权制度，揭示人们最初是如何获得土地，土地又是如何从个人所有到家族或宗族所有的。我们的讲述将基于之前提及的八种不同的土地所有方式。

要了解土地的私人所有权，我们要先从基库尤人开始南移，并和恩多洛博人建立关系开始说起。基库尤的土地，特别是南部土地，是从恩多洛博人那儿购得的。虽然在此之前，基库尤也存在某种形式的土地私有权，但那时候这一体系尚未成形，人们在获取土地所有权时，不需要交换财产。首先，这片土地由自然之神莫盖赐予；其次，基库尤人也是最早在这片土地上建立家园的；

最后，人口越来越多，他们都已组成自己的家庭。每个家庭都在森林里围出一块区域，一般只有他们自己才能在那里种植和打猎。那时对原始森林的"划分"，是形成土地的绝对所有权的基础。换句话说，一个人可以通过在某片土地上劳作来获取这片土地的所有权。所以，整个家庭需要齐心协力，共同劳作，从而获得足够的土地以满足他们目前及未来的需求。慢慢地，莫盖赐予基库尤的土地上已经人满为患，森林也已无法再进行划分。人们只能向南方扩充土地，但这里的森林已归恩多洛博人所有，基库尤人不能在进入森林后直接在土地上劳作，然后宣布这片土地属于自己。而基库尤人又十分渴望得到这片土地，所以当他们发现恩多洛博人愿意出售土地时，便立刻决定把它买下来。这种获得土地的新方式就这样应运而生。也就是说，人们既可以通过在原始森林里的某一区域打猎或劳作来获得土地，也可以通过购买获得土地。

为了讲明白上文提到的两种获得土地的方式，我们将引用1929 年出台的《关于基库尤土地使用权制度的报告》中的表述。该报告第二十四章这样写道："耐人寻味的是，在尼耶利和霍尔堡区，土地所有权制度基本保持不变，而在齐阿姆布区（Kiambu），为迎合个别所有者、耕种者和下属头领的利益，制度已遭到大幅度修改。"

产生这种差异的原因是，在尼耶利和霍尔堡区，基库尤人和恩多洛博人之间几乎不存在土地交易。即使基库尤人曾经向恩多洛博人购买过土地，也已是久远之事。对此，这一代人早已记忆模糊。而且，尼耶利和霍尔堡区很有可能根本就不存在恩多洛博人。据说基库尤人就起源于这两个区内一个叫莫克威·瓦·加斯安加的地方。若果真如此，这两个区的基库尤人不可能和恩多洛博人发生任何土地交易，除非有证据证明，基库尤人和恩多洛博人起源于同一个地方。但据我们所知，部落的历史传说中并没有提到这一点。

而在齐阿姆布区，基库尤人的土地都是从恩多洛博人那儿购得。他们和恩多洛博人的交易始于近代。有些曾向恩多洛博人买过土地的基库尤人目前仍健在。同时，如果土地的购买者是尚未成家的单身汉，那他买下的这块土地属于他的私人财产。举个例子，如果一个男人A在婚前买了一块土地，那在他结婚之前，这块土地就是他的私有财产。一旦他和B结婚，那这块土地就成为夫妻共同财产。假设A没有亲戚，或者A和他的亲戚毫无瓜葛，然后他分了一部分土地给他的妻子种植，那这部分土地就成为妻子的财产，或者妻子享有这部分土地的种植权，但这片土地仍属于丈夫所有。假设一个男人有六十英亩土地，他的第一个妻子种植了两英亩，那她就会把这部分称为"我的园地"，即莫格达·瓦卡瓦（mogonda wakwa），把其他的土地称为"我们的土地"，即基萨卡·基多（githaka giito）。之后，A娶了第二个妻子C，然后也分出一部分土地给她种植，那剩余未经耕作的土地属于他们三个人。

这个男人可以将剩余的土地称为"我的土地",即基萨卡·基可瓦(githaka giakwa),而他的妻子们则称其为"我们的土地"。这样,每个妻子都有自己的园地,但是园地的面积取决于她们的种植能力。除了她们的丈夫,没有人能侵占她们耕作过的土地。如果妻子们想要一个新的园地,丈夫就会从剩余的土地中再分出一块。

一段时间之后,他们的家庭成员开始增多。假设每个妻子生三个儿子,可能还生了几个女儿。由于基库尤社会不允许女性独身,而且女儿们不继承自己父亲的土地,所以她们不会参与父亲的土地所有权分配。她们将在结婚以后在自己的家庭或宗族里占有一席之地,因此,我们在这里暂且不谈女儿。

回到刚刚的假设,A先生和他的两个妻子B和C共育有六个儿子。他们的儿子长大后,也和父亲一样,娶了两个妻子。如此,这块曾经属于A先生,且A享有绝对所有权的私有土地,将由A与他的两个妻子、六个儿子和十二个儿媳妇共二十一个人共享。他们对自己分到的土地享有种植权,可称这块土地为"我们的土地",而A先生仍称其为"我的土地",即努昂度·亚克瓦(ng'ondo yakwa)。

我们再假设他的十二个儿媳都和她们的婆婆一样,平均每个人生三个儿子,这样总共就会有五十七个人要分享这块土地。他们对自己耕作的那部分土地享有种植权,可以将其称为"我的园地",并将剩余的未经耕作或休耕的土地称为"我们的土地"。而

A先生可以称这一整块土地为"我的土地"。其实女儿们在结婚前肯定也要使用土地，但如果把女儿们也考虑在内，我们会发现，以A先生为核心的家庭逐渐扩张，在他去世之前，他的家族或宗族可能多达七十个人，甚至更多。慢慢地，这群人会形成一个大集体，那部分所谓"我们的土地"必然不够用。当一个家族遇到这种情况，富裕点的家庭成员就会去别处买土地，然后又重复之前的土地分配过程。但那些没有能力再买土地的人就成为阿罕（ahoi）或阿萨米（athami），也就是说，他们从其他家族或宗族那里获得别人的土地的种植权或建造权。

很明显，刚刚我们描述的制度和"土地公有制"完全相反。土地公有制是指土地属于集体中的每个人，但基库尤族的情况并非如此。如上所述，土地不属于整个集体，而是属于各个家庭的创始人，他们才是完全拥有土地并分配土地的人。和欧洲人不同，非洲人的亲属关系比较紧密，一个男人的孩子和孙子，包括曾孙，都属于一个家族，所以他们必须团结在一起。

为了更清楚地体现这一点，我们举个例子，一个单身男人通过购买或其他途径获得了土地的首次狩猎权，拥有了自己的土地，之后又不得已只娶了一个妻子。在这种情况下，我们假设，这个男人只有一个儿子，但有很多女儿，那么就只有这个男人的妻子和儿子能说这片土地是"我们的"。这个男人称这片土地为"我的土地"，并享有这片土地的绝对所有权。根据土地习惯继承法，他去世后，这一权利会转移给他的儿子。因此，显而易见，土地属于这个购买者的私有财产，或在他去世后由其独子继承，成为独子的私有财产。

买卖土地

从恩多洛博人那里买来的土地，不管土地所有者是通过购买还是继承获得的，只要他愿意，除了那些在土地交易仪式上担任见证人的长老，他不需要征得其他任何人的同意，就有权将这些土地出售或赠送给他人。此处提到的通过继承获得的土地，是指继承人的父亲没有其他的亲属，而继承人作为逝者唯一的儿子所继承的土地。

一个男人有了儿子，就不再是孑然一身，他的利益和孩子们的利益就交织在一起。他和儿子们骨肉相连，便必然会和他们分享自己的土地和其他一切财产。他不能不征求他们的意见就卖出土地，除非他十分狠心，毫不在乎家人的未来。在基库尤，这种情况非常罕见。即使真的发生，村子或区里的长老也会出面，恳请父亲为孩子们的幸福着想。

土地的继承

一个男人死后，他的土地会传给他的儿子们，其中，长子会取代父亲的位置。此时，土地所有权出现一些变化，没有人能说这些土地是"我的"，而只能说这是"我们的土地"。长子虽然被称为"莫拉马缇"，即名义上的家族领袖或管理者，但事实上，他所拥有的权利并不比兄弟们多。他的兄弟们对各自耕种的土地及各自母亲耕种的土地，都享有土地种植权。因此，没有兄弟们的同意，他不能擅自出售土地。

在这个阶段，土地已经被冠以最初的所有者的名字，成为家庭或家族的土地。比如，某人拥有的土地的原主人是克莫，那他的家族就会被称为"克莫的家族"，他的土地被称为"克莫家族的土地"。这样，土地被赋予了宗族的名字，父亲也通过这种方式把土地传给儿子们。

通过分析，我们不难发现，基库尤的土地使用权从来都不是部落所有的，也并无习惯法赋予族长干涉他人家族土地使用的权利。族长可以把自己土地的种植权或建造权给莫罕（被赋予种植权的人）或莫萨米（被赋予种植权和建造权的人），但只有家族管理者才能把属于其家族的土地的种植权或建造权赠予别人。除此以外，他们没有权利赠予或出售那些并非其个人财产的土地。

因此，奉行民主原则的基库尤人对那条将族长定为家族管理者，并授权让他分配"公有土地"的政策感到很陌生。在基库尤，长老委员会负责解决土地纠纷，以及组织安排一切土地交易。委员会里的族长可以行使这些权力，并非因为他是族长，而是因为他是长老，即莫苏里·瓦·齐阿玛（mothuri wa kiama）。

从部落的创始人到森林的主人——古姆巴和恩多洛博人，再到最先购买土地的人及其家人，到现在为止，我们都在讨论基库尤的土地所有权制度。上文既已谈到父亲去世以后，土地的管理权会传给莫拉马缇，那我们有必要简单介绍一下莫拉马缇。作为家族管理者，莫拉马缇对弟弟们负有哪些责任呢？

莫拉马缇一般是家族的长子，即男人的第一任妻子的第一个儿子，但如果第一任妻子膝下无子，男人的第二任妻子的第一个儿子就会成为莫拉马缇。莫拉马缇的职责是确认土地是否使用得当，以及完成父亲的遗愿。莫拉马缇享有的种植权或建造权并不比弟弟们多，他只是一些农耕仪式的挂名首领。他和弟弟、姐妹，以及父亲的妻子们一样，只拥有自己耕作过的那部分土地。另外，只要没有禁忌或习俗规定不能在某块土地上耕作，他们中任何一个人都可以随意开垦"处女地"，即剩余的未经耕作的土地。但是只有莫拉马缇才能赋予外人也就是莫罕或莫萨米对自己家族土地的种植权或建造权。但莫拉马缇在这样做之前，需要征得其他家庭成员的同意。首先，莫拉马缇在赋予外人这些权利之前，会确保自己的家庭有足够的土地可以使用。其次，他不会把弟弟们之前已经耕作过的休耕地给别人种植，除非他们已完全放弃在这些土地上耕种。

再者，莫拉马缇在把土地种植权或建造权给别人之前，要先了解对方的性格，查清他的过去，确保他是个安分守己的人。而且对方只有答应尊重莫拉马缇一家人的权利，并与他们和平相处，莫拉马缇才会允许他在这片土地上落脚。而莫罕或莫萨米一有机会酿酒，就会赠送莫拉马缇或者其代表人一葫芦酒，以此证明自己会遵守协议。那些被赋予种植权和建造权的人（莫萨米）必须要履行这一义务。但仅被赋予种植权的人（莫罕）只须等地里甘蔗成熟，酿出甘蔗酒时，赠送一部分酒给莫拉马缇或者其代表人。

另外，在莫拉马缇一家建房子或牛栏等特殊时期，莫萨米也有义务帮忙。如果莫萨米举止得体，有时莫拉马缇一家会为了共同利益和他们家相互协作。但要是莫萨米或莫罕违反协议，那就意味着他要放弃自己的权利，并离开这片土地。这一点由莫拉马缇负责实施。如果莫萨米或莫罕拒绝离开这片土地，就会被带到长老委员会那里。长老们一般都会站在莫拉马缇这边，但是无论如何，他们还是会告诉莫萨米或莫罕去另找一片土地继续种庄稼。莫萨米或莫罕赠送的酒只是作为友谊和尊重的象征，除此之外，他们无须支付任何土地使用费。土地所有者纯粹是出于友谊才赋予他们种植或建造权，与利益无关。

在特殊情况下，莫拉马缇的职位也会发生变动，比如，他没有管理好土地，导致他和弟弟们发生争吵。村委员会即齐阿玛·基阿·依图拉（kiama gia itora）就会聚在一起，把土地均分给家族里的男性代表。当然，只有调解失败时，村委员会才会这样处理。土地分好之后，这位莫拉马缇今后就只能管理自己的直系亲属，即他的妻子（们）及孩子（们）。如果家族里有其他人想要继续帮助他们管理土地，那他们就要推选出新的莫拉马缇，由他履行上一任莫拉马缇的职责。

土地划分以后，前任莫拉马缇可以将自己的土地卖给任何人。他可能会从此地搬走，在另一个区购买土地。根据土地所有权的习惯法，如果家族的兄弟中有人想要卖出自己的土地，亲人们可以优先购买，以免陌生人插足。但他把土地卖出之后，他的后代就丧失了和祖传土地的所有联系，会被亲人们视为陌路人。

因此，长老委员会在批准出售此类土地之前，会仔细审查事情经过，以维护他们家庭的团结统一。即使一个人想要和亲人们断绝关系，也不一定非要卖掉祖传的土地。为了延续血缘关系，他最好还是保留祖传土地的所有权，若是他在外面遭遇坎坷，还可以回归故土，感受亲人们的温暖。

牧场和公共场所

值得一提的是，每个区都有几个供家畜吃草的牧场，还有免费对外开放的盐渍地（姆尤，moonyo）和矿泉（依罗里，irori）。此外，区里面还有一些专供人们开会和跳舞用的公共场所（依哈罗，kehaaro）、公共道路（恩杰拉·西阿·阿根缇，njera cia agendi），以及国家祭祀恩盖神的场所——神圣的小树林。

关于上述土地的管理问题，社会争论非常激烈。虽然这些土地属于不同的家庭，但被当成公共土地使用。一旦人们在任何地方发现盐渍地或是矿泉，不管这块土地是否被耕作过，他们都可以把家畜带过去觅食，土地所有者也不能阻止。但如果这个土地所有者比较可怜，没有其他土地可用，区里的长老会另外分给他一块土地。而牧场上都留有充足的草和灌木，一般不会被家畜吃完，因而问题不大。通常，这些土地都会距人们的家宅有一段距离，而且其中一些不宜种植作物，只有沿河的土地可以种些甘蔗、香蕉和马蹄莲。

由于土地轮作制度，人们的家宅附近也有牧场，还会有林地，以备收集柴火和建筑材料之用。但是只有土地所有者一家才可以在这些土地上放牧。当然，他们有权允许或拒绝外人在此地放牧。

如果我们稍作思考，想一下上文提到的牧场、盐渍地、用于开会和跳舞的公共场所、林地，包括基库尤和邻近部落边界之间的大片森林，我们就会发现基库尤有大片的土地不是用来耕作的，但对基库尤人而言，这些土地也同等重要。

早期的欧洲游客曾言，他们在基库尤看到大片"未开发"和"闲置"的土地，其实指的就是这些土地。对他们来说，可能的确如此；但对基库尤人而言，基库尤的每一寸土地都有其用处。这些土地就像英国的高沼地，并非荒废闲置的。要是让基库尤人去看看英国的高沼地，然后回来报道，他们肯定也会说那里有大片"未开发"和"闲置"的土地。难道仅仅因为他们在那些土地上没有发现成群的绵羊和山羊，大片的香蕉、山药和甘蔗，就有足够的理由认为英国人没有"合理利用"那些土地吗？同样，欧洲人不能仅因为没有看到耕种过的牧场草地，就以为非洲的灌木林"未被开发"或"闲置"。

土地边界的标记仪式

根据基库尤的土地所有权制度，确定土地所有权最为重要和最具决定性的因素就是土地边界的标记仪式。一般只有进行土地买卖时，才会举行这个仪式。土地所有者把土地的种植权或建造权赋予莫罕或莫萨米、摩西阿鲁瓦或莫索尼时，不需要举行这种仪式。因为土地所有者只是赋予他们使用土地的权利，并没有卖掉土地。

只有当购买土地的人已支付或已同意支付一定数量的绵羊和山羊时，双方才会以仪式的形式达成协议，并请区里举足轻重的长老担当见证人。在买卖土地之前，买卖双方会进行初步的仪式性讨论。按照基库尤的礼仪，人们不能直接走到别人面前，表明自己想买他的土地。卖方也是一样，不能公开宣传想要出售的土地。因为在基库尤，土地被视为人们的母亲。对他们而言，买卖土地和结婚同样重要，必须慎重对待。

因此，如果某人想要购买别人的土地，他需要煮一小杯酒，把它端到土地所有者面前，就像自己要向其女儿求婚一样。他们仪式性地抿一口酒之后，会以打比方的方式进行交谈，比如："您好，我是某某的儿子，我给您带来这杯酒，其实是想告诉您，我在您家看到一位美丽的姑娘。我希望您能原谅我，我已经疯狂地爱上了她。我的渴望是那么强烈，所以我今天到这里来请求您接受我做您的女婿。我相信，以您丰富的人生经验，肯定能看出我对您那美丽姑娘的爱慕之情。而且我知道，您不会拒绝我这诚恳的请求。"

通过这样的谈话，土地所有者立刻就能明白他来访的真正目的，然后也会以同样的方式告诉他自己的决定。如果他们能谈好价格，就会选定一个日期举行仪式，并邀请区里的长老来当见证人。

到了约定的那天，长老会聚集到这块土地上，而买卖双方就像要走进婚姻殿堂的新人，已经等候在那里。土地的卖方需要起誓证明他要出售的这块土地是自己的财产，即他或其祖先是该土地的原主人或合法主人。并且，他需要说明自己对这块土地的售价十分满意，对买方即将用于交换土地的绵羊和山羊的数量没有异议，今后他不会要求买方再支付协议以外的东西。然后，长老会让买方起誓并宣布他愿意购买这块土地，并给予卖方约定数量的绵羊和山羊。当然，他所交换的家畜必须是自己或家庭的财产，在他的家族内外，没有人对这些家畜的所有权存在异议。

宣誓结束后，买方会提供一只公羊，并在双方宣誓的地方进行宰杀。公羊死后，人们会把它胃里的东西取出。然后，长老会组织一支队伍，让卖方和买方打头阵。他们吟唱着和肥沃的土壤有关的调子，缓缓地移动。土地所有者会指出这块土地的边界，同时长老把公羊胃里的东西撒在边界上，并把树木和百合种在边界上，作为永久性的边界标记。长老们会以仪式性的口吻，诅咒那些故意移除土地边界标记的邻居。土地边界的标记完成后，所有人都会坐到这块土地的中心。接着，长老会从羊的身上切两片肉，让买卖双方都拿一片放在右手腕。这一举动意味着这两个男人已经联系在一起，也标志着此次土地边界的标记仪式圆满结束。经过此次土地交易，买卖双方会视对方为姻亲。

长老完成任务后，会参加肉宴，有时还喝酒庆祝。沿着土地边界撒公羊的胃容物的那位长老，还会得到一只母羊作为酬谢。这份谢礼的正式名称为"可消除荨麻刺疼痛的母羊"。

根据基库尤的土地使用权制度，任何人都不能声称拥有某块土地的绝对所有权，除非他或他的祖先已经进行了土地边界的标记仪式。因为在基库尤，土地标记仪式的举行就意味着土地契约的签订。人们都很尊重种在边界的树木和百合，并细心照料和保护它们。和这些土地有关的历史也会世代相传。没有人胆敢移除邻居的土地边界标记，一方面是害怕邻居的诅咒，另一方面是出于对邻居的尊重。

如果边界的某棵树木或百合干枯倒下，或被野兽连根拔起，相邻的两户人家就会聚在边界相应的地点，重新种植。万一他们对标记原来所在的位置产生分歧，就会请一两个长老，举行一个简单的仪式，再重新种下树木或百合。但是如果争议较大，尤其是当火灾已把土地边界的标记烧毁时，他们会请来委员会的全部长老，再重新进行种植。

土地所有权与欧洲人的到来

在之前的讲述中，我们讨论了基库尤人原先如何获得土地，以及早先确立的土地所有权制度的具体规定。我们还阐释了土地所有者和其家人之间的关系，以及他们一家人与获得其土地种植权或建造权的人之间的关系。接下来，我们将谈到慷慨大方的基库尤人如何将这种慷慨惠及欧洲人。基库尤人可以给予陌生人暂时的土地种植权或建造权，那么他们是如何把土地暂借给初来乍到的欧洲人呢。在正式讨论之前，我们有必要介绍一下基库尤族一位伟大的巫医莫格·瓦·哥费罗（Mogo wa Kebiro），他预言了欧洲人的到来及此事带来的后果。

莫格·瓦·哥费罗和他的预言

从前，基库尤有一位伟大的巫医，名叫莫格，或莫格·瓦·哥费罗。他的使命是预测未来，告诉人们如何为即将发生的事情做准备。传说有一日清晨，这位预言家颤抖着醒来，无法言语，全身满是伤痕。他的妻子们看到后十分害怕,近乎歇斯底里——明明自己的丈夫昨晚睡觉时还安然无恙,现在却不知究竟出了何事。全家人都陷入了恐慌,于是把长老请来,供奉祭品以告慰莫盖神,并向他询问这位伟大巫医所预见的可怕事件。

长老到来后,他们立刻宰杀了一只公山羊(thenge),并让莫格·瓦·哥费罗坐在刚扒下来的羊皮上。资历较老的长老把公山羊的血和油混在一起,再把混合物作为圣油倒在这位伟大的预言家头上。同时,长老们凭着坚定的宗教信仰,不停地吟诵宗教之歌,向莫盖神祈愿。很快,莫格开口说话了,开始叙述昨晚的经历。他用跟往常一样的预言口吻告诉长老,莫盖神在他睡觉时,将他带到一片陌生的土地。在那里,莫盖神告诉他基库尤人即将面临的不幸遭遇。他听完之后,十分震惊,努力说服莫盖神阻止即将降临在基库尤人身上的厄运。但是他伤痕累累,筋疲力尽,无奈之下只能听从莫盖神的命令,回来告诉人们这件事。

稍作停顿之后,莫格开始继续叙述他的预言。他的声音有些低沉和悲伤。他说,一群陌生人会从这片大水域外来到基库尤,他们穿着蝴蝶翅膀般的衣服,身体的颜色就像浅色的小青蛙。他们带来的棍子十分神奇,能喷火,比毒箭的杀伤性还要强。他说,这些陌生人还会带来一条铁蛇。它长着很多条腿,形似蜈蚣,还会喷火。它的身体能从基库尤东边的大水域延伸到西边的大水域。此外,他还说大饥荒即将到来,这是陌生人及其铁蛇出现的预兆。

一旦他们出现，基库尤及周边的部落将会承受巨大的苦难。各个部落会无情地对待彼此，好像要吞并对方。他还说，基库尤的子女们将会以前所未闻的方式虐待他们的父母。

莫格力劝人们切勿以武力反抗即将到来的陌生人，这样的行为只会导致部落灭亡。因为他们那神奇的棍子，能喷出致命的火焰，远距离就能使人毙命。勇士们听了这些话后，十分愤慨，声称自己一定要拿起武器，杀死那些陌生人和铁蛇。但是这位伟大的先知让他们冷静，并告诉他们最好和这些陌生人建立友好的关系。因为他们的长矛和弓箭无法刺穿铁蛇，若是与那些陌生人斗争，结果只会是徒劳。

这位伟大的巫医劝诫人们，等这些陌生人到基库尤后，人们最好以礼相待，但切勿对他们推心置腹。而且最重要的是，基库尤人要注意不能让他们太接近自己的家园。这些陌生人恶行昭著，他们肯定会觊觎基库尤人的家园，最后会拿走基库尤人所拥有的一切。

人们听完莫格的预言后，极为不安。但是除了等待危机的到来，他们束手无策。后来，大约在1890年，莫格预言的危机出现了。那些陌生人穿着像蝴蝶的翅膀一样的衣服，他们一拨接一拨地来到基库尤。其实，基库尤人已经预料到这一点，因为前段时间暴发了一场名为缇格阿纳（ndigana）或努昂格（nyongo）的恶疾，导致基库尤和其他两个邻近的部落——马赛（Masai）和瓦卡姆巴（Wakamba）的牛损失惨重。在此之前，基库尤还发生了一次大饥荒，数以千计的部落成员苦不堪言。

第一批来到基库尤的欧洲人只是经过了基库尤和马赛的边界，或是基库尤和瓦卡姆巴的边界，并没有对基库尤构成威胁，但伟大巫医的预言正逐渐变为现实。欧洲人和他们的商队不停地往返于海岸和维多利亚湖或乌干达之间。在他们往返的途中，他们会和基库尤人做生意，其间几乎没有和基库尤人发生冲突。就这样，基库尤人被欧洲人的表面功夫所迷惑，觉得欧洲人及其商队毫无恶意，开始把他们当作朋友。他们忘了莫格曾经说过，对欧洲人要以礼相待，但不能推心置腹，而且不能让他们太靠近自己的家园。但现在，基库尤人反而迎接欧洲人走进他们的家园。

说到这里，我们要简要叙述一下基库尤人是如何失去最珍贵的土地的。说来有趣，欧洲人刚来到基库尤时，基库尤人觉得他们是背井离乡、孤苦无依、需要朋友关怀的流浪者。基库尤人天生慷慨大方、殷勤好客，他们很欢迎这些"流浪者"，并深切同情他们。他们允许欧洲人在自己的土地上支起帐篷，并且赋予他们和基库尤的莫罕或莫萨米一样的权利，允许他们暂时拥有土地的种植权和建造权。基库尤人这样善待欧洲人，是因为他们觉得总有一天欧洲人会厌倦漂泊，回到自己的国家。

这些来自欧洲的早期帝国缔造者，隐藏了自己的真实目的，玩弄着这些天真、真诚、好客的基库尤人。他们同意了基库尤人的条件，成为莫罕或莫萨米，并很快开始在基库尤建造他们的堡垒或营地，并声称"他们建造这些站点，只是为了让商队在去往乌干达的路上有地方可以购买食物"，因为据报道，"基库尤人的食物特别充足，而且价格便宜"。

基库尤人觉得他们的商队只是做生意，没有其他目的，所以把达葛里迪（Dagoretti）、史密斯堡等地的部分土地的建造权给了欧洲人。可惜，他们没有意识到这只是欧洲人抢走他们土地的第一步。基库尤人和欧洲人建立了友好的关系，为欧洲人的商队提供食物。基库尤人天真地以为，这些皮肤白皙的"流浪者"总有一天会回到他们自己的国家。在基库尤人看来，欧洲人肯定会思念家乡，不可能永远住在异国他乡；欧洲人卖完货物之后，就会回去和家人团聚。

基库尤人不相信这些欧洲人会在非洲定居，而后者看上去的确没有在一个地方久留，于是他们更加坚信这一点。因此，基库尤人得出结论，这些欧洲人总有一天会扛着行李回家，就和他们来时一样。在基库尤，有这样一句俗语："世上无永恒之事。"基库尤人唱的很多歌里都有这句话。后来，基库尤人把这句话当作标语，来表达自己的悲愤之情，尤其是当那些"流浪者"开始露出真正面目时。

早期的欧洲游客曾报道："基库尤人答应欧洲人，把基库尤作为海岸和湖之间的主要站点。基库尤人十分友善，甚至在海岸上当搬运工。但是，他们这种'友好的'关系却给基库尤招致灾难性的毁灭。欧洲商队在经过基库尤时，抢夺了基库尤人的作物，基库尤人想要商队付出相应的代价，但是商队变得十分陌生，不久后还杀害了几个搬运工。"这是欧洲人第一次用"喷火的棍子"杀人。正如莫格的预言：白人的到来预示着基库尤人苦难的开始。听说上述事件结束后不久，欧洲人又给了基库尤人当头一棒。他们迫使基库尤人每天交出五十只山羊，并且组织三百人免费为他们重建被摧毁的堡垒。

　　基库尤人心中苦涩，但经过这件事之后，他们意识到自己曾经热情相待的这群欧洲人，竟然企图以暴力来掠夺自己的所有物并征服自己。而基库尤的部落首领瓦亚齐（Waiyaki），由于和那些陌生人签订友好条约，后来被驱逐出境，死在了去往海岸的途中。基库尤人对这些欧洲人忘恩负义的行为万分愤慨。他们拒绝与这些人继续交易，认为欧洲人和他们的商队一旦没有食物，就会离开基库尤。但基库尤人很快就明白了一个道理："强权即公理。"欧洲人曾报道："在这个粮食充足的国家，我曾在几天内就获得了数千磅的粮食，但我们现在却买不到任何粮食，只能定期派人去强取，派出去的大规模武装队伍还需要去取一些木柴和水。"

　　莫格的预言慢慢应验，不久以后，肯尼亚到乌干达的铁路，即预言中的"铁蛇"修建完成。欧洲人在基库尤站稳脚跟后，开始宣告在基库尤的绝对统治权，并把原本属于基库尤人的土地称为"皇家土地"，声称自己才是土地所有者，而基库尤人只是"寄人篱下的租客"。基库尤人由于宽宏大量，失去了大部分土地。虽说他们从未被欧洲人的武力完全征服，但是终究没有逃过欧洲人阴险的手段，无法揭露其伪善的嘴脸，只得生活在欧洲帝国主义无情的统治之下。

基库尤人与欧洲人之间的关系可以用一个基库尤的寓言故事来阐释：从前，大象交了一位人类朋友。有一天，狂风暴雨，雷电交加，大象去找这位朋友，因为后者在森林的边缘有一间小茅屋。大象说："我亲爱的朋友，雨太大了，请问我能把鼻子放进小屋躲躲雨吗？"朋友看到他的处境后，回答说："我亲爱的朋友，我的屋子虽小，但可以容纳你的鼻子。请把鼻子慢慢放进来。"大象十分感谢他，说道："你帮了我大忙，日后我定会报答你。"但是接下来发生了什么呢？大象把鼻子放进小屋后，慢慢地又将头挤了进来，最后直接把这个人类扔进雨中。大象舒舒服服地躺在小屋里，说道："我亲爱的好朋友，这间屋子容不下我们俩。你的皮肤比我粗糙，能经受住外面的暴雨，而我比较娇嫩，受不住冰雹的敲击。"这个人类看到大象的所作所为，开始抱怨。森林里的动物听到动静之后，聚了过来，看看发生了什么事。大家围着这个人类和大象，听他们之间激烈的争论。混乱之中，狮子长吼了一声，大声说道："你们难道不知道我才是丛林之王！竟有人敢破坏我的王国的和平？"大象是这片丛林王国的高级大臣，听了狮子的话，恭顺地回答道："尊敬的国王，我们不想破坏王国的和平。

我和我的朋友只是在讨论我现在所处的这间小屋属于谁。"狮子只希望王国回归和平，他用高贵的声音答道："我命令我的部长们设立一个皇家调查委员会，彻查此事，然后向我报告。"接着，他对这个人类说："你能和我的人民建立友谊，特别是和我们国家这位令人尊敬的大象部长做朋友，很不错。不要再抱怨，如果小屋是你的，那还是你的。等皇家调查委员会准备就绪之后，你有足够的机会陈述你的情况。我肯定，你会满意委员会的调查结果。"这个人类听了丛林之王的这番甜言蜜语，高兴极了。他开始天真地等待狮子口中的"机会"，相信自己可以顺理成章地拿回小屋。

大象则听从狮子国王的吩咐，忙着和其他部长组织皇家调查委员会。委员会由以下几位丛林里的长老组成：1）犀牛先生；2）水牛先生；3）鳄鱼先生；4）狐狸阁下（委员会的主席）；5）豹先生（委员会的秘书）。看到委员会的人员组成，这个人类提出反对意见。他问，委员会里可否安排一个他这边的人。但是他们回答，这不可能，因为他身边的人都没受过良好的教育，不了解错综复杂的丛林法则；另外，委员会里的所有成员都公平公正，是上帝派来的绅士，专门维护那些没有锋利的牙齿和爪子的弱势群体的利益。他们还说，他完全不用担心，他们肯定会尽全力调查此事，并且公平公正地向国王报告。

委员会开始收集证据了。他们先召见了大象部长。大象来的时候，一副高高在上的样子，一边用妻子给他准备的小树苗刷着他的獠牙，一边威严地说道："丛林里的绅士们，我不想浪费你们宝贵的时间。你们已经知道的事情，我就不再赘述。我一直把保护朋友的利益视为自己的职责，但这似乎使我和朋友之间产生了误会。他请我去保护小屋，以防它被飓风吹走。但小屋里面还有空间，飓风很容易刮走小屋。因此为了保护朋友的利益，我认为自己有必要帮助他，用身体把那些空间填满。我相信你们中的任何一个人，遇到类似情况，同样也会伸出援手。"

委员会的成员们对大象部长的陈述深信不疑，认为这件事证据确凿。于是，他们叫来鬣狗先生和丛林里的其他长老。最后，所有人都支持大象先生。之后他们叫来了那个人类。人类刚想为自己辩护，委员会的成员就打断了他，说道："你好，不要说和本次事件无关的话。我们已经听到了很多相关的公正言论。现在，你只需告诉我们，小屋里那些闲置的空间，除了大象先生，还有其他人使用过吗？"人类刚刚开口说"没有，但是——"，委员会的成员就宣布，他们已经从两个当事者那里获得足够证据，要回去斟酌后，再做出决定。大象先生请委员会的成员享用一顿美食后，他们做出了裁决。他们把那个人类叫来，并声明如下："我们认为，这场争端由你们双方之间的误会引起，原因是你的想法太落后。大象先生保护了您的权益，他已经履行了神圣的职责。而且很明显，你并未有效利用小屋，里面还有很多闲置的空间。而且你体积较小，不能完全填满整个空间。大象先生帮助你，是为你好。因此我们认为，双方都有必要妥协。大象先生应继续住你的小屋，你可以另找一个地方，重建一个符合需求的小屋。这样暴雨来袭时，你才能得到更好的保护。"

这个人类别无他选，只能按他们说的去做。他担心自己如果拒绝，就有可能死在他们锋利的牙齿和爪子之下。但是他刚建好新的小屋，犀牛先生就顶着犄角冲了进来，命令他出去。又一个皇家调查委员会受命调查此事，但是结局还是和上次一样。这个过程一直重复，直到最后，水牛先生、豹先生、鬣狗先生都住上了新屋子。这个男人决定，他必须采取有效的措施保护自己，因为皇家调查委员会对他来说，似乎毫无作用。他坐下来说道，"世上所有的东西都有被困住的时候"，意思是你能愚弄他人一时，但不能愚弄他人一世。

一天清晨，那些官员们占领的小屋开始腐烂、破败时，这个人类在不远处建了一个更大更好的屋子。犀牛先生看见后，立刻冲了进去，却发现大象先生已经在里面呼呼大睡。接着，豹先生穿过窗子进来了，狮子先生、狐狸先生和水牛先生也进了门。而鬣狗先生正在嚎叫，也想要在房子里占一席之地，鳄鱼先生则在屋顶晒太阳。他们开始为这个房子的所有权争吵，说着说着，就打了起来。就在他们纠缠不清时，男人点了一把火，烧了小屋及屋子里所有的动物。然后他回老家了，并说道："和平需要付出代价，但完全值得！"之后，他便过上了幸福的生活。

/ 第三章

经济生活

劳动分工

上一章，我们一直在讨论基库尤的土地所有权。我们会发现，土地所有权对本章将要探讨的基库尤经济生活至关重要，因为基库尤人完全依靠土地来满足其物质需求。

他们的主要工作是农耕和饲养牛、绵羊、山羊等家畜。每个家庭，即一个男人、他的妻子（们），还有他们的子女所组成的一个经济单位。这些经济单位按照性别进行劳动分工，使其得以巩固和加强。从家园到田地，再到家畜的饲养，每个领域的活动都有明确和系统的规定。家庭单位里的每个成员都很清楚自己在经济生产和家庭资源分配中必须承担的工作，以确保生活富足。

从基库尤人的家园入手来分析其劳动分工是最为恰当的，之后我们再慢慢过渡到田地的分工。在建房子的过程中，男人负责一些重活，比如切割木材、搭建房屋框架等。而女人的工作则是割取用来遮盖屋顶的茅草，用黏土或牛粪涂抹墙壁，等等。男人还负责在家园或菜园及牛圈周围建起围栏；在晚上守夜，保护庄稼免受野兽的破坏等。

家务自然全部由女人来承担。她们做饭，到河边打水，清洗器具，并到森林或灌木丛中捡柴火。她们还要把重物扛在背上搬回家。根据劳动分工的部落习俗，除非紧急情况，没有男人敢经常做女人的这些活儿，否则会引起女人们的反感，那他想娶妻生子可就难了。人们还会给他起绰号，如"好管闲事的人"（kehongoyo 或 moburabureki）。女人们害怕自己的男人是这种性格，因为她们觉得：如果他能做女人的这些活儿，结婚岂不是多此一举，妻子和丈夫怎么能在同一时间做同样的事情呢？

耕田时，男人除了清除灌木丛和砍伐大树，还要用挖掘棒或锄头开垦处女地。女人则在他们身后，挖好农田，准备播种。男人负责种香蕉、山药、甘蔗、烟草，还要给香蕉和山药架起支撑其生长的杆子。女人则负责种玉米、豆类作物、小米和甘薯。

除草是由男女共同完成的。挖排水沟或灌水沟，修剪香蕉树，还有修路造桥是男人的职责。收割则主要由女人来完成。女人还专门负责喂养牛、绵羊和山羊，屠宰家畜，分发肉类和处理兽皮。制作服饰和陶器、编织篮筐也完全是女人的工作。做木雕，干铁匠活儿，养蜂和狩猎是男人的工作。女人负责把玉米和小米磨碎，用来做粥，还把谷物放在木质研钵里碾碎。她们还把甘蔗碾碎，用来酿啤酒。

啤酒酿造也是由男女共同完成的。男人从田里砍下甘蔗，去皮之后，让女人把甘蔗扛回家。女人在碾磨甘蔗时，男人就忙着把碾碎的甘蔗与水混在一起，把甘蔗汁挤出来或榨出来，然后过滤甘蔗汁，再将其装进用来发酵的葫芦中。货物交易同样由男女双方共同完成。女人主要负责把谷物运到市场上售卖，而男人则负责把绵羊、山羊或牛带到市场上出售。

农耕

土地是基库尤部落经济的基石，农耕是基库尤人唯一有效的生产方式，因此，每个基库尤男子都渴望拥有一片土地，他可以在这片土地上建造家园，并依靠这片土地养活自己和家人。如果一个男人或女人不能对他们的朋友说"来吧，随便吃，随便喝，尽情享用我的劳动果实吧"，那人们就不会认可他是部落里有价值的一员。

一个有土地可以耕作的家庭，被认为是一个自给自足的经济单位。这个家庭团体会协调工作，以满足他们目前的需求，并且希望能拥有更多的牛、绵羊和山羊，以积累财富。这些财富大多通过有效的土地耕作获得，只有极少数的情况除外。现在也有些人不是靠出售物品，而是通过其他的方式赚钱。

儿童在经济活动中的分工

孩子们在年幼时，就会开始参加生产活动，作为其农耕和放牧训练的一部分。孩子们还很小的时候，要么留在家里照顾小婴儿，要么由父母带到田间，在耕地的角落里玩耍。很快，孩子们会对耕作感兴趣，并且兴致勃勃地想要加入其中。只要他们能拿得动挖掘棒，他们就可以分到一小块土地，开始练习耕作。

孩子们会为拥有自己的小菜园而感到非常自豪，他们对学习如何成为一名耕作好手抱有极大的兴趣。父母会帮助他们播下种子，并教他们如何区分农作物和野生植物或杂草。孩子们还分不清农作物和杂草的时候，总是会不小心把农作物当成杂草清除掉。孩子们在工作中充满热情，经常会带自己的玩伴来参观小菜园，并自豪地说："看，我的庄稼长得多好，肯定会有一个好收成，这样我就可以举行一个大大的盛宴来享用我的劳动成果啦！"

孩子们慢慢长大，他们的耕作范围也随之扩大。如果孩子自身能力允许，他会分到一大块土地，而不是几个小块的土地。当然，他的工作要和家人一起完成。在家里，母亲主要负责食品供应，因此，孩子分到的土地里种的庄稼自然也由母亲照看。

在结婚之前，孩子们在经济生产、家庭资源和财产分配上，都要与他们的父母合作。女孩在婚后，如果丈夫的家比较近，她就可以继续打理她的小菜园，还可以把农作物带回自己家，供自己和丈夫享用。如果嫁去了很远的地方，她就要把小菜园留给母亲打理。不同的是，男孩在婚后可以完全拥有他的小菜园。在家庭团体的整体经济中，男性婚后仍然与父母合作，但他和妻子需要开始对自己负责，满足自己的物质需求。

农事历

基库尤一年分四季，丰收两次。四季划分如下：1）从三月到七月的连绵雨季（mbura ya njahe）；2）从七月到十月初的大丰收季（magetha ma njahe）；3）从十月到次年一月的阵雨季（mbura ya mwere）；4）从一月到三月的谷子收割季（magetha ma mwere）。根据每个季节的不同活动，这些季节还被冠以不同的名称，如开垦处女地（matuguta）、保护谷物免受鸟啄（marira ma mwere）等，但上述季节名主要是用来划分农事历的。

种植前的土地准备

如果土地充足，人们最喜欢在土地上轮流种植农作物，这样，每过四五个季节，农民就可以耕种一块新的田地，让之前的土地休耕。这样一来，农民即使不施肥，也可以获得良好的收成，毕竟基库尤的大部分土地都十分肥沃。如果土地不充裕，尤其在现今存在土地转让的情况下，人们就只能一遍一遍地翻新他们的土地。

在炎热的季节里，全家人会聚在一起为种植做准备。家庭里的每个成员都有自己的田地，可以种各种季节性作物，如玉米、各种豆类、甘薯和马铃薯等。雨季开始时，人们就开始种植这些作物。它们可是基库尤人的主食。

山药、甘蔗、香蕉这些作物，只有在不同地区、特定的土壤里才能蓬勃生长。是否种植这些作物要看个人喜好，也看当地的风俗。这些作物的生长需要适合的土壤和水，因此不是每个人都可以种植的。在一些地区，特别是霍尔堡和尼耶利，这类食物十分充足，但在其他地区，它们被视为奢侈品。

我们会在第十章"祭祖敬神"中提到人们在经济生活中所使用的巫术，因此，在此就不再一一赘述。

下面我们继续谈论人们在田地里种植的作物，以避免重复谈及和巫术相关的内容。除了上述提到的作物，还有三种作物是轮作的，即小米（mwere）、树豌豆（njogo）和一种基库尤特有的豆子——恩加黑（njahe），该豆营养丰富，特别适合产后的妇女食用。人们在大雨季种植树豌豆和恩加黑，在小雨季种植小米。因为恩加黑和树豌豆的生长十分缓慢，需要大量的水分，如果在小雨季种植，就不容易存活。小米也一样，在大雨季种植的话，它会越长越高，但基本不长谷粒。从科学和经济的角度来看，人们是经过多年的反复试验，才最终决定按照农事历来种植农作物，并给菜园除草的。

除草

当作物长到约四五英寸高的时候，人们便开始集体除草。四五个或更多的人组成一个团队共同工作。他们先给其中一人的田地除草，第二天再去另一个人的田地，日复一日，直至他们所有田地的杂草都被拔除。另一种除草的方式是邀请十个或以上的朋友过来帮忙，并请他们喝啤酒，或吃稀饭和其他食物，以示主人的热情好客，而这不会被认为是对他们辛勤劳动的酬谢。

通常，家中男子会提前三天告知朋友某个工作需要帮忙，再约定好一个日子。到了约定的那一天，朋友们一大早就会来到田地里，唱着种植之歌，开始热情地工作。有时，他们会向另一块田地的除草之人发起挑战，和他们进行除草与唱歌比赛。大约中午时分，他们就可能已经完成了一大块田地的除草工作。此时任务完成，他们便开始尽情地享受主人准备的美食。

这时，如果一个陌生人恰巧经过，看到他们劳动后庆祝的样子，可能根本想不到这些正欢天喜地唱着歌、跳着舞，开怀大笑的人已然完成了一天的工作。他们从田间归来后，已洗去了身上的尘土。无论怎么看，都像是玩闹了一整天的样子。这也是大多数欧洲人对此产生误解的原因，他们认为："非洲男子十分懒惰，自己喜欢晒晒太阳，却让他的妻子为他干活。"但他们不知道的是，非洲人在自己的生活圈子内，工作是不计时的，但他们会精神饱满、热情高涨地完成眼前的任务。正因如此，非洲人才能在自己的土地上耕作得又快又好。在这里，他们是自己的主人，不受欧洲人的差遣。

让我们再回到关于田间工作的讨论。要使庄稼长得好，人们必须一遍遍地给庄稼除草，直至杂草除尽。之后就可以短暂放松，等待收获。在此期间，人们载歌载舞，举行各种仪式。若是庄稼长势喜人，丰收在望，则仪式更加热闹。这时候，一种长得很快的豆类（mboco）作物成熟，可以作为上一个收获期储存下来的谷物的良好补充。

市场交易

这个时节，人们已完成除草的繁重工作。除了要保护庄稼免受鸟类破坏，他们在田间已无多少工作可做。保护庄稼一般由家庭成员轮流完成，今天这个人照看田地，明天就换另一个人。这让每一个成员都有机会唱歌跳舞，或去市场买卖货物。

市场交易往往在农作物开始成熟，但还未干燥到可以收割的时候开始。人们会把各种各样的作物带到市场上出售，主要有香蕉、山药、各种豆类、玉米、小米、土豆和甘蔗等。人们在市场上可以找到各种各样的饰品和服装，从动物皮毛到兰开夏郡棉料，应有尽有；各种不同类型的农具，从挖掘棒到英国伯明翰或日本制造的锄头，不一而足。那里还有绵羊和山羊、牛奶和乳脂等。

人们有两种交易方式：以物换物和用钱购买。大多数人仍沿用以物换物这一比较传统的形式，因此以物换物在市场上占主导地位。举个例子，如果一个人有豆子，而他想买山药，他就可以去找一个有山药但需要豆子的人，对其说："我有豆子，想换你的山药。"接着，他们就会商量一篮豆子可以换多少山药。如果达成协议就会互相交换；如果未能商定则分道扬镳，继续寻找下一个可能达成协议的人，毕竟以物换物成功与否完全取决于买方和卖方本人的意愿。

受供求季节性规律的影响，有些货物也有固定的价格。例如，一个想要除草刀的人找到了一名铁匠，而铁匠已经根据物品的大小，给自己的每样东西都设定了价格（比如，一把小刀的价值是一小篮小米或两小篮豆子），前者就可以用相应的物品进行交换。再举个例子，如果一个女人想买饰品，她可以去找卖饰品的人，用两堆甘薯或一堆山药来换一只手镯或一对耳环。

人们去市场上交易，通常是因拥有某样东西太多，或另一样东西太少。例如，一个男子家里将要举行一个盛大的宴会，但他所种的粮食不够款待他的朋友。他就会把绵羊或山羊带到市场上，去换三四篮小米或其他任何他需要的商品。如果另一个人有很多头牛，但是绵羊和山羊比较少，他就会挑一头在家族中不具有任何宗教寓意的牛，去换十只或更多的绵羊和山羊。也有些为了薪酬工作的人，在付完人头税和房屋税后，尚余几个先令。如果他们也想拥有一些被基库尤人公认为财富代表的牛羊，他们就会到市场上，跟那些想换出绵羊和山羊的人好好讨价还价一番，以积累足够的资产来支付政府税收。在这些市场里，人们几乎可以买到部落里所有的东西。在市场出售粮食被认为是勤劳的象征，这表明一个人不仅能给家里种植足够的粮食，还可以用余下的粮食创造财富。

收获

在很多情况下，大部分女人最繁忙的时期就是收获季节，原因很简单，他们在各自的家庭中都是负责粮食供应的"总管事"。因此人们认为，由女人来负责处理粮食是天经地义的事情。女人们会根据家庭当前和未来的需求储存粮食。在收获工作上，男人和女人几乎均等出力。女人负责收割粮食，并把粮食背回家，男人负责切掉或拔出玉米和小米的根茎，并将其烧成灰烬，撒在田野里，这样既可以给土地施肥，也可以杀死一部分昆虫。另外，男人也负责修理旧粮仓或建造新粮仓。

收获工作完成之后，女人首先想到的就是要储存足够的粮食，让一家人生活至下一个收获季的到来。粮食储存完成之后，如果还有剩余的，她就会跟丈夫商量。如果家里有需要的东西，她就马上把多余的粮食拿到市场上出售，来满足这一需求。如果没有迫切的需要，就先把余粮保存下来，等到市场上较为缺少这类谷物时再拿去卖掉。

女人会合理分配那些储粮，既不浪费粮食，也不使家人挨饿。她会准备好菜单，使每天菜色各异，使家里人饮食均衡。比如，她今天准备了甘薯和稀粥，明天就会煮大杂烩，里面放豆子、玉米、绿色蔬菜，可能还会放香蕉。虽然她几乎每天都准备不同的食物，但也会注意不把某一种储粮吃光。所以，如果家里的豆子和玉米有很多，但是香蕉和甘薯比较少，她做饭的时候就会多烧一点存量充足的食物，少烧一些存量少的粮食。

如果一个妻子能有效管理家里的经济事务，并完成一些其他职责，她不仅会得到家人的尊重，也会赢得整个部落的尊敬。

绵羊、山羊和牛的经济价值

我们已经了解到，几乎每个基库尤族男子都有自己的菜园。通过在菜园里劳作，他们的物质需求得以满足。我们还阐述了田间所种植的农作物的经济价值，以及人们如何用它们在市场上换取其他物品或者钱财的。但到目前为止，我们还没有提到家畜的销售，也没谈过这些动物的经济价值。因此，我们有必要简要介绍一下基库尤人是如何看待他们的牛、绵羊和山羊的。

对基库尤人来说，首先，牛是财富的象征。一个男人想要被称为富人，他必须拥有几头牛。虽然每个家庭都有一到几百只绵羊和山羊，但只有一小部分家庭有牛，因此，拥有一两头牛是有钱人的首要象征。

除此以外，牛也在人们的经济生活中发挥着其他作用。首先，有支付能力的家庭会买牛奶给婴儿喝。但除了拥有许多奶牛的家庭，一般基库尤人的日常饮食中没有牛奶。牛皮可以用来做很多东西，比如寝具、凉鞋，还有用来捆绑和搬运柴火或其他重物的皮带。当然，制成牛肉和黄油也是牛的用途之一，但只是一小部分。除非遇到大饥荒，人们从不宰杀奶牛，但宰杀几头公牛来大摆肉宴的情况现在也偶尔出现。当然，这种做法比较奢侈，只有富人才会如此。

拥有奶牛会在部落中为主人赢得声名，但人们一般不会因特殊的祭祀或宗教仪式宰杀牛，除非是在十分罕见的情况下，或者要用公牛来替代公山羊或公羊进行祭祀。作为经济资产，牛在结婚仪式中也起着一定作用。人们会拿出一头或更多的奶牛作为嫁妆（roracio）。牛也可以代替绵羊或山羊，一头奶牛相当于十只绵羊或山羊，一头公牛相当于五只绵羊或山羊。

早些时候，牛除了能让自己的主人看起来比较富有、高贵、受人尊敬之外，基本没有什么经济价值。牛奶也不是用来出售的，而是留给牧民和访客，尤其是供那些保卫村庄不受马赛人或其他人侵犯的战士们享用的。富人们自然会有更多的财产需要保护，所以他们就负责给战士们提供牛奶和肉宴（irugo）用的公牛，让他们吃了之后能够身强力壮。

有时，牛的主人也很难喝到自家奶牛产的奶，若牛群饲养地离自己的家园很远，更是如此。但是，这些拥有大量牛的主人能在部落歌舞中被部落成员热情传颂，从而获得情感上的极大满足。现在也有些人，特别是那些住地离欧洲城镇较近的人，通过出售自家的牛奶获得较为可观的收入。如果能够引进更为优良的奶牛品种，而不是仅靠饲养多头产奶量较少的奶牛，那么这笔收入将更加可观。从经济角度来看，现在基库尤人饲养的奶牛品质较为劣等。如果政府能帮助人们争取到几头好的公牛用来配种，逐渐将劣等牛替换成品种优良的牛，这将会是很大的进步。通过这个方法，人们自然会意识到饲养牛可以获得财富，而并非仅仅是为了获得情感上的满足。那么，自然而然，基库尤目前放牧区爆满的问题也可以得到改善。

绵羊和山羊作为标准货币

在欧洲货币体系被引进基库尤之前，基库尤人都是将绵羊和山羊视为标准货币的。几乎所有东西的价格都用绵羊和山羊来衡量。现在，绝大部分基库尤人还未搞清货币体系的概念和价值，所以他们仍沿用传统的方法。

这些家畜在基库尤人的经济、宗教和社会生活中发挥着重要作用。一个拥有许多绵羊和山羊的人，感觉自己就像拥有大笔的银行存款。人们把饲养这些家畜视为一项不错的投资，因为每年都可以从中获得一定收益。如果一个人有两三只品种优良的绵羊或母山羊，仅一年内便可增加六只或更多小羊，人们觉得这是一笔可观的收益。他们认为存钱不是一项好投资，因为一个先令长不出另一个先令，而绵羊或山羊可以。当然，这也是由于他们不懂金钱投资，所以才会认为把钱存着还不如去买一只绵羊或山羊。要知道，大多数基库尤人所知的唯一的存钱方式就是把它埋在地下。时间一久，钱就会腐烂，从而失去价值。

和牛不同，绵羊和山羊要用于各种宗教祭祀和洗礼。人们吃的肉主要来自绵羊和山羊，而它们的皮可以用来做衣裳。另外，若没有绵羊和山羊，男人也无法娶妻，原因是基库尤人要把绵羊和山羊作为彩礼（roracio）送给女方。如果一名男子只有现金，但他想娶妻，那首先得买来牛，或者绵羊和山羊，因为女方的父母不会接受现金作为聘礼。对女方的父母来说，货币意义不大，和他们也没有宗教或情感上的联系。

只有当人们拿钱去买奶牛或绵羊和山羊，或去支付政府税收的时候，钱的价值才能真正得到实现，否则在基库尤，钱起不到多大作用。尽管饲养绵羊和山羊存在诸多问题，但它们仍然被认为是财富的象征。我们这里所说的问题是指在某些情况下，一些年轻男子花费了多年时间去挣钱购买价值较高的家畜放在家中饲养，一旦有疾病入侵，短短几天内这些牲畜便会死亡。这就意味着他们要一次性损失十或三十英镑。若把这些钱存在储蓄银行里，便不会有任何损失，还能帮助年轻人改善生活。这个问题很难解决，有人会说饲养家畜的年收益较高，而存钱不仅收益慢，还不能获得情感上的满足。希望人们能够慢慢地有所领悟，选出适合他们自身发展的投资方式。

与邻近部落的交易

我们已经介绍了基库尤人如何与自己部落的成员进行市场交易，包括交换和买卖货物。现在我们将谈到基库尤人如何与他们的邻居，即马赛人和瓦卡姆巴人进行交易。交易时，马赛人看重的物品有矛、剑、烟草、葫芦和红赭石。马赛人都不是农民，他们把耕作土地视为对神的侵犯。刚刚提到的后三种物品，他们几乎全是从基库尤人那里换来的。尽管马赛人有自己的铁匠，但他们还是认为基库尤人做的矛最佳。

一般双方会设有专门的市场供部落间的人进行货物交换，但除此以外，他们有时也会组织贸易公会，将物品带到马赛的中心。在过去，这种形式的贸易都在交易者的朋友家进行。这个朋友既是引导者，也是交易者及其货物的保护人。

基库尤人在集齐需要交易的物品后，就会派人去叫自己在马赛的朋友，让朋友到部落边境，将他们带进朋友所在的部落。这样，基库尤人就把物品带到马赛的村子里，将它们换成羊之后，再由朋友护送返回至部落边境，以免受到那些怀有敌意的战士的骚扰——那些人真是巴不得自己的长矛能派上用场。如果马赛人想到基库尤进行贸易，也用一样的办法。

如今，两个部落之间的贸易主要在贸易中心进行。只有那些能支付高额许可费给英国政府的人才能在这些贸易中心开店。

和马赛人不同，瓦卡姆巴人在交易中没有什么特别看重的物品。事实上，瓦卡姆巴人也以农耕为生，他们种的农作物和基库尤人种的差不多。这两个部落的种族和语言也是一模一样的。可以说，基库尤人和瓦卡姆巴人最初是同胞兄弟，至于他们后来为什么分开，就需要进一步探讨了。

以前，这两个部落之间非常友好，他们之间的贸易取决于季节的收成情况。如果基库尤人没有足够的粮食，而瓦卡姆巴人的粮食充足，基库尤人就拿绵羊、山羊或奶牛，有时也用象牙到瓦卡姆巴人那里交换粮食。瓦卡姆巴人如果出现类似的情况，也会这样做。除了这些接触，两个部落的人们还会为了贸易或其他目的，经常互相拜访，关系十分友好。

最后我们还要提一下，软链子、鼻烟盒、弓箭、巫术用品和草药这些物品也都可以用来交换。它们还可以作为礼物送给朋友，毕竟礼尚往来是交友的基本原则。基库尤人和瓦卡姆巴人的关系仍一如既往的友好，只是现在自由拜访已被禁止，只有拥有英国政府下发的特别通行证，人们才可以拜访基库尤、瓦卡姆巴和其他部落。

第四章

工 业 发 展

铁器制作

　　早在几个世纪之前，基库尤人就已经可以从沙子中提取铁粉，因此，他们很久以前就已熟知如何制作铁制工具。根据基库尤的传说，万物伊始，家养动物便被分为两部分。莫盖神将其中一部分动物分给男人，另一部分分给女人。那时还没有铁制工具，人们一般使用木制刀具和长矛。当时女人们为了获取食物或出于其他目的而宰杀动物时，只能使用木刀。传说，由于木刀太钝，宰杀和剥皮的过程过于缓慢，动物们极其痛苦，实在无法忍受。某天晚上，它们趁女人们睡觉时聚在一起，决定逃离残忍的人类。这些本属于女人们的动物逃跑之后，分散在森林和平原的各个角落，并推选出各自的首领，以保护自己不被人类抓到。它们推选狮子和豹作为丛林的保护者，大象、水牛和犀牛为森林的保护者，河马为河流和湖泊的保护者。从那时起，原本属于女人们的动物成了野生动物。而当时男人们的动物未被宰杀，因此并没有逃走，到现在仍是家养动物。

女人们千方百计想把这些动物从森林和丛林中抓回来，但都没有成功。她们恳求莫盖神帮助抓回这些动物，但莫盖神并未答应这个请求。他说女人们对这些动物太过残忍，他决定赋予它们自由，让其自由地出没于森林、草原和丛林。男人们知道女人们的遭遇后，举行了一次会议，决定派代表团去找莫盖神，请教应该如何对待自己的家养动物——它们的数量正在猛增。代表们带了一只全身淡黄褐色的上等小羊，想要献祭给莫盖神，但不想使用粗钝的木刀将其杀掉并剥皮。他们担心这样做会和女人们一样失去牲畜。莫盖神听了他们的请求，回答道："你们很明智，知道来征求我的意见。我想你们应该明白，我能赐给你们这些动物，也能把它们带走。既然你们如此信任我，我就告诉你们如何获得更好的工具，作为日常生活和献祭之用。有了这些新工具，你们就会成为动物的主人，但你们必须和不幸的女人们一起分享。"

紧接着，莫盖神把男人们带到河边，对他们说："从这里拿些沙子，放在太阳下晒干。再点一把火，把沙子放进去，之后你们就会得到铁。我会教给你们如何制作更好的工具，从此就无须再使用粗钝的木制工具了。"他们听从了莫盖神的意见。从此，基库尤进入了金属或铁器文化时期。

除了这些世代流传下来的传说，我们没有找到其他记录来说明这种演变是何时发生、如何发生的。

在基库尤的各种部落活动中都可见各式各样的铁制器具和饰品，足见基库尤人十分熟悉铁制品的制作工艺及其发展历程。他们使用的铁制品主要有以下几种：矛，剑，不同尺寸的挖掘刀和除草刀，耳环和戒指，箭头，各式各样的手镯，斧头，精致的细链，还有锤子、钳子和镊子等。

简单介绍了基库尤的铁制品之后，我们将继续描述基库尤人如何提炼铁。首先，铁是从矿石中提取出来的。基库尤人的方法是到特定的地区或河流获取铁矿石，然后把它们交给有经验的人进行清洗。他们把含有矿石的黑色物质收集起来，交给女人和孩子们，让其把矿石铺开，在阳光下晒干。值得一提的是，铁匠一家都会参与进来，分工完成这项工作。男人忙着在河里清洗，妻子和孩子们忙着把铁矿石铺开晒干。虽然在崇尚机器的西方人眼中，这种方法过于原始，但那时的确满足了基库尤人的需要。早先，男子们经历了成人仪式，成为年轻勇士时，需要配备新武器，以便日后能参加战争，保家卫国。只有那时他们才会需要大量的铁来制造剑和矛。但这并不意味着人们需要制造新铁，因为每家每户都有一些用坏且无法修补的铁具，可以留着以备将来为男孩打造剑或矛之用。因此，炼铁并非人们的日常工作。有些铁匠从未参与过炼铁，他们的工作是修理和翻新铁具，或者用旧铁打造新工具或新武器。

人们把铁矿石晒干后带回铁匠铺，放入特殊的木炭混合物中烧制。部分木炭由某种特别的树烧制，其他则来自一种特殊的香蕉木，他们把这两种木炭混合在一起。据说香蕉木很适合炼铁，能分离出杂质，从而炼出纯铁。

在开始炼铁之前，铁匠和助手们还会举行一个简短的仪式。他们在熔炉的表面洒一点基库尤产的啤酒，同时口中念念有词，向莫盖神和先灵表达敬意。如果没有啤酒，就以水代替。举行仪式是为了恳求莫盖神和先灵，在接下来的炼铁过程中保佑并指引他们。仪式结束后，他们才正式开始炼铁。助手们会保证两个风箱同时运作，使炉火一直燃烧。他们通过观察铁匠的工作学习炼铁技术。等风箱启动，木炭也放好后，铁匠再慢慢把铁矿石放进燃烧的熔炉里，并添加一定数量的木材，使炉内的温度控制在一个特定值。同时，他们还会检查风箱的工作情况，有时会加大风力，使炉内温度升高，有时又会减弱风力。这样，熔炉就会一直保持合适的温度，把铁矿石熔炼成金属铁，也叫"铁块"。

铁匠和助手们从早忙到晚，需要熔炼的铁矿石数量较多时则更加忙碌。晚上，他们把熔化了的铁留在炉中冷却。第二天一早，铁匠会领着助手们，带上少量由蔗糖或蜂蜜酿成的啤酒去铁匠铺。一到那里，他就会举行一个简短的仪式，来答谢前一天晚上保佑自己顺利完成炼铁工作的莫盖神和先灵。他先在熔炉上方和周围洒一点啤酒，之后在炼铁的工具上也洒上一些。铁匠与先灵在这方面的交流极其重要，据说祖先的灵魂，特别是男性祖先的灵魂，与制铁工作密切有关。人们认为，如若先灵不顺心，就可以使铁制工具或武器破裂，导致炼铁工作失败，从而使铁匠名誉扫地。这种观点的依据是男性祖先都曾有过作为勇士的苦难经历，有些甚至牺牲在战场上，而战争必定会使用铁制武器。即使他们没有牺牲，也或多或少在战争中或服役时受过伤。

待铁匠和先灵的交流仪式结束后，铁矿石已经炼成铁块，可以从熔炉中取出了。但是，因铁矿石在熔化过程中产生了大量矿渣，铁块还粘在矿渣上。他们会把铁块从大块矿渣上敲下并收集起来。接着，他们根据需求，把几块纯铁敲打在一起，做成矛、剑或其他铁制品。人们将这些被敲打在一起的大铁块称为"莫德瓦"（mondwa），可以根据其大小出售。

如果男子想要一根矛，他不会去买成品，而是买好大铁块，花钱请铁匠制作。有时，铁匠不仅卖铁，同时也制作铁器；但也有铁匠不炼铁，只负责把客人提供的材料做成铁制品。

铁匠在基库尤的地位很高，受人尊重，令人敬畏。首先，他们因善于制作铁制品而受人尊重。铁制品在基库尤的经济、宗教、社会和政治生活中发挥着重要作用，没有了它，人们很难获得社会活动所必需的工具。其次，铁匠因具有强大的诅咒能力而令人敬畏。若是铁匠对一个人或家庭施以诅咒，这种诅咒无法用任何净化手段予以消除。其诅咒方法是从铁砧上切一块烧红的铁块，同时念起咒语"愿某某某（人名）像这块铁一样被切开。他的肺被摧毁，他的心被切除，有如此铁"。

房屋建造

在基库尤，每个年轻人都想拥有自己的房屋，有了房屋就可以娶妻生子。建立家园这一行为也影响着男子在基库尤的地位，他们会被称为长老（muthuri），能在部落中担任重要职务。因此，基库尤的每个男人都会努力工作，积累财富，以建立属于自己的家园。在基库尤，有这样一句俗语："看家园可知男子品行。"现在，我们开始讲讲基库尤人如何建造房屋。

基库尤的房屋是圆形的，墙壁由木头建成，屋顶上铺着茅草。他们只需一天便可建成一间小屋。小屋一旦建成，他们就会在神圣的火棍上钻木取火。如果只是重建，那只需把老屋的火焰带到新屋即可。在新的小屋内点火棍，并完成与先灵交流的简短仪式后，房屋的主人才能搬进新房子。有时，由于男人有多个妻子或其家族人数较多，大家不可能都住在一个屋子里，因此会同时建造两间或更多的屋子。但是一般来说，某个男人虽只有一个妻子，也应有两间小屋，一间供妻子私人使用，一间供自己日常使用。女人的屋子被称为"努姆巴"（nyomba）。陌生人禁止进入女人的屋子，这里被视为家庭的传统圣地，以及与家族先灵交流的圣地。人们担心污秽和厄运降临，因此不准陌生人踏入这一圣地。举行宗教或巫术仪式和献祭时，凡是和家庭有关的部分，都在努姆巴附近进行。男人的小屋则被称为"齐基拉"（thingira），他们在此处款待自己的朋友和其他访客。

如今，英国政府对基库尤人民征收高额房税，仅有一名妻子的男人也要有两间小屋的习俗正在消失。其后果就是全家人都得挤在一间小屋内，整个家庭拥挤不堪。在基库尤，许多这样的家庭连维持生计都已经十分困难，自然也拿不出更多的钱来缴纳房税。

上文提到小屋建成和使用一般是同一天，这可能会使一些人感到困惑，因为他们不了解基库尤的房屋建造方式。下面，我们马上来解释小屋是如何快速建成的。其中最重要的是基库尤人讲究集体合作。在建小屋的前几天，大家就已经把建筑材料准备就绪。另外，按性别进行分工也很重要。男人负责切割房屋建造所需的木材，女人则负责提供茅草和其他材料。

一个家庭在建造小屋时，邻居和朋友们也会提供帮助，这必然能够加快房屋的建造工作。男人们四处走访，请朋友帮忙，同时告诉他们自己希望其提供的建筑材料。同样，妻子们也会拜访女性朋友，向她们求助。那些无法帮忙提供建筑材料的朋友，则可以提供食物和饮料，为建造者们准备宴会（iruga ria mwako）。

到了约定的日子，许多朋友会带着他们所需要的建筑材料前来。男人和他的妻子（们）会欣然接待这些帮助者，邀请他们坐下休息。朋友全部到齐之后，他们摆上各种各样的食物和饮料，宴会开始。宴会期间，他们载歌载舞，尽情娱乐，一般都会演唱与团队合作有关的传统歌曲。宴会结束之前，大家会约定好小屋的建造日期。

显然，如果没有团队合作，人们要花很长时间来完成这项工作，特别是在基库尤这个从未听过有偿劳动的部落。在这里，以"礼尚往来"为准则的互帮互助起着重要作用。在所有工作中，人们和邻居的交往都是本着互惠原则，各群体、宗族及部落之间的交往亦是如此。如果邻居的事情比较紧急，比如建造小屋或牛栏等，都必须当天完成，人们会担心要是不尽快建成并入住，邪灵便可能侵占该地，给未来的居住者及其牲畜带来持续的厄运。如果有人在不具备充分理由的情况下不参与帮助，那他就会因这种自私行为而受到社会排斥。这时，他必须为其恶劣行为送给邻居一头绵羊或山羊作为罚金。收到绵羊或山羊时，人们会将它宰杀供宾客享用。短暂的团聚仪式之后，人们会认定这名男子为乐于助人的好邻居。

收集好建造材料后，一家之主会选一块心仪的地基，在那里建造新的家园。选地基时，人们会仔细确认该土地不涉及任何祖先的诅咒或禁忌，而且地基的获取途径必须合法。家园不能建造在墓地上面或旁边，亦不能建在发生过激烈战争或曾经有人丧命的地方。这些地方被认为是亡灵的安息之所。人们若是打扰亡灵的安宁，就会惹怒他们。

这些前期事宜完成后，男人会为奠基仪式准备好用甘蔗或蜂蜜酿的啤酒。建房那天，他一大早就会带着少量啤酒到选好的新房地基处，把它撒在地面上，以此与先灵交流。根据男子所信仰宗族的风俗，他们有时也会倾向于在仪式上使用牛奶或未煮熟的粥（gethambio）。待先灵被召唤回来参加建造工作后，朋友们开始帮忙清理、抹平这片土地。然后，大家会按照男人想要的房子大小对地基进行标记。为了使地基的圈打得圆一些，他们会使用一种绳制圆规。他们先在圆圈的中心放一根棍子，在上面绑一根绳子，然后让一个人拿着绳子的末端。待测量好所需步幅后，那人便拉紧绳子走一圈，并在地面做标记，直到在地面画出一个完整的圆。打圈完成后，建造者开始在地面上挖洞，用于建外墙。这些洞的深度约一英尺，直径约六英寸。挖完后，大家开始标记内圈，规划出几个房间。很快，墙就造好了，屋顶也加上了。至此，男人们的建造工作已经完成，接下来是女人们用茅草铺设屋顶。

女人们忙着铺茅草屋顶时，男人们已经开始享受为他们准备好的盛宴。宴会期间，男人们唱着和房屋建造有关的歌曲，歌词高度称赞聪明又勤奋的人，同时也嘲讽偷懒的人。男人们有时也在歌词中戏弄女人："看看那些懒骨头，正在像变色龙一样工作。

太阳都快下山了，想要给你们点火把吗？快点吧，来加入我们的宴席！好让我们在太阳下山前，为这个家园祝福。"女人们也会异口同声地回应道："你们这些男人，建造工作最重要的环节尚未完成。墙壁和屋顶架子不能遮风挡雨。我们细心地给屋顶铺好茅草，这个小屋才适合居住。我们可不是变色龙，我们正像'努尔尼·亚·尼亚加坦加'一样在尽心尽力地工作。""努尔尼·亚·尼亚加坦加"（nyoni ya nyagathanga）是基库尤的一种小鸟，以其甜美的嗓音和整洁的鸟巢而闻名。基库尤的许多摇篮故事和传说都高度称赞这种小鸟和它的筑巢工作，以鼓励孩子们在未来成为勤奋的人。基库尤人工作时的特点就是高唱鼓舞人心的歌曲，据说"愉悦的心情不仅能使工作变得轻松，也能缓解内心的疲劳"。

女人们铺好茅草之后，也会加入宴会。宴会结束前，家园的主人会把先前奠基仪式上剩余的啤酒或牛奶拿来交给主持仪式的长老。长老把啤酒或牛奶倒进角杯之后，请在场所有人全部起立，然后其双手举起角杯，面向肯尼亚山，开始祈祷，祈求神灵祝福这个家园，保佑其繁荣兴旺。祷告语的大意如下。

居住在肯尼亚山的伟大长者，你的祝福振兴家园，你的怒气摧毁家园。我们，以及我们的先灵，一致恳求您：保卫我们的家园，并使其繁荣兴盛。让女人们、牛群和羊群多多繁衍后代。还有和平，我们歌颂您，恳求您，恩盖神① （Ngai），愿和平与我们同在。

祷告结束后，长老宣布小屋开启，接下来就是点燃火棍。人们会挑选一个男孩和一个女孩参加仪式，他们象征着家园的和平与繁荣。主持仪式的长老把火棍递给孩子们，指导他们如何将其点燃，同时教给他们点火时要说的仪式用语。长老尾随孩子们走进小屋，确认仪式是否正常进行。家园的主人及其妻子也会跟在队伍后面，拿着柴火保护火苗，因为火苗熄灭不是个好兆头。点火仪式结束之后，主人家就可以搬进小屋，无须再举行其他仪式。

现在让我们来看看女人的小屋。从门槛到女人的小屋中心的火炉大概要走六步。屋顶由外墙及屋内所设立的一些杆子支撑。这样杆子与小屋中心等距，除了支撑屋顶，它们也是把小屋划分成几个房间的主要支柱。房间的分配取决于居住者的需要——女人的卧室必不可少，隔壁当然也要有间储藏室。若是女人的女儿和她一起住，女儿的房间会设在储藏室的旁边。女人要是圈养一两只动物（绵羊或山羊），等它们长肥时，它们的小窝就设在女儿房间的旁边，即进门的右侧。这些房间几乎占据了小屋右侧的全部空间，只余下火炉到杆子中心之间的区域。在这里喊一声，每个房间里都能马上听到。

---

① 恩盖是基库尤人崇拜的神灵，而前文提到的莫盖（Mogai）是基库尤的创始者，他与他的子民分享一切。恩盖作为神，也与基库尤人分享一切，因而，恩盖也可称为莫盖。

　　屋子的左边是一堵长长的隔墙，几乎从门口一直延伸到女人的卧室。这堵隔墙与外墙之间的空间是动物睡觉的地方。小屋的内部设计很简单，中间是一个火炉，大家可以在火炉周围落座，外围是一些房间。女人的小屋被视为家庭传统的摇篮。它与家庭的和谐、繁荣息息相关，因此具有很多必须严守的禁忌。比如女人的小屋必须每晚亮着火光，必须每晚有人睡在里面；不得在小屋以外的其他地方性交；即使是和自己的丈夫，他们也不能在白天行房事；也不可在烹饪食物时性交，否则就要把食物扔掉。不管是谁吃了这些食物，都会粘上污秽，必须要请巫医为其净化。不然，人们担心会有灾难降临。

　　与女人的小屋不同，男人的小屋极其简单。只有一堵隔墙，是用来分离床架和壁炉的，有时连隔墙都没有。小屋的其余地方都空出来，以便给家人和访客提供足够的座席。男人的小屋用途广泛，而女人的小屋比较私密，只供她自己及其家人使用。

　　建造精良的小屋一般能供人们住上约十年或十年以上。有时屋顶需要重新铺设茅草，特别是在暴雨期和阵雨期的间隙。墙时不时也需要修补。木头之间的洞需要用牛粪或羊粪堵上。这种方法有两个好处：第一是挡风；第二是可以保护木头不被蚂蚁侵蚀。以这种方式保存下来的木头今后还可用于建造新的小屋。有些建造材料可使用的年限相当长，因而被家人视为神圣的遗产。

武器制作

从很早以前开始，基库尤人就对铁制品十分了解。他们是何时发现、如何发现制铁技术的，我们不得而知。但从部落传说来看，我们可以肯定地说基库尤人在几个世纪前就已经持有铁制工具和武器。古老的故事与传说是基库尤记录本族历史事件的唯一手段。根据某些传说我们得知，基库尤族的祖先特内（Tene）和阿古（Agu）使用有毒的矛或斧子狩猎大象和其他大型野兽。我们还得知，恩德米（Ndemi）不同于他们的猎人祖先，他们在一些地方定居下来，使用铁制工具砍伐树木，开垦土地进行耕作。Ndemi一词源于tema或gotema，前者的意思是"切割"，后者意为"去切割"。因此，恩德米的意思是切割物体或去切割的人。他们使用的工具和武器与现在相比尺寸较小。

简单铺垫之后，我们将分类介绍现在基库尤人使用的武器。基库尤族最重要的武器包括：1）矛；2）剑；3）弓和箭；4）盾牌；5）各种棍棒和圆头棒；6）投石器。男孩经过成人仪式，成为勇士。他的父亲有责任给他提供必要的武器。没有武器，男孩就无法得到其他勇士的尊重。家庭的声望在很大程度上也取决于家中儿子们在勇士队伍中的表现。首先，家中的儿子们保护家庭；其次，他们也要捍卫部落的集体利益。

在基库尤族，打造一些武器十分必要，特别是矛和剑，其目的并非如有些人认为的那样是用于部落战争，而是防御凶猛野兽的袭击。值得一提的是，肯尼亚政府已经禁止非洲人携带危险武器，即矛、剑和弓箭。但同时，欧洲人却可以携带各种火器自由出入这里的小镇，甚至整个国家。那么，欧洲人对于"危险武器"究竟作何理解，非洲人对此大感困惑。

现在我们回归主题——基库尤族的武器。我们将简要描述基库尤族的武器如何制成，以及它们所使用的材料。矛、剑和箭头由钢或铁打造而成。打造这些武器需要部落里专业的工匠。工匠行业一般是世袭制，技艺从父辈传承下来。矛由两部分组成，分别是矛头（ithombe）和矛尾（mora）；还有一根十分坚硬的木棍（mote wa itimo）将这两部分连接起来，作为矛的手柄。勇士的矛长约五至六英尺，而长老的矛一般长四至五英尺，头部短宽，尾部较短（中间由一条长木棍连接）。勇士的矛被称为"姆威杰里里"（mwenjerere），长老的矛被称为"克贝里齐"（keberethi），暗指它的头部较宽。剑一般两到三英尺长，两侧刀锋尖锐，还有一个木制手柄和剑鞘。在战斗中，男人不到最后关头，不会对别人拔剑，他们主要用剑练习剑术。如果可以非常灵活地使用手中的剑，持剑的基库尤勇士便非常自豪。男人们从孩童时期开始学习剑术，当他们成为勇士时，已经能熟练地用剑战斗。

箭有两类：其中一种箭头是铁制的，另一种为木制。等箭成型后，先在箭头上涂抹一种致命的毒药（ororo），再用皮带缠绕箭身。然后，他们会把箭小心放入箭袋，置于阴凉处。根据部落习俗，任何人不得在普通的战斗中使用弓箭。过去，弓箭曾用于部落战争，但如今，这种武器主要用于打猎。盾由水牛皮制成。人们浸泡水牛皮后，把它直接放在木架子上，烘干成固定形状。棍棒和圆头棒则可根据使用者的喜好制成各种形状，其尺寸也根据使用者的力量来决定。很多时候，人们会向敌人投掷棍棒，故若是棍棒过重或过轻，其杀伤力都会削弱。另外，只有男子才可以制作并携带这些武器。

陶器制作

基库尤族的陶器制作体系十分完善。在基库尤族中，有一些宗族专门从事陶器业，他们世代传承制陶工艺已有几个世纪之久。提醒下读者们，基库尤族的男人和女人不论是在家里还是在贸易中都会分工合作，这一体系在基库尤起着重要作用。但陶器制作这项工作却从头到尾都由女人完成，包括挖黏土，打浆和软化，成型和干燥，陶器烧制，以及最后的出售，等等。根据习俗，男人不允许靠近制作陶器的场所，尤其是制陶工作正在进行的时候。男人也不准触碰任何与此项工作有关的材料。如果男人出现在制陶的场所，他们会对陶器造成不良影响，并导致陶器在烧制时破裂。如果女人们按正常流程工作，而陶器在烧制时破裂，她们就会怀疑是一些举止粗野的男人在夜间偷偷潜入，毁了她们的陶器。

为了避免这种猜疑，男人们会远离这个神圣的地方，直至制陶工作完成。

就像男人在制铁工作上有至高权威一样，女人在制陶工作上也是如此。所有人必须尊重并服从男女分工的风俗；任何无视这一风俗或胆敢跨入禁区的人都会受到严重的惩罚或者排斥。

制陶这一工作只在特定的季节进行，并非全年无休。制作陶器最佳的时间是庄稼接近成熟时，或庄稼收割以后。那时天气一般比较干燥，可使黏土更适合制作陶器。黏土越干燥，制成的陶器就越耐用。制作陶器有两个主要目的：其一，满足家庭使用需要；其二，出售。后者是制作陶器最重要和决定性的因素，这是因为陶工们对自己做的陶器比较满意，相信它们会比较畅销，否则她们不会接受这个任务。

极少会有陶工把好的陶器留作己用，她们会出售那些较好的，把坏的留给自己。因此，基库尤族有句出名的俗语："陶工能制好陶器，却用破罐来烧米。"这可以表明，基库尤人劳作远不只是为了满足当前需求或家庭需要，也是为了与他人进行交易。

陶器业和其他许多行业一样，也依赖好的农作物。陶工总是在作物丰收之后，或期待丰收到来之际忙得不可开交。在这段黄金时期，许多人订婚，需要许多新陶器。依照部落习俗，刚入门的新娘必须使用新的陶器和其他家用器皿。这些都得由她的丈夫来准备。

篮子编织

编织篮子（keondo）的工作由女人承担。但与制作陶器不同，女人们在编织篮子时，男人们可以触摸原材料或篮子。唯一的禁忌是男人不能编织篮子。他们可以收集材料，为他们的女性亲戚或朋友的编织工作做准备。

篮子是用矮灌木丛的树皮制成的。女人们咀嚼或敲打树皮，使之软化，增强韧性；然后将它们拉伸，放在阳光下晒干。下一步是将树皮缠绕在一起，一部分做成长约十五英尺的绳子，一部分则缠成球，类似于欧洲女性编织时用的线团。绳子足够多之后，女人们就开始编织篮子了。根据潮流和人们的品位差异，篮子的形状和尺寸各异。女人们编好一个篮子所需的时间，完全取决于她们的编织速度和闲暇时间。编织篮子被视为一种消遣工作。女人们一般在交谈、旅行或往返于劳作地点的途中编织篮子。她们一到劳作的地方，比如要除草的田地，要捡拾木柴的森林，就会放下编织工作，直至劳作完成。

除篮子之外，还有一种托盘，包括大托盘（getaroro）和小托盘（getiti），但它们并非编织而成的，而是通过缝合制成的。人们把一种蔓生植物（moogo）切成几片，然后把它们缝合起来。

大托盘用于筛分，或用于把粮食铺撒在阳光下晒干，有时也用来运送粮食。小托盘则用来做餐具，可盛放熟食或生食。没有习俗禁止男人或女人参与制作这些物品，但通常由男人来完成这项工作，我们很少看见女人制作托盘。如果你发现女人在制作大小托盘，则表明她是个寡妇，而且没有男性亲属可以帮忙。如果一个男人经过，看到女人正在制作托盘，他会毫不犹豫地过去与她结识，因为女人的这一行为代表单身女性发出的邀请。

皮革晒制

皮革业是基库尤族最重要的行业之一。在非洲的一些地区，皮革业已经取代了编织业。皮革业之所以重要，是因为基库尤族的男人和女人都穿兽皮。为了满足这种需求，基库尤家庭需要饲养一群绵羊、山羊和牛。这些动物除了可以体现家庭的财富，也可以提供衣服和食物。

每个家庭都有一两个成员精通皮革晒制，他们将皮革裁剪成形，做成衣服。完成这项工作的人被称为专业的"皮革晒制者和衣服裁剪师"。男人和女人做衣服所用的皮革大有不同。它们不仅质量有差异，而且晒制的方法也有所不同。给女人做衣服的皮革必须又薄又软，据说女人的身体柔软，需要用光滑的材料来进行裹覆。因此，专业人士在准备衣服材料时须十分小心谨慎，以得到客户的赞赏，并得到可观的报酬。

这里有必要简单介绍一下给男人和女人制作皮革衣服的不同方法。若要制成做女性衣服的皮革，首先要把兽皮固定在地上干燥，然后由专业人士用熟练的手法除去兽毛（kohunyora rooa），使兽皮达到所需的厚度和光滑度。这个过程需要专业人士用稳定的手法细心处理。如果处理兽皮的人的手一抖，可能就会刮皮过度，导致整块兽皮损毁。若是发生这种情况，专业人士必须还给客户一块兽皮，作为赔偿。

有些兽皮适合用上述方法处理，有些则不然。有的专业人士不用手刮兽毛，而是使用小刀或专门用于刮兽毛的小型斧子（ithanwa rea kohara njoa）。刮好毛后，用双手揉搓兽皮使其软化。接着，他们会量尺寸，将兽皮切成所需的形状。女人的一条裙子大约需要两张兽皮，一件外套则需要三四张兽皮。兽皮可以是绵羊皮或山羊皮，但它们的价值不同。山羊皮更有价值，且使用寿命更长，首领的妻子们一般穿这种材质的衣服。女人的整套衣服由三部分组成：1）上衣（nguo ya ngoro）；2）裙子（mothuru）；3）围裙（mwengu）。

再来看看男人的着装。和女人不同，通常他们只穿一件衣服（gethii）。年轻男子的衣服由小牛皮制成。他们选择小牛是因为它的毛发短且光滑。年轻男子的衣服较短，只能遮住从肩膀到臀部下方的身体部位，双腿裸露在外。年长者衣服稍长一些。男人们穿的唯一其他服装就是围裙（gethere），但只在仪式上跳舞时才穿。酋长和富人穿的衣服由毛皮制成，更加精致，而等级较低的长老则穿由羊皮制成的衣服。早先，基库尤人的着装严格按照该规则执行，但现在引进了毛毯和欧式衣服，人们就不再严格遵守这一旧俗。现在的年轻男子，不管是首领，还是普通人，都倾向于穿欧式衣服。只有女人们没有受到欧洲人的影响，她们比男人保守，认为欧式衣服十分丑陋，并将其视为遮羞布。有些女人不接纳穿欧式衣服的女婿，除非他们当着见证人的面脱下身上的服装。

乐器制作

基库尤族的乐器很少，但这并不意味着他们没有音乐天赋。在音乐领域，基库尤人更喜欢用自己的声音演唱而不是用乐器演奏。他们的大部分舞蹈和歌曲都没有任何乐器伴奏，但有人为其伴唱。在整个基库尤，只有四种不同种类的乐器，即鼓（kehembe）、大鼓（kegamba）、小鼓（njingiri）和长笛（motoriro）。这些乐器在不同的场合使用。除了上述提到的乐器，基库尤族还有各式各样专门在仪式上使用的号角。当然，我们很难把号角归于乐器，但可以说它们和军号属于同一类别。

现在我们将介绍这四种乐器，并详细描述这些乐器在基库尤社会中的作用。就音乐的艺术感而言，长笛绝对是最突出的。可以说，基库尤人吹奏长笛主要凭自己的感觉。他们不在乎吹奏得是否专业，只是觉得吹奏长笛充满乐趣，令人愉悦。

长笛一般由树皮或灌木制成，使用寿命短。制作长笛时，人们会根据所需尺寸，从一种名为莫克尔（mokeo）或莫基尔

（mogio）的灌木中切出一截树枝，然后小心翼翼地从头到尾缓慢扭动树枝，直到树皮完全变松。最后，人们将枝干抽离，只留下用于做长笛的空树皮。接着，人们在树皮上切几个洞，使这根长笛能吹出音符。在基库尤，如何制作或演奏长笛没有固定的准则，完全取决于个人的喜好。有些人喜欢四个孔的长笛，还有些人喜欢六个或八个孔的长笛。制作长笛的材料也有所不同。有些人喜欢用竹子制作，还有的喜欢用上文提到的树皮或灌木，这意味着他们几乎每天都能吹奏新笛子。基库尤人只使用上述两种材料而不使用金属制作长笛。

基库尤族的歌曲和舞蹈从不用长笛伴奏。人们一般在闲暇之时，或在感到悲伤和寂寞时吹奏笛子聊以自慰。在干旱季节，尤其是在阵雨季节（mbura ya mwere），播种的庄稼还未成熟时，田间工作较少，他们就会经常吹奏长笛。等到小米成熟的季节，须防止小米被小鸟啄食，人们需要在田地里待一整天，从凌晨四点左右待到大约晚上七点。他们会在田地的中央搭建一个较高的平台（getara），然后拿着投石器站在平台上，时刻保护小米不被啄食。他们一看到小鸟飞进小米地，就会用投石器向它们投掷石头，把它们赶走。在基库尤，小米作为特殊食材，受到人们的高度重视。它可以做成营养丰富的饮品（ochoro wa mwere），这种饮品在宴会和仪式上很受欢迎。鸟类似乎也非常喜欢这种作物，因此赶走小鸟，保护小米可不是件容易的事。守地的人必须时刻保持警戒，直到晚上鸟儿回巢休息。这段时间，他们需要吹奏长笛来驱散内心的孤寂。当然，他们也不全是为了自娱自乐，吹奏笛子也能让在隔壁田地劳作的女人们享受舒心的旋律。女人们虽然不吹奏长笛，但是她们的听觉敏锐。如果男人吹奏得好听，就能得到"邻居们"尤其是女人们的欢迎。这样的男人会收到女人们赠予的食物或饮料，作为她们赞赏其吹奏技艺的象征（matego）。在这个季节，长笛吹奏者之间还会举行大型比赛。

除此之外，男人们也经常在无所事事时，走在路上消磨时光时，或在牧场放牧时，或和绵羊、山羊或牛在一起时吹奏长笛。但后一种情况非常罕见，因为一些宗族不允许牧民在牧场放牧时吹奏长笛，他们担心悦耳的旋律会引来邪恶的灵魂，从而使畜群染上污秽。在小屋内吹长笛或吹口哨也是禁忌（mogiro）。人们认为悦耳的音乐容易引起四处徘徊的邪灵注意，并引其前来，给家园带来不幸。吹奏长笛被视为一种户外娱乐或消遣，但只有男孩和年轻男子能吹长笛。年长的男人吹奏长笛被视为禁忌，他们不该沉迷于这一艺术。要知道，按照参与者的年龄划分各种活动是基库尤族的社会礼仪之一。

介绍完长笛，我们接着来谈一谈鼓。与非洲的许多部落不同，基库尤人并不经常使用鼓或手鼓。在基库尤，人们只在少数仪式歌舞中击鼓。近年来，鼓才作为一种乐器使用，这一做法源自基库尤东边的邻近部落，即瓦康姆巴族。非洲很多地区使用手鼓传递信息，但基库尤族不同。基库尤人使用的是号角（单数coro；复数macoro）。邻近部落以击鼓的方式将消息传递给基库尤人，他们转而使用特殊的号角将消息传遍整个基库尤。这项任务由受过专门训练，随时准备收发信息的男性完成。但如今，由于欧洲人和非洲一些机构横加干扰，欧洲人还把西方"文明"强加在基库尤人身上，试图压制他们，现在的基库尤人已经很少使用这种方法了。基库尤人击鼓主要是给一种活跃的歌舞（njong'wa）进行伴奏。另外，每一季度日间歌舞开幕之时，年轻男女会组成游行队伍（keonano），此时他们也会击鼓。

此外，基库尤族还有两种鼓，分别是大鼓和小鼓，它们在基库尤族的所有舞蹈中发挥着重要作用。我们先介绍大鼓。它由椭圆形的铁片制成。人们把铁片切割至所需尺寸，其长度约为四至八英寸。接着，他们把铁片末端锉钝，并将铁片折叠，使其边缘贴合，只留下一个非常狭窄的开口，形状类似于香蕉。然后，他们将一些铁球（ngaragari）放在折好的铁片内，球可以在里面滚动。那些身上缠着大鼓的人左右一摆动，音乐就会随之产生。大鼓一般固定在人们的膝盖下方，其带子一直缠到膝盖上面。人们只有在跳一些特殊的舞蹈时，如战争舞蹈、成人仪式上的舞蹈、日间舞和操练舞，才会把大鼓缠在身上。勇士们用后两种舞蹈来展现自己的体能，以及使用矛和盾时的敏捷性，也是为了显示自己能在携带武器的同时跳得又高又远。这种训练很有必要，这使年轻男子在遇到危险时能够泰然处之。通过这些练习，基库尤族的男人都很善于跑步，他们中的一些人可以连着跑好几英里。善于跑步对于缺少交通工具的基库尤人来说是件重要的事，这也有利于他们追击敌人或危险的猎物。

另外，一般只有男人可以使用大鼓，而女人只在成人仪式上才可以戴着它，主要是为了给仪式中的舞蹈伴奏。

小鼓所用材料与大鼓相同，它们的形状也相同，唯一的区别是尺寸大小。小鼓长约一至两点五英寸，主要作为一种日常生活中的饰品。人们把它戴在脚踝的下方，走起路来很有节奏感。有些人只喜欢戴一个小鼓，但有些人会用皮制的带子串十几个小鼓戴在身上。人们也用这些小鼓来训练孩子，使他们惯用右手。他们把小鼓系在孩子的手腕上，小鼓会相互撞击，从而使孩子的右手更强劲有力。基库尤人认为孩子们惯用左手会招来厄运，因此父母尽全力训练他们的孩子惯用右手。

第五章

教 育 体 制

　　我们将在接下来的章节中，介绍在欧洲规则引入之前，基库尤教育体制的诸多特点。这一教育体制对欧洲教育家具有实际借鉴价值，后者的职责是向非洲人传授西方教育，因此我希望通过对基库尤教育体制的描述性分析，来说明进一步研究这一主题的必要性。有两个充分的理由可以证明这项研究将取得丰硕的成果。第一，像研究任何生物的成长一样，这项研究能够使欧洲人了解基库尤社会结构由简至繁的历程。研究基库尤的教育体制，将向欧洲教育家展现基库尤人的个体性格是如何通过一系列成人仪式，在家族、当地群体和整个部落中逐步形成的。本研究还将帮助教育家了解基库尤人在经历不同年龄组的一生中性格形成的过程。

　　第二，研究其他国家的教育体制，比如德国和日本的，有助于了解这些国家的思想、主要观念、价值观、美德和理想。因此，当欧洲人把目光转向非洲时，他们应该厘清：非洲人的教育体制是什么？这一体制对成长中的孩子有何影响？谁来管理？这一过程的机制又是什么？如果能够带着同理心弄清楚这些疑问，欧洲人就能知晓什么是基库尤部落文化的重要内容，什么是对部落发展和自我维护来说极其重要且不可或缺的东西。若仔细研究部落的教育体制、经济、宗教和政治生活的方方面面，毫无疑问，基库尤族的凝聚力和使之幸福且强大的向心力将在此展露无遗。

通过下文的描述，我们会发现基库尤人的教育是从生始，至死终，伴随着人的一生。孩子须经过不同阶段的年龄组，每个阶段都有特定的教育体制与之相匹配。在接受部落教育之前，父母须承担教育孩子的责任。用基库尤族的话说，父母注重的是"家庭传统教育"（otaari wa mocie 或 kerera kia mocie），也就是通过家庭和宗族传统教育子女。除了欧洲人引入的教育机构，基库尤族没有专门的学校，基库尤语中的"家庭"一词就是学校的意思。

对婴儿的教育由母亲和奶妈全权负责，主要通过哼唱摇篮曲进行。这些摇篮曲讲述了家庭和宗族的整个历史传统，孩子每天听就能轻松掌握这些早教内容。这是基库尤人代代相传的教育方法之一。孩子开始牙牙学语，母亲就耐心地教孩子正确的说话方式，告诉他从过去到现在所有重要的家庭成员。这些都是以歌谣的形式来娱乐孩子的，孩子并不知晓自己是在学习。此外，孩子可以根据自己的意愿选择听哪些歌谣。如果母亲注意到孩子不喜欢某些歌谣，她就会马上换乐曲、旋律不同，但教育意义相同的歌谣。

孩子能讲话了，大人就会温柔又自然地问他许多问题以检测他学到的知识。这些问题包括：你叫什么名字？你父亲是谁？你父亲属于哪个年龄组？你爷爷叫什么名字？你曾祖父是谁？你奶奶叫什么名字？他们属于哪个年龄组？为什么他们年龄组的称谓是某某？这些问题可以追溯到之前的几代人，孩子们都能不假思索地说出答案。没有人会严肃地问这些问题，他们都是在娱乐或交谈中随意提及的。在这种教育方式下，孩子家庭（母系和父系）的历史和传统影响着孩子的生活，并形成适合他成长的环境。

婴儿阶段过后，对孩子的教育又呈现出不同的方式，父母开始教育孩子正确的坐姿和走路姿势，以避免出现弓形腿。基库尤族以笔直的身躯为荣，对士兵而言尤为如此，身材挺拔才能算得上帅气英武。无论男女，弓形腿都被认为丑陋无比。一旦孩子开始蹒跚学步，教育范围也就随之扩大。摇篮曲和其他歌曲仍继续用来安抚孩子，特别是孩子情绪低落之时；但此时也是教孩子在各个部落活动中培养动手能力的最佳时机。在这个节骨眼上，家长们同样承担着十分重要的教育责任，以儿童游戏为形式的共同教育体制也由此引入。

父母不会专门要求孩子应该玩什么游戏，而是让他们自由选择自己喜欢的，当然，游戏不能对身心健康有害。无论谁看到正在玩耍的基库尤孩子，都会对这些孩子自由自在的状态留下深刻印象。孩子模仿大人做很多事情，这非常明显地阐释了一种理论——游戏是成人生活的先决条件。实际上，孩子的游戏不外乎基库尤人在执行重要事情前的演习。小男孩像大男孩一样纵情战斗，常见的有跑步和摔跤。在这些活动中，孩子们选出表现最好的担任领导。他们的玩具有小木矛，用香蕉树皮做的盾牌，弓箭，弹弓和滑石，击打目标的水平也毫不逊色。他们也玩过家家的游戏，会随手拿起身边的材料搭建房子和牛圈的模型。女孩们像母亲一样编织草篮、磨玉米，用当地的陶罐做小盆和碟子。男孩们扮演丈夫的角色，表现得像极了他们父亲平时在家的样子。

当然，并不是所有游戏都是为人生的重要事情做准备的。游戏是成人和儿童活动的重要组成部分。孩子一旦过了婴儿期，父亲就要负责男孩的教育，母亲负责女孩所有的教育和男孩的一部分教育。

父亲必须教儿子各种各样的事情。作为农艺师，父亲要带着儿子在菜园里进行实战训练。父亲在除草或翻土时给儿子做一个挖掘棒（moro）玩。通过观察父亲，儿子就逐渐学会了如何使用自己的挖掘棒，从而成为一名真正的农艺师。训练的时候，父亲要特别注意让儿子了解各种植物的名称和用途，尤其是哪些植物可以作为被虫蛰或蛇咬的解毒剂。如果父亲是木雕师、铁匠、猎人、养蜂人等，他会以同样的方式教导儿子。与父亲在森林和丛林中走动时，儿子会认识各种野生水果和花卉，并了解哪些植物有毒，哪些可食用。这些特殊的任务对培训尤为重要。父亲会跟儿子讲他们的家庭、宗族和部落的土地与边界，并一一指给他看。

父亲还要注重教导男孩如何成为一个好的观察者。为避免冒犯，他们要通过观察来估计事物的数量，因为计数，特别是计算绵羊、山羊、牛或人的数量是基库尤族的禁忌（mogiro），他们认为这会给人或动物带来厄运。例如，一个人养了一百头牛、绵羊和山羊，他会仅通过牲畜的颜色，或者其体型大小和角的种类，来训练儿子识别它们，而这些牲畜都有各自特别的名字。

为了测试男孩的观察力和记忆力，测试者会从不同的家庭选择两三个羊群混合在一起，要求男孩把它们分开并挑选出自己家的羊群。有时候，测试者会把一些绵羊和山羊藏起来，羊群午休时，男孩有几分钟的时间检查并做汇报。负责训练男孩这项技能的人会很仔细地核对他的报告。即使男孩犯了错误，也不会受到严厉的批评，负责人会耐心地告诉他再去寻找，并指出有故意隐藏的绵羊或山羊。再次检查时，男孩就能马上意识到自己的错误。负责羊群的长老会让男孩回想自己检查的过程，并让他解释最后一次看到失踪的绵羊或山羊的地点和时间，这样就可以注意和纠正记忆训练中的薄弱环节。对于猎人而言，这种训练强度更大，因为森林路径的复杂性和追踪动物的难度要求猎人有很强的观察力。我小时候，在家的任务就是专门照看牛、绵羊和山羊，因此我必须通过这项训练的测试，然后教给我的弟弟们。

同样，母亲也承担着教导女儿的责任，即教会她们作为妻子，如何把家庭管理得井井有条、和谐美满。至于农艺方面，女孩接受的训练和男孩一致。母亲还须负责男女混合教育。晚上，她教孩子法律和习俗方面的知识，特别是部落制定的道德规范和礼仪准则。这些知识都被编成了传说。另外，做晚饭期间或吃过晚饭后，母亲还会通过有趣的猜谜和拼图游戏对孩子们进行脑力训练。

部落偶尔还举行儿童舞会和唱赞歌活动。孩子们会在不知不觉间习得随后几年要跳的舞蹈。你会特别惊讶地发现，一个小孩仅仅通过观察和模仿他们长辈的肢体动作，就可以灵活掌握复杂并有难度的节奏。几乎每个小孩都会参与本地区的舞会。最重要的观众便是他们的父母，父母的主要兴趣就是观察孩子在公共舞蹈中的表现，并评判他们吸收了多少父母所教的知识。如果小孩的表现不符合部落规定的行为法则，他们的父母就会受到强烈的谴责。这样的父母会被认为忽视了将孩子培养成为部落的有用之才的重要任务。

基库尤人还特别注重孩子的体格发育，上述许多舞蹈就是锻炼身体和保持健康的好方法。在这方面，男孩比女孩更为敏捷，因为除了舞蹈，男孩们还参加摔跤、跑步、跳远、举重、举石、扔棍棒、用棍棒和盾牌对打等游戏。他们也组织地区格斗，一组与另一组竞争，或者各组推举冠军进行摔跤比赛。可以说，通过学习和娱乐，男孩女孩的体能都得到了加强。女孩们要分担家务，如照顾婴儿、砍柴和取水。男孩们要放羊、放牛，帮助父亲清除菜园里的树桩、砍伐树木、盖房子等。

孩子们还要接受健康教育。他们从小就知道某些事情不安全，视其为禁忌。孩子们不会去天花病人的房间，不会碰麻风病人的衣服，不会碰死掉的动物或死者的骨头。这和其他很多禁忌一样都是卫生健康指导的一部分。

基库尤所有部落教育的重点在于具体情况下的特定行为。虽然强调的重点在于行为举止，但事实是孩子们一直在获取大量的知识。童年时期的自由，让孩子们有绝佳的机会自然而然地学会关于周遭环境的各种知识。这样，即使孩子们上了学，接受与其兴趣和需求大多无关的正规教育，也不至于在实践方面有所偏废。漫步于乡间，孩子学会了区分各种鸟类、兽类、昆虫、树、草、花和水果。他们接触这些事物是兴趣使然，而这也成为出去玩耍的极好"理由"。他们不像在自然历史课上那样观察或了解动植物，而是出于自己的目的和需求去熟悉动植物的名字、特征和生命周期。男孩和父亲或者女孩和母亲经常待在菜园里，他们了解看到的鸟儿，学习哪些鸟儿对庄稼有害，该如何处理，什么鸟儿可以食用，等等。同样地，他们学习哪些树木适合做木柴或盖房子，哪些可以做山药或香蕉的支撑架，哪些可以抵抗白蚁的腐蚀，哪些可以做最好的蜂巢、凳子或研磨粮食的杵和臼。这里说到的知识都非常实用，且以行为举止为前提，因此父母主要通过告诉孩子在特定场合该怎么做来进行教育，并根据自己的经验不允许孩子做某些事或者接触某些事物。

从一开始，基库尤的教育就与人际关系而非自然现象密切相关。成长中的孩子明白了他们有一件事需要学习，这件事涵盖了其他所有事情，那就是学习让自己的行为举止符合自己在社会中的身份地位。他们认识到自己在家庭中所获得的幸福快乐，在朋友中的受欢迎程度，当下的舒适生活和对未来的展望，都取决于自己在社会中的位置，该尊重的时候尊重，该服从的时候服从。对比自己地位高的人飞扬跋扈、趾高气扬、拒绝服从，就是犯了严重的罪行。整个基库尤社会通过年龄和人们在年龄组中的地位进行等级划分，这一点可谓众所周知。在基库尤，人们的社会职责根据年龄组进行安排和划分，这已成老生常谈，无论事件大小，重要与否，年龄组体制都无处不在。它决定了对不同年龄组的不同称呼，决定了人们在食用某些食物时采用的礼仪，决定了家园或菜园中的不同劳动分工。它也规定了人们的衣着或行为习惯；解释着在案件审判中，在宗族或家族中行使权力时，在仪式或宗教诉讼中，不同年龄组成员拥有的不同权利。

如果要了解儿童教育，就必须研究与之相关的这一社会阶梯。基库尤人的一生都以年龄组为标记，从一个阶段迈向下一个阶段，每一步都代表着个人的进步，也显示着其地位的提升。对于基库尤人来说，第一件比较重要的事是打耳洞（gotonya ndogera na mato），也就是说，孩子四五岁的时候要在耳朵外缘打孔，而穿耳垂（gotonya mato）的时间，女孩是六到十岁，男孩是十岁或十二岁。孩子在打耳洞之前，必须要得到舅舅的同意。舅舅同意后，父亲会送给他四只成年绵羊和一只羊羔作为礼物。对男孩而言，穿过耳垂意味着其从童年走向青年。之后，他就能陪着父亲出庭做证，如果父亲不幸去世，他就能为此提供证据。接下来最重大、最激烈的一件事便是割礼，由此男孩或女孩才能被认定为部落的正式成员。以前，只有当青年能够证明自己是一位战士时，他才能参加割礼仪式，因此割礼的年龄通常在十八或二十岁。但如今，男孩在十二至十六岁之间就进行割礼，自此，年轻人便成年了，他获得了"重生"。受割礼者与未受割礼者在身份上的区别是巨大的。祖先卜盖特指出：未受割礼者（kehee）没有占有权，不能建立自己的家园；发生部落战争时，他不能上战场，只能跟女人们待在家里保护家园；他不能吹嘘或炫耀，甚至不能有这样的想法；他不能像受过割礼者（mwanake）一样留长发；不能与受过割礼的女孩发生性行为，这是一种禁忌；不能在肉宴上吃大块肉；不能与受过割礼者成为亲密的朋友。而与此相反，受过割礼者则是一名战士、上流人士、舞者、能品佳肴的人，等等。受过割礼者成熟、正派，是部落真正的男子汉。他有资格继承财产，会认真考虑婚姻问题，并建立自己的家庭。但他也要承担新的责任，他犯了任何错误都会受到惩罚。别人会告诉他："你已经度过了童年，不能如此行事；你已经过割礼仪式，成为男子汉，要学会明辨是非。"

教育进程的下一阶段是婚姻。婚姻在社会生活中享有很高的地位，也为婚姻双方带来相应的权利与义务。第一个孩子出生后，家长们开始参加宗教仪式。此时父亲还不是长老，但当他的孩子接受割礼，准备结婚时，父亲的地位也随之提升，成为基库尤社会中等级最低的长老（kamatimo）。这一等级的长老要献给地区长老委员会一只绵羊，有候选人宣誓加入委员会时，他们就宰杀绵羊举行仪式宴会。低级长老差不多是长老法庭的助理，尚不能审理案件，只是通过参与听证进行法律实践。他们还为高级长老拾柴、打水和生火。到进献两只绵羊或山羊后，低级长老就成为长老委员会或基库尤长老法庭的长老。这一级别的长老拥有一根权杖，权杖（motirima 或 motheg）用一种特定的树干和树叶（motaathi）制成，用来表明他们的权威地位。当他们到达这个地位后，人们就称其为和平委员会长老（kiama kia mataathi）。他们有权管理其他人，具有管理基库尤法律与司法的特权。在和平委员会长老中，资历最高的被称为宗教祭祀委员会长老（kiama kia maturanguru），他们是长老委员会的核心，解决法律和习俗方面的棘手问题。他们戴着特制的铜耳环（icohe），手持一束圣树叶（maturanguru）作为权威的象征。新旧政府交替时，他们会决定割礼盛宴和革命仪式的日期。只有这两个等级的长老，才有资格参加在圣树下（mogumo）举行的基库尤仪式。

　　上述社会等级的简介为了解基库尤的教育制度提供了线索。每一社会等级都有相应的礼仪和行为标准。男孩经过割礼这一痛苦的经历后，会懂得尊重已受割礼的年轻人。割礼仪式期间，他也必须为知识的习得或成长为真正的男子汉而付出较大的代价。这是一所最具非洲特色的"学校"，割礼过程中那些令人印象深刻的神秘仪式和方法，标志着孩子进入成人阶段，这些都阐释了割礼在非洲社会生活中的重要性。本书下一章将更加详细地描述割礼，即基库尤的成人仪式。需要注意的是，成人仪式上的教育不仅涉及性知识，也给年轻人上了颇具生动性和戏剧性的重要一课，包括尊重长辈，对待不同年龄组人员的礼仪，以及如何报效国家等。割礼的考验教会了年轻人如何忍受痛苦，如何面对不幸，如何让自己表现得像一个勇士，也教会了他遇事要三思而后行，不能鲁莽冲动。他逐渐认识到自己必须辛勤劳作才能赚得结婚所需的资金。他要学会听从父母和长辈的话，要帮助老弱和穷困之人，要服从由人民选出的领袖。尤其是他还须学会如何对待妻子的家人，必须用一种特别的方式称呼他的岳母和妻子的姐妹。需要注意的是，欧洲的教育家并未意识到这种教育的重要性，其后果就是那些已经接受欧洲教育的孩子几乎已经忘记或忽视了基库尤的行为习惯。

欧洲人对基库尤成人仪式中涉及较多的性知识总是有所误解，认为这似乎是鼓励性放纵；仪式上的淫秽歌曲和舞蹈，以及许多仪式上对钱财的肆意挥霍，在欧洲人眼里都是道德败坏的证据。但非洲人将这些仪式视为成长的最后一个阶段，男孩女孩必须充分了解有关性方面的知识，为自己将来的家园和部落生活做好准备。实际上，所有的性教育都有社会参照。男孩要将婚姻视为自己、家族和部落的责任。他们要努力工作，饲养更多的绵羊、山羊和牛，以便供养妻子和孩子。基库尤人将抚养孩子和饲养家畜视为同一道德体系下的自然活动，认为为了公众利益应该予以鼓励。下文我们会讲到割礼对于女孩成长的作用。

婚后，丈夫要对妻子尽到责任，真心待她，与岳父母建立良好的关系，迎娶妻子前要得到岳父母的祝福。孩子出生后，他要送给辛苦的妻子一只山羊或绵羊作为礼物。这样，他才能见到孩子。他还会得到一些指导，比如妻子产后何时可以恢复性生活，如何尊重孩子的母系亲属，等等。同样地，等孩子到了割礼的年龄，这位父亲也会得到关于进入初级长老阶段的礼仪指导，比如他要献给长老委员会一只山羊或绵羊等，他可能会享有加入咨询委员会（ndundu ya kerera）并进行发言的权利。这个委员会是保守部落机密的重要组织，其成员一般是少数经过严格考验、被选出来的长老，他们要庄严宣誓不对外透露任何部落机密。

同样地，对女孩的培养训练也有对应的知识与等级特权。当女孩准备好接受割礼时，会有人教导她诸如婚后行为的各种礼仪。我们知道，女孩结婚以后会给娘家带来财富，她的聘礼会成为穷困的兄弟得以结婚的保障。她会生育许多孩子，给家族和部落带来荣耀，她还会救济贫穷的亲戚。这时会有人教导她举止要像淑女，不能在公众场合与男子对视或大声与他们交谈；不能在户外洗澡；不能在男子（同龄人或亲戚除外）面前吃饭；等等。这些教导往往是由她的母亲或女性咨询委员会（ndundu ya atumia）的老妇负责。这一等级的女人负责处理女孩的割礼、接生、其他宗教职责等各种事务。

她们教导女孩要对陌生人既礼貌又谨慎；要服从丈夫，要尊重丈夫的家人。她们提醒她不要有草率和鲁莽的行为。婚后，她要听从公婆的话，称公婆为"爸爸""妈妈"，要将丈夫家所有的孩子视如己出，要像爱护自己的私人物品一样爱惜丈夫家里的所有资产。她们也教导她丈夫在性生活方面的权利，以及她自己在这方面的权益。等她的儿子或女儿到了接受割礼的年纪，她该知道给咨询委员会的老妇送什么礼物，才能使她有机会加入这个委员会。

基库尤教育计划中人际关系的本质清晰地体现了基库尤人对于人际关系的重视。父母在社会中的地位就清楚地说明了这一点。事实上，他们可以被描述为传统的捍卫者，关于生活和责任教育的代表。从孩子呱呱坠地起，父母就有义务教育他们，因为富裕要靠所有家庭成员的共同努力。这一点表现在女孩分担家务方面，她们要分担做饭、磨面、取水、捡柴、耕种、照顾小孩等工作。小女孩和小男孩都要陪父母去菜园。小女孩有小巧的耕种刀或者挖掘棒，五岁时，她们就能双手并用：右手娴熟地使用这些工具，左手清理土壤，并把杂草捆起来。小男孩跟着父亲去放牛、放羊或干其他事。刚开始，小男孩只负责照看小牛，到后来，他就能照看所有的家畜，下午给它们饮水，晚上把它们赶回家。这样，男孩就能区分牧场的好坏，学会怎样挤奶、喂牛、剥兽皮等。同样，女孩要学会带婴儿，给婴儿喂奶、洗澡并哄他们入睡。需要强调的是，所有的工作都有家庭责任的特色。男孩女孩们可以通过学徒制学习和了解具体工作的要求，但他们几乎都在不经意间学会了这些事务。更重要的是，他们养成了为父母分担家务的习惯，而且在这一体制下，他们学会了如何与其他人互惠互利。

割礼仪式也教育孩子们要尊重父母和其他亲人。在任何情况下，孩子都必须对父母不离不弃，与他们同甘共苦。无论他们何时有出去闯世界的打算，父母在，都不应远游，父母年老时尤为如此。孩子必须给父母做衣服、照看菜园、放牛放羊、搭建粮仓和房屋。当孩子能助一臂之力，尽赡养义务之时，年老的父母就不必再自己提供必需品，也不应再继续辛苦劳动，这些共识已成为孩子人生观的一部分。

基库尤人对父母的尊重和应尽的义务也进一步体现以下这一

事实：男孩和女孩未经父母同意或积极协助，都无法从人生的这一个阶段跨入下一个阶段。男孩要实现自己的雄心壮志，必须得到父亲和其他家人的同意。没有他们的同意，他就不能参加割礼，也不能结婚，因为他自己没有财产，而婚姻涉及两个家庭间的礼金或物品交换，只有双方父母可以安排。没有父亲的允许，他甚至都不能参加肉宴（keruugu）或啤酒派对。他必须先给父母、叔叔阿姨倒酒，然后自己才能喝。即使在吸鼻烟这件事上，他也要表现出同样的尊重。这一习俗体现了男孩在成长道路上，对于父母的悉心关照和耐心教导所怀有的感激与感恩之情。

对于不孝或不负责任的孩子，人们会说："你再这样下去，就结不了婚，还会让你的父母和宗族蒙受耻辱。"而孝顺的儿子会在父亲去世后得到好报，也会分得财产。弥留之际的父母对儿女的诅咒是最糟糕透顶的，不孝或不负责任的儿女会每天生活在恐惧中。"汝若为不敬者，汝之子亦然"——你对我不尊重，你的孩子也会如此对你。这是一种最糟的罪恶或污秽，也是唯一无法涤荡的罪恶，甚至还会"遗传"给孩子。因此，父母的地位通过宗教制裁得以加强。父亲是与祖先灵魂沟通的最合适的人选。作为与祖先在世间最亲近的纽带，父亲是家里的祭司，也只有他有资格为家庭献上祭品。这样，他就得到了先灵的支持，如果家里发生冲突和纠纷，先灵就可以干预和惩罚做错事的人。这些灵魂被称为"风之魂"（ngoma cia rohuho）。如果争吵过后，一方的父亲或其孩子生病，说明祖先对此很生气，故派"风之魂"前来惩罚他。在这种情况下，他们会请巫医（mondo mogo）来看看如何才能让先灵息怒。巫医根据事情的性质进行分析并提出建议。如果事情非常严重，他们必须献上啤酒和羔羊，一般情况则只供奉啤酒即可。事主会很快着手准备啤酒，第二天早上，家人聚在一起，主持长老往地上洒一些啤酒，然后大声说道："先灵啊，请息怒，我们收回曾经说过的话。"

这是一个生动的例子，可用来说明基库尤的家庭成员是既包含生者，也包含逝者的。任何干扰这种关系的行为都是罪恶的，任何打扰逝者的行为都是对家庭团结与忠诚的冒犯。因为，不管个人对家庭多么无情与冷漠，先灵的惩罚都将针对他所在的整个家族。因而，不管是通过对个体行为的规范，还是他们家族的情感，或是出于对奖励的期待，对污秽的恐惧和遭受的惩罚，年轻一代学会了尊重和服从父母。年长的一代也是如此。

社会责任的教育通过年龄组的划分再次得到强调。我们在前文已对年龄组有所提及，它将那些同一等级的人紧密联系在一起，使其亲密无间，彼此忠诚。同一时间行割礼的男子之间关系非常密切。如果同年龄组的一个人伤害另一个人，就是犯了严重的宗教罪行。这种罪行等同于伤害自己的家庭成员。他们像同胞兄弟一般，绝不能做对不起彼此的事。因此，划分年龄组就是一种确保部落习俗一致的有力手段。自私鲁莽的年轻人会在同年龄组成员的教育下得到教训：招致别人不快没有任何益处。他不能和其他人一起吃饭，还可能不被允许参加舞会，被罚款，甚至被排斥一段时间。如果他不改变自己的做法，就会发现伙伴们已弃他远去。

年龄组成员间的团结和友谊是十分了不起的，它将基库尤各地的人们紧密联系在一起。即使他们可能在远隔千里的两个地方接受割礼，但彼此间的亲密关系却不受任何影响。他们就像就读于同一所学校的老男孩一样，尽管我质疑欧洲人除了在其国家处于紧急状态时期以外，彼此之间是否会有像基库尤人之间这样高标准的联结感与相互责任感。年龄组不仅将同等级的人联结在一起，也进一步强调了初级和高级、长辈和晚辈的社会等级。我们在各个等级都可以看到这一原则。若一个未受割礼的青年和受过割礼的青年一同出门，前者不会先于后者喝水，也不会在后者所在的河段的上游洗澡。分配食物也遵循这样的辈次顺序。未受割礼与已受割礼群体之间遵循的原则也同样适用于各个已受过割礼的年龄组。年长组的地位高于年轻组，因而年长组就拥有享受服务和受尊敬的权利，这一点年轻人必须认同。比如，受过割礼的青年在能参加舞会或留长发之前，必须献上一只山羊或绵羊，供比他年长一两岁的年龄组成员食用。整个部落的组织方式再一次强调了这一原则：待人接物最为重要。

由于同一家庭、宗族和年龄组成员之间，以及不同家庭和宗族之间都存在多种牢固的社会关系，部落由此团结和统一为一个有机整体，因此调动大家参加集体活动变得十分容易。建造房屋、耕种、收割、挖陷阱、在耕地四周建栅栏、造桥梁，这些工作通常都是集体完成的，因而基库尤族有一句谚语——"团结就是力量"（Kamoinge koyaga ndere）。过去，祭品是由部落或宗族统一供奉的，战争也是统一发动的。签订婚约和举办仪式都是家庭事务，而非个人事务。有时候连一头牛都由大家合伙购买。因此男孩或女孩能很快学会与他人合作，为他人服务。邻居的孩子会帮助没有子女的老人完成几乎所有的事情：建造小屋、给菜园翻土、砍柴、取水等。如果老人的牲畜丢了，不论遇到多大的困难，抑或是可怕的危险，邻居的孩子都会帮他找回来。同样地，老人也会把他们当作自己的孩子。孩子们像其他人一样学习并养成社区工作的习惯，与其说这是靠长辈的言语规劝，不如说这是在与长辈一起参加社会服务的过程中逐渐养成的。他们看到家人和朋友为他人建造房屋，就会拿来支撑的立柱或盖屋顶的茅草；他们和亲戚一起在别人的菜园里帮忙、建房子、围牛栏或盖粮仓；他们会帮助筹备某人的婚宴或为亲属的聚会酿酒。所有这些帮助都出于自愿，亲戚们都乐于互帮互助。这种帮助也是无偿的，当然主人会摆宴热情款待，但这不是作为报酬，而是出于主人的热情好客。所有的事情都以互惠、义务原则为基础。邻居有困难，你帮助他渡过难关，或者帮助他建造房子，那么在你需要帮助的时候，他也会理所当然地尽力帮助你。那些不懂回报的人无法得到大家的喜爱，但有一句老话说得好：在紧急情况下，尤其是需要盖房子时，连坏人都不缺劳力。然而在实际工作中，这种人可能很难获得帮助。就像每个年龄组要求成员间做到相互忠诚，家庭法令可能要求每家每户都要为祭祀献出一只山羊或绵羊，或献出自家果园里的一根甘蔗。部落也提倡大家基于互惠原则培养共同劳动的情感。正如他们会帮助没有劳动能力的老人在菜园里劳作，或是帮助没有孩子的寡妇，他们也会一起消除仇怨，一起交清某人的罚款。例如，如果一个年龄组的成员受到侮辱，但由于身体原因无法为自己报仇，年龄组的其他成员将联合起来共同复仇。基库尤人将某一年龄组的个人受到的侮辱视为整个年龄组受到的侮辱。同样，高级勇士年龄组或长老要求某个成员缴纳罚款时，这个年龄组的所有成员将共同为他缴清罚款。

自然而然，成员们采取年龄组习惯做法的趋势，随着他们的归属感和自豪感日益增强而愈加明显。无论是过去还是现在，每个家庭和宗族都有自己的英雄。他们的英雄事迹为人们所津津乐道，英雄的赞歌在篝火边不断被传唱。这是将雄心壮志和责任感植入下一代心中的方法之一。那些未能履行自己职责的孩子或青年就会被告知："你不是某某家的家庭成员。"人们盛赞并怀念欧洲人到来之前的美好时光。那是些虽然战火纷飞，但有着民族自豪感的英雄辈出，又有杰出领导者的日子；那是些人们一起去战斗，个个都英勇无畏，绝不抛弃朋友的日子，他们的信条是"共战斗，同生死"。当然，基库尤并不是一个人人都完美如天使的社会，遵循这些社会准则须依赖个人的道德与勇气。

在基库尤，自私自利的人没有声望和名誉。人们用怀疑的眼光看待利己主义者，并给他们取绰号为"铁公鸡"（mwebongia）。这种人只为自己考虑，很可能最终成为巫师。他可能无法在需要帮助时得到支持，也不能指望自己所做的一切都会顺利，因为舆论的力量会让他觉得对社会充满罪恶感。基库尤的宗教总是支持社会团结，因此他也难以免受宗教制裁。老年人和弱者都会受到祖先灵魂的特殊保护，他们也从来不会背井离乡。因此，辛苦劳作、生育子女、积累财富（土地、牛、绵羊和山羊），这些都和宗教仪式一样，是关乎家庭和宗族情感的大事。

在基库尤部落，没有真正意义上的个人事务，每项事务都有其社会和道德意义。共同工作的习惯只是共同所有权的另一方面；而共同的责任不仅体现在集体工作上，也体现在共同的献祭和祈祷中。

尽管欧洲人竭力反对基库尤的诸多体制，意欲将整套西方化的体制强行植入，但基库尤本身所有的这一互帮互助的体制仍为大多数基库尤人所保留，以在社会服务、政治和经济活动中保持部落团结。那些已被欧洲化的或脱离部落的基库尤人则很少再实行这一体制，他们被视为部落传统的破坏者和挑拨离间者。公众愤怒的呼声是："白人毁掉了我们的家园，使我们的国家蒙受耻辱。"

我们教育下一代要恪守传统，坚持信仰，这对维持部落自身发展和维系相邻部落的关系都十分必要。人们认同并满足部落的根本需求：繁衍后代、生产粮食和团结社会成员。部落社会不仅继续存在，而且确保了其自身特色得以延续。因此，我们不禁要问：难道这样一种在实现其特定目标方面已如此成功的教育体制，就不能为欧洲人提供一些宝贵的借鉴吗？如今，欧洲人的任务是想当然地把西方教育强加给非洲人。

基库尤教育体制中最显而易见的一条原则是：教学总是因材施教；行为教育也是因人而异。在欧洲国家和美国，学校开设的是关于道德素养和公民身份的课程；而在非洲国家，人们教导孩子如何对待父母、祖父母，以及父母两方的其他亲属。欧洲人在非洲国家开办的学校主要开设自然、木工和畜牧业等方面的课程，大部分采用班级授课制；而非洲国家的部落教育是教给孩子特定植物的名称、不同树木的用途，或羊群和牛群的管理。教完以后，孩子们就可以自由地通过反复试验来培养自己的主动性，最终达到熟练或精通的程度。

另外，基库尤教育非常显著的一点，就是将人际关系放在首要位置，这一特点与欧洲教育体制迥然不同。欧洲制定每一条教育政策时，官方都重复声明：教育的目标必须是塑造孩子的品格，而非仅仅使其获得知识。但欧洲人的教育实践还未达到这一目标。总体而言，欧洲人在非洲的教学方法仍将获取知识作为主要目标，只要有考试制度的支配，就很难看到他们对学生其他方面发展的重视。他们声称性格塑造是首要任务，但他们忘记了性格的形成主要依靠人际交往，除此之外别无他法。欧洲人认为，只要授以正确的知识和思想，人际关系的形成便水到渠成，这可能是欧洲人和非洲人在观点方面的根本差别。我们可以确定地说，在欧洲教育体制中，社会等级、婚姻、家庭、学校、职业和人际关系等都被认为是个体自身发展成长的事情，正如历史形态总是富于变化，而自由之人的个性必须凌驾于历史形态之上，因为个性自由是最高利益。相反，与他人协作，特别是互相服从却是偶然的。在这里，我们有必要问一个与主题十分相关的问题："如果欧洲教育确实以培养个性为目标，那么在这种教育体制下培养出来的欧洲人怎么会无法正确理解非洲有机的部落关系呢？"或许我们可以总结说，欧洲人推崇"个性至上"，而非洲人重视个人与他人的关系和对待他人的行为态度。毫无疑问，教育哲学能把这两个事实合二为一，但现实却依然是欧洲人重视的是其中一个方面，而非洲人重视的是另一个方面。

有人认为，欧洲人为非洲人制定的教育政策，其目标应该是"尽可能地保留非洲社会生活中的一切健康元素"。因此，欧洲人似乎想要更充分地利用非洲社会关系。欧洲教育体制期待的社会群体主要是由经济、职业和宗教关系决定的。这些都属于社会行为领域。但非洲人却大不相同。正如我们所看到的，家庭关系、亲属体制、性生活，以及年龄组构成了整个基库尤本土教育结构的基础。除非欧洲人在非洲推行的西方教育能够重视并加强上述这些关系，否则他们无法重塑非洲人，使其一方面融入自身的部落生活，另一方面又能与外部世界建立起良好关系。如果非洲人打算从西方教育中获益，那么他们的教育应该旨在加强上述基本关系，这些基本关系是培养道德情感的基础和塑造性格的手段。正如奥尔德姆博士就克纳克博士关于《非洲问题》一书的评论所言："无论发生任何变化，人仍然有父母子女、兄弟姐妹、亲戚邻居、同龄伙伴和同事朋友；不管发生什么，重要的是那种共同的义务和责任感，它存在于现有的关系中，也应在新的情况下得到保持和发扬。"

在某一方面，基库尤教育体制中的教学方法与英美国家现代教育有惊人的相似之处。我指的是如今英美国家对于"在做中学，在生活体验中学"的重视。而这作为一种间接教育手段，也是基库尤教育体制中十分卓越的方法。运用这种方法，教学只是顺带作为一些活动的补充。基库尤族的孩子就是这样习得大部分知识，并学到大多数的社会行为准则的。这与美国教育家基尔帕克利特教授所说的教学过程不谋而合："要在社会环境中进行真诚的、有目的的活动。"这里的学习动力在于渴望实现掌握一些必要知识或技能的目标。但知识是次要的，不是学习过程的主要目标。教育学家将会证明通过这种方式获得的知识和技能更有可能为孩子所牢记，正如近期一位杰出的教育家所言："学习中真正重要的恰恰是那些次要问题。作为次要问题习得的知识成为一个假设，孩子们真正学到的正是这些假设的内容。"基库尤人的学习方法中最让人印象深刻的，就是知识与实际需要紧密联系，因此，知识融入活动中，待活动再次开始，知识就能被记起。行为举止的学习也是通过共同劳作来实现的，因此从一开始就是放在社会活动中进行的。所以说，将教育融入社会生活的理念显然只有在未受西方文明影响的基库尤社会才能实现。

我们有必要花点时间来关注一下在非洲的欧洲教育家，以及他们对于这一问题的解决方法。作为一名教师，他首先要考虑的是怎样和同事建立良好的关系，学会如何欣赏部落法律和部落习俗中的闪光点。这一点的重要性在于：一个好的态度将帮助其与学生和部落其他成员建立起连接的纽带。

过去，有太多的人主张"教化和提升穷困的非洲野蛮人"。实际上，这一政策基于一种先入为主的观点，即认为非洲文化原始、落后，代表的是过去，只能像文物一样保存在博物馆里。但欧洲人应该意识到，他们有一些需要向非洲人学习的东西，也有很多事情需要他们去理解。如果他们能采用"礼尚往来"的原则，大家的负担也会减轻很多。我们在这里要提到的是，被教化的非洲人对"文明"这个词充满了恐惧和猜疑。首先,他发现自己在社会和宗教方面被迫与家庭和部落组织分离。这种新的文明既没有让他适应欧洲人的生活方式,也未能让他融入非洲人的生活;他能做的,就是在两种社会力量之间挣扎。欧洲教育家和其他人,特别是那些带有种族偏见和先入之见的人,通常不会认识到这个重要的事实。这可能是由于他们故作冷漠,或是对非洲体制的功能了解甚少,也缺乏对非洲学生的真实社会生活的切身体会。

教师可能想和学生交朋友,帮助他们解决困难,分享他们的想法和感受,但很快他就会发现或注意到非洲语言晦涩难懂。有时候,要获得各个科目的教学工具十分容易,但教师需要的不仅仅是这些。如果他是一位非常认真的老师,毫无疑问,他会发现如果只懂语言的皮毛,要把许多非常重要的社交术语翻译成非洲语言简直是天方夜谭。就像马林诺夫斯基教授所说:"所有关于宗教信仰、道德价值、具体的技术或仪式程序的词语,只能参考部落的社会组织、信仰、实践、教育和经济情况来进行翻译。研究一种民族语言,就必须同时研究这个民族的文化。"

我们可以肯定地说,对上述学科的研究并没有某些人想象得那么简单。欧洲人来非洲任教之前,应该花更多的时间研究非洲语言和文化。如果没有对非洲制度各方面功能的适当了解,欧洲人越是试图以新的习惯、生活标准和欧化方式影响学生,越是会遭遇到其不理解的社会背景。即便没有经过关于非洲生活方式的培训，欧洲人根据浅显的环境知识，也许也能教好算术或地理。在此过程中，教师采用的是欧洲人所认为的适合"穷困野蛮人"的教育政策；这一政策的实行并未对非洲人的理念和愿望给予应有的尊重。若是如大肆宣传的那样，欧洲人来到非洲是为了改善非洲人的健康状况，提升其生活标准及经济、社会和政治地位，那么他们采用的并不是正确的教育方式。

教师忽视非洲人的想法，不管是否符合学生的生活方式，一再坚持采用欧洲的方法培养学生，从而使学生在世界观方面产生观点的冲突。然后，教师就会问自己："这些学生都来自什么样的家庭，父母是怎样教育他们的？"接着他立即得出一个家长式的结论："必须给孩子们灌输新思想，取代旧思想。"短时间内，这种家长式的决定可能在学校、教室或宿舍顺利进行，但很快学生的学习兴趣降低，学习劲头不足，原因是新的教育体制与非洲背景大相径庭。因此，非洲人很难理解或意识到这种体制能够带给他们的潜在好处。

这时，如果教师认真地进行思考，他想要拥有浓厚的工作氛围，能自愿且愉快地履行职责，并接受家庭、团队或学校赋予的责任，他一定会问自己："怎样才能继续努力并激发学生的兴趣？怎样才能让学生保持最佳状态？什么样的教育体制能够让学生对学校和自己的部落都充满归属感，从而感到自豪和满足？"但即使教师解决了这一问题，另一个难题也会接踵而至："为什么欧洲的标准和习惯不能贯彻落实到学生的家庭生活中？难道只有落后的环境拖了后腿，或者是学生遇到了偏见、恐惧和一整套根深蒂固并顽固地反对进步和变化的体制？"此外，教师可能还希望学生把西方的思想传入部落。然而，这也正是让教师最感失望的一点。因此，他迟早会醒悟或变得愤世嫉俗，觉得这些学生太愚蠢，太固执，什么都学不会。

事实上，不是旧的社会结构适应不了快速变化的环境，而是在新的环境下，年轻的非洲人中间出现了新的思潮，也就是他们关于生活和抱负的现代理念，教师却看不到这点。欧洲人看到：非洲人的生活发生了日新月异的变化；实体政治出现分裂；最具进取心的个人却往往最不受欢迎。然而他可能无法理解这些。因此，只有更好地理解非洲的社会结构，欧洲教育者才能采取切实可行的理论和方法去适应新的形势，满足非洲人的愿望。这样，他们的教育才可能推动非洲的社会进步，而不是制造混乱，同时也才有可能保留非洲传统的精髓，帮助他们创造新的文化。虽然这种新文化也扎根于非洲土壤，但仍会发生改变，以适应现代环境的压力。一个更富于同理心的态度有助于教师改变想法，使之从所谓"按照自己的方式教育当地人"，转变为教育非洲人，使其成为部落和人民的领袖，使其在现代社会的艰苦环境下学会自力更生。

对欧洲教育者来说，他要意识到自己"不是把新酒倒入新瓶子，而是倒入非常旧的瓶子里"，这一点非常重要。但是，他怎样才能从中品尝出陈年老酒的香醇？酒窖又在哪里呢？他可能会着手了解非洲的家庭、宗族和部落，个人在社会中的权利和义务，以及任何个人在整个部落环境中的行为准则。但对这些习俗有了粗略的研究后，他往往会认为自己已对学生的精神世界了如指掌，包括学生信奉什么，不信奉什么，他们怎样看待自己，以及他们所处的自然界和社会。对此，我们经常可以听到这样的说辞："我在非洲待了多年，对非洲人十分了解。"然而，这与事实相距甚远，"生活"在非洲人中间与"了解"非洲人有很大差别。欧洲人能够了解非洲生活的一些皮毛，比如亲属关系、等级制度、独特的艺术和别具一格的宗教仪式，但他可能仍然到达不了非洲文化的核心。所谓"权威书籍"向他展示了关于非洲的大量细节，但他常常在晦涩难懂的知识海洋中迷失自我，因为他尚未把这些知识与非洲的实际生活联系起来。带着先入为主的想法，夹杂着对非洲的偏见，他未能获得更富同理心和想象力的知识，未能对非洲人民、对他的学生及对他在街上遇到或在菜园里观察过的人给予更加人道的关怀或由衷的欣赏。 总而言之，他未能以自己的本能倾向去理解非洲人，而是以早期训练形成的习惯性观念对非洲思想进行压制。这对非洲人而言，即使不是荒谬的，也是外来的。

/ 第六章

成年仪式

　　我们将在本章介绍基库尤女性的成年仪式习俗，即切除阴蒂的习俗。该习俗历来受到众多颇具影响的欧洲人和机构的强烈抨击，其中包括传教士、多愁善感的亲非人士、政府部门、教育和医疗部门等。我们认为有必要首先介绍一下这些人和机构抨击该习俗的历史背景。

　　1929年，苏格兰教会在几次试图取缔割礼习俗的行动均遭失败后，向基库尤发布了指令，要求所有教会成员，以及那些希望自己的孩子能够接受学校教育的基库尤人，必须保证绝不遵从或支持这一习俗，并确保不让自己的孩子参加成年仪式。这在传教士和基库尤人之间引起了巨大争议。所有基库尤人，无论是否受过教育，都对此事给予了高度关注。那些继续支持割礼习俗的族人的孩子均被教会学校开除。于是，人们纷纷向政府和教育管理部门请愿。其间，许多被"废弃"的学校和教堂就被用来存储玉米和土豆。最后，政府与传教士之间达成了一条"君子协定"，即解除禁止孩子们上学的禁令。但是，传教士仍然坚持只有反对该习俗的人员才能担任学校教师，他们希望这样的教师能够按照他们期望的方式对学生进行言传身教。这一决定随即引起公愤，基库尤人要求立即建设他们自己的学校，让孩子们在接受教育的同时不至于使部落习俗受到干涉。随着建立学校的呼声日益高涨，一批基库尤族独立学校和以民族主义者格兰阿（Kareng'a）的名字命名的学校应运而生。无论在教育还是宗教事务上，这些学校都完全不受教会影响。

1930年，关于女性割礼习俗的问题上呈至下议院，一个由国会议员组成的委员会受命调查此事。该委员会的成员包括阿瑟尔女公爵、上校乔赛亚·韦奇伍德、C. R.巴克斯顿等。笔者应邀出席委员会会议，并代表基库尤部落发言。会后达成一致协定，认为最好的解决方案是依靠教育，而非依靠强制执行法令；最好的办法是让人们根据情况的不断变化，自由选择最适合自己的习俗。

1931年，非洲儿童会议在日内瓦举行，由救助儿童基金赞助。会上几个欧洲代表敦促：废除这种"野蛮习俗"的时机业已成熟，可以像其他"异教徒"习俗一样立刻通过法律加以废止。出于对非洲儿童权益的考虑，大会呼吁政府颁布法律，任何施行割礼习俗的人都须被认定为有罪，并承担刑事责任，这是此次大会的职责所在。

　　然而，大部分大会代表都没有完全接受通过法律来废除人们的社会习俗这一主张。他们普遍支持通过教育来使人们能够自行选择保留，抑或是废除哪些习俗。

　　这里需要指出的是，我们有一个强大的团体来捍卫割礼习俗，成员均是受过良好教育的基库尤人。对于基库尤人来说，是否举行过成人仪式是婚姻关系的决定因素。没有哪个正常的基库尤男子会希望娶一个未受过割礼的女子，反之亦然。基库尤族男女若与未受过割礼的异性发生性关系，则是犯了大忌。一旦发生，双方必须进行净身仪式（korutwo thahu 或 gotahikio megiro），这是一种驱除恶行的仪式。一些远离部落生活的基库尤人在外漂泊几年后，曾经认为谴责该习俗是理所应当的，他们认为与未受割礼的，尤其是来自沿海部落的女子结婚并无不妥。他们认为把女子带回家中不会触犯父母，但令他们始料未及的是，他们的父母、兄弟姐妹都严守部落习俗，绝不以亲属身份欢迎任何一个未在婚前接受割礼仪式的女子。

　　因此，若是这些半脱离部落的族人想要回到自己的家园，他们就不得不面对这个问题。如果自己想安定下来，并得到家庭和部落的祝福，那就必须按照父母提出的要求，与未遵守部落习俗的妻子离婚，然后再娶一个符合部落习俗规定的女子。如果做不到这一点，他们就会被驱逐出部落，并丧失继承权。

在上述介绍中，我们已提到割礼习俗是如何被一方攻击，又是如何为另一方所捍卫的。鉴于此，这里存在一个最重要的人类学问题：若不理解为何那些受过教育的基库尤人仍固守割礼习俗，就兀自探讨两方的情绪化态度，或是粗暴地确定立场，是很不理智的做法。

真正的争论点不在于对这个手术或其细节的辩护，而在于对基库尤部落心理中一个重要事实的理解，即该手术仍被视为一种制度的精髓，这种制度带有重要的教育、社会、道德和宗教意义，这与手术本身无关。目前看来，部落成员无法想象一个不进行割礼手术的成年仪式。所以在基库尤人看来，取缔该手术就意味着取缔部落中所有相关的制度。

因此，真正的人类学研究要表明阴蒂切除手术就如同犹太人的包皮割除手术，虽仅仅是一种身体上的毁损，却将严重影响整个部落的法则、宗教和道德观教化。

男女都要举行成年仪式是基库尤族最重要的习俗，是否经历过成年礼被认为是衡量族人是否成年的决定因素。绝大多数非洲人恪守这一习俗，在非洲大陆的每个角落也几乎都是如此。因此，我们有必要审视与这一普遍习俗有关的事实，以便了解非洲人固守割礼习俗的原因。在众多欧洲人眼里，这种习俗骇人听闻，惨绝人寰，只适用于野蛮人，仅此而已。

接下来，我们首先须让读者清楚地了解为什么要施行这个重要的生理手术，这个手术又是如何操作的。

习俗名称

基库尤人称这一从童年过渡到成年的仪式为"irua"，即割礼，或修剪两性生殖器官的仪式。成年礼仪式上相关的歌舞被称为"mambura"，意为"庆典或祭礼"。需要注意的是，这个习俗与部落道德准则紧密相关，象征着整个部落组织的统一。这也是割礼仪式在基库尤生活中扮演了如此重要角色的主要原因。

接受割礼仪式标志着人们可以开始参与管理部落的各个团体，从接受割礼手术那天起，他们就真正开始按年龄组开展活动。部落的历史和传说也通过成年仪式上赋予的各个年龄组名称来进行解释，让后人铭记。例如，如果举行成年礼仪式期间发生了严重的饥荒，那个特殊的受礼年龄组就被称为"饥荒"（un'aragu）。同样，欧洲人将梅毒之类的数种疾病带到基库尤的时间，也被族人用年龄组记录了下来，那些在这种疾病首次出现时受礼的人，就被称为"梅毒"（gatego）。历史事件也以同样的方式被记录并铭记。如果没有这个习俗，不用文字记载的基库尤部落就无法记录民族生活中的一些重大事件。任何未经部落分化荼毒的基库尤族孩童都记得住部落的整个历史和起源，他们依靠的就是诸如"阿古"（agu），"恩德米"（ndemi）和"马赛齐"（mathathi）这些几百年前受礼年龄组的名字。

多年来，东非的某些传教士对女子的成年仪式横加指责，并借此煽风点火。他们只把割礼仪式当成一项手术来看，并没有探究它在基库尤人心目中的重要性，于是他们得出一个结论，认为施行女子割礼术不过是一种野蛮行径，应该通过法律加以废除。

另一方面，基库尤人则对这些宗教狂热分子充满怀疑。绝大多数人认为，那些抨击这个古老习俗的人心怀鬼胎，想借此扰乱当地人的社会秩序，从而加速当地的欧洲化进程。废除割礼仪式会破坏划分各年龄组的部落象征，并阻碍族人将这种形成于远古时代的集体主义和民族团结的精神传递下去。

准备阶段

在举行成年礼仪式的前两周，基库尤女孩便开始特殊的饮食。这是将一种特定的基库尤豆类（njahe）和一种由小米（ogembe）磨成的粉与水、油混杂制成的干硬米粥。这种饮食可防止割礼手术引起的血液流失，也能确保伤口的迅速愈合，并预防血液中毒。女孩将由她的保护人（motiiri）妥善照顾，负责给她体检，并向她提供关于割礼仪式的一切必要指导。体检的关键是确保女孩尚未发育成熟，并且至少在手术或伤口愈合后一个月内不会迎来月经初潮。除此之外，女孩还会被仔细盘问，确认她从未有过性行为或沉迷于自慰。如果她违反了族里规定的任意一条禁令，她就必须向保护人忏悔，并由保护人将忏悔内容告知女孩的父母。之后还须请来"家庭净化师"（motahekania）来为女孩净身（koruta mogiro），以便为割礼仪式做好准备。

手术的前三四天，女孩会被送到即将举行仪式的家庭中。她会在那里遇见其他需要受礼的伙伴。即将受礼的孩子们会被介绍给这个家庭里的家长和他的妻子。他们会出于举行割礼仪式的需要，把这些孩子当作自己的孩子来收养。在这特别的日子，即将受礼的男孩女孩和亲友们一起彻夜载歌载舞。与此同时，他们还要把甘蔗装在坛子里舂碎，制成一种特殊的啤酒，以备"唤灵仪式"（koraria morungu）之用。这个仪式是为了唤醒先灵，被认为是与先灵沟通的举动，借此求得先灵对受礼孩子的庇佑，并在整个过程中指引他们，同时赐予他们祖先的智慧。受礼的孩子禁止在跳舞和唱歌期间上床睡觉，因为这样就会错过与先灵直接沟通的机会，从而招致厄运。

在唤灵仪式举行后的第二天早晨，即将受礼的孩子的父母会聚到一起，他们可以恣意畅饮之前特意准备的甘蔗啤酒。宴会在举行割礼仪式的家庭的院子里举办。人们围成一圈而坐。接着，根据收养的顺序把受礼的孩子一个接一个叫到跟前，开始"祈福仪式"（korathima ciana）。由一位身居仪式委员会要职的长者（athuri a kerera）负责在孩子们的前额、脸颊、眼周、鼻子、喉咙和肚脐上画上特殊的标记，使用的是一种来自肯尼亚山（即神的寓所）的白色粉末，当地人称之为"ira"，意为"雪"。他把白粉倒在左手掌心，再用右手拇指一边蘸，一边给经过的孩子一个接一个地做标记。随后，由一个同为仪式委员会成员的老妇，尾随长者把装在瓶形葫芦（kinando）中的油涂在每个女孩的头上、脖子上和脚上。其他长者则组成合唱队伍，为每一个经过的孩子欢唱祈福："愿孩子们平安！愿至高神莫盖保佑你们平安！平安！平安！愿平安与孩子们同在……"

这部分仪式完成后，孩子们便离开长者家，在亲戚朋友的陪同下回到各自家中。他们会唱着节日的庆歌，走一路唱一路。

刚到家门口，女孩会看到家族里一群已婚和未婚的年轻女子（ahiki na airetu）正载歌载舞，并同时抛掷一种装有特殊粥（kenage）的小葫芦（thego）。她们把葫芦递到女孩嘴边，让她对着每个葫芦口各抿上几口。完成这一步以后，女孩便可以休息，直至举行盛大的庆典舞（matuumo）的那一天。

盛大的庆典舞

实施割礼手术的前一天，女孩一早就被叫起，保护人将给她剃头，脱去她身上所有衣衫，给她做身体按摩，然后用从亲戚朋友处借来的珠子装饰她赤裸的身体。上午十点钟左右，亲戚朋友们齐聚女孩家。这时将举行一个与部落祖先团聚的简短仪式，仪式上会选出一个带头人，负责带领出行队伍到举行成年仪式的地方。

受礼的女孩会在右小腿上方系一个铃铛（kegamba），有时也会系在膝盖上方。这是为了给出行队伍提供节奏，同时也是为了方便舞蹈。女孩被安排在队伍中间，一路上队伍缓慢前进，高唱礼歌，直至到达举行仪式的地方，在那里与其他盛装打扮的受礼者及其队伍汇合。

庆典舞从午前开始，持续一整天。一般在举行庆典仪式的人家的室内举行，但若室内空间有限，则会另选一个邻近又方便的场所。人们会对场地进行仔细清扫并检查，确保地上没有任何东西会伤到跳舞的人们。

仪式医师（mondo-mogo wa mambura）会绕场地一圈，在地上洒上当地人称为"洛苏库"（rothuko）的褐色粉末，以防止任何邪恶意念侵扰受礼者。接着由长者在地面上洒上蜂蜜啤酒（njohi ya ooke）来安抚先灵，使之与生者和谐共生。当长者净化完地面后，身着仪式服的受礼者以绿叶为饰，在保护人及亲友的陪同下踏上净化过的地面，随后大家都开始跳起舞来。参加仪式的人群围着舞池边缘形成厚厚的一道"人墙"。在众人高歌起舞之际，会时不时有仪式号角吹响。人们在吹响它之前，会在其内侧抹上一些具有魔法的药物（itwanda），他们相信这种药可以赶走邪灵并阻止其伤害受礼者。

下午晚些时候，人们把用香蕉树和甘蔗做成的拱门放在举行庆典仪式的人家门口。拱门上装饰着许多形状和颜色各异的圣花；任何人未经授权均不可穿过拱门。它被视为先灵庇佑成年仪式顺利进行的媒介，不会给祭祀神灵莫盖的仪式招来任何不幸。

拱门装饰完毕，舞蹈也就停止。受礼者一字排开，祭礼开始，这也标志着庆典仪式进入尾声。祭礼过程中，受礼的男孩大约要赛跑两英里到达圣树（mogumo 或 motamayo），他们要爬上树梢并折断顶端的枝条，而受礼的女孩则围着圣树唱歌，同时捡拾男孩们折下来的树枝和树叶。

仪式的号角声一吹响，比赛就开始了。女孩不允许参加赛跑，而是步行前往圣树，由一群高唱着礼歌和英雄赞歌的高级勇士和妇女为她们保驾护航。当女孩快走到圣树边时，仪式号角会再次吹响，这一次表明男孩该开始比赛了。男孩们随即兴奋无比地跑起来，好像要奔赴战场一样。事实上，比赛还真被当成一种孩童与成人之间精神的较量。

已经围拢在圣树下的人群等待着男孩们的到来，从而判定比赛的赢家。他们欢呼呐喊，迎接兴奋异常的男孩们。赛跑中的男孩们举起手中的木矛，随时准备往圣树上抛去。这场比赛的意义在于选出特定年龄组的领导者。第一个到达树下并向树上抛出木矛的男孩将被选为这一年龄组的领导者和发言人。基库尤人相信，这样的领导者代表了与至高神莫盖沟通过的祖先神灵的意愿，因而会受到人们的高度尊重。

率先到达圣树下的女孩也会得到同样的尊重。她因此变得非常受欢迎，所有男孩都希望赢得她的芳心，并同她结婚。

　　庆典仪式持续时间较短。如上所述，男孩爬上树，折断顶端枝叶，而女孩则采集掉落在地的枝叶，随后把枝叶捆扎成束，带回屋子里，用来燃圣火，以保证它整夜不灭，同时也可用于其他仪式，尤其是用来铺设受礼者的床榻。之前亲友们围着圣树唱的歌曲一般涉及性知识。这是借机让受礼者了解规范男女间社会关系的所有规章制度。

　　"折圣树"（kuuna mogumo）仪式完成后，男女受礼者根据被收养的顺序排成一列。现在要进行一个由仪式委员会长老主持的部落宣誓（muuma wa anake）仪式。受礼者要在此发誓，即日起，他们将在各方面以成年人的行为准则要求自己，从集体利益出发，承担相应的责任；凡有需要去履行保卫部落并促进整个部落进步的义务时，他们绝不拖延退缩。此外，他们发誓永不泄露部落机密，对那些尚未受过割礼的部落成员也绝不泄露。

　　宣誓仪式结束时，一批高级勇士站在队伍的最前端，尾随其后的是受礼者。然后人群分散到队伍两侧作为护卫。人们随身带着从圣树上采集的枝叶，慢慢地往举行庆典仪式的人家迈进。人们警告受礼者不准在行进途中回头看，不然在割礼仪式上会招致不幸，他们之前抛却在圣树上的童年所犯的错误也会重新回来。他们一路行走一路歌唱，歌词表明了作为部落成年人不宜做的所有事。此外，歌词也鼓励即将踏入成人社会的受礼者力争成为令人尊敬且有价值的社会成员。

到达那户人家后，还要举行一个离别仪式（gotiihera ciana），即喷洒蜂露礼。仪式委员会的成员在院子里围成一圈，由他们的带头人拿着一个葫芦，葫芦里装着由蜂蜜、牛奶及一种特殊的基库尤药材混合制成的浆液。据说这种药材会给人带来勇气和毅力。受礼者经过拱门时，带头人喝一口浆液，随即朝受礼者喷洒。另有一位老妇跟在后面做相同的动作，喷洒一种未煮熟的粥（gethambio），据说是为了使受礼者免受恐惧、不良诱惑和邪灵的侵扰。他们喷洒的同时，受礼者们会异口同声答道："我们已经受到蜜蜂蜇咬的洗礼，实现了我们的愿望。我们应当学习蜜蜂的智慧和能量。"

仪式结束后，孩子们可以自由回到各自的家中，休息至第二天上午。他们必须小心防范，以免在身上造成任何伤口，因为流血被视为厄运的先兆。受礼者会由勇士彻夜守护，以免受外界干扰。传统委员会（njama ya kerera）也会给每家每户分派一名仪式医师，以防受礼者受到巫术的侵袭，并杜绝任何可能的性引诱。

割礼过程

手术当天早上，天蒙蒙亮时，女孩就被叫起，吃一种被当地人叫作乌莫（oomo）的特殊食物，据说这种只在割礼前才使用的食物有激发勇气和毅力的作用。吃完后，女孩褪去所有衣衫，只在肩膀处搭上一串珠链。这种珠链被称为"理发师之礼"

（mogathe wa mwenji），是赠给保护人的礼物，作为持久友谊的象征和互帮互助的纽带。这也意味着今后女孩应该与保护人坦诚相待，绝无欺瞒。如果保护人向她索要什么东西，即便那是她最后的一点财物，她也不能拒绝。

所有必要的事情安排妥当后，女孩会被送往一个指定场所与其他受礼者会合，接着一起被带到一条特殊的河流里沐浴。男孩被分配到河流的一个特定地方，女孩则在他们的下游河段洗浴，大家齐唱："我们已沐浴在青春的精华中。"

这时候太阳尚未升起，河水还很冰冷。他们踏入及腰的河水中，让水面没到自己的胸部，再举起手中仪式用的树叶；然后晃动手腕，将叶子甩到河里，寓意抛却他们的童稚行为，并永远将之忘却。他们将在河水中泡上半小时左右，以麻痹自己的肢体，以免手术时疼痛或失血。他们的保护人在一旁监督受礼者，以保证他们用正确的方式沐浴，而他们的母亲和亲友则全身涂着红白相间的赭粉（therega na moonyo），在岸边唱着礼歌及一些鼓舞人心的曲子。勇士们也守卫在侧，防止旁观者或陌生人靠近河岸。

沐浴完毕后，所有受礼者以被收养的先后顺序一字排开。这时候仪式号角吹响，警告路人为即将前进的受礼者让道。任何人不得从这条指定的路径穿过，否则被视为招致厄运的征兆。基库尤人会依照好兆头的标准，分别选出一个小男孩和一个小女孩。他们的职责就是手持具有一定杀菌和治愈功能的藤蔓枝

（mokengeria），站在割礼处的入口，让受礼者到来时能首先看到自己。

随着受礼者走近，他们会听到一种充满节奏感的特殊仪式的号角声。受礼者朝着门口缓慢行进，双手举起，弯曲的手肘压在自己的肋骨上，拳头紧握，大拇指插在食指和中指之间。这表示他们已经下定决心无所畏惧地迎接手术了。

今天的歌唱与前一天完全不同。不再伴有舞蹈和欢跳，曲子里流露着悲伤，旋律轻缓而温和。这是一个让人极度振奋和焦虑的时刻，对那些即将见证第一个孩子受礼的父母来说尤其如此。不仅他们的孩子将从童年过渡到成年，他们自己的社会地位也将得到提升。他们共同唱着焦虑之歌，歌词大意是：这个冗长的队列要将我们引向何方呢？与此同时，长者会选择附近一个地方来进行割礼手术。

一块经过鞣制和打磨的干净牛皮已铺在要进行手术的地面上，牛皮上铺着仪式用的叶子。女孩们坐在牛皮上，她们的女性亲友则围成好几圈，默默地等待着这个重要时刻的到来。男性绝不允许靠近这个"警戒圈"，也不许偷看，否则将会受到严惩。

女孩们坐在牛皮上，将双腿大大张开。保护人坐在她们身后把自己的腿和女孩的交叉在一起，以便将女孩张开的双腿固定在稳定的位置。女孩微微用力倚靠着保护人，肩膀被其轻轻扶住，避免肢体移动，同时女孩须紧盯着天空。随即，一位仪式委员会的老妇会端来冰冷刺骨的水，冷水保存了一夜，水中还放着一把钢斧。此水被称为"斧水"（mae maithanwa）。老妇将水倒在女孩阴部，使之麻木，并防止手术时大量出血，同时也借以刺激女孩的神经，因为这时她不应表现出恐惧或任何其他情绪，甚至都不能眨眼，不然会被视为懦弱之人，并成为同伴们的笑柄。出于这个原因，手术进行时她要一直保持仰视。

准备工作就绪后，一个自幼就研究这种外科手术的妇女专家疾步走出人群，她就是当地人所称的割礼师（moruithia）。她着装奇异，脸上涂着黑白相间的赭粉，行走时绑在腿上的摇铃叮当作响，这种装束使她看起来相当可怕。她从口袋里掏出手术用的基库尤剃刀（rwenji），快速地给女孩做手术，其灵巧度可与哈雷街的外科医生媲美。就这么猛地一划，她便割去了女孩的阴蒂（rong'otho）的一角。由于不需要切除女孩性器官的其他部分，手术就此完成。紧接着，之前那位往女孩阴部泼水的老妇马上拿来牛奶和一些草药，后者一般是藤蔓和药草（ndogamoki）的混合物，洒在女孩新鲜的伤口上，以减轻其疼痛。同时她会检查出血情况，防止伤口化脓或血液中毒。一会儿工夫，每个女孩身上都已被保护人盖上了一件新衣服（披风）。这时，沉默被打破，人们开始欢快地唱起歌来："我们的孩子是勇敢的，万岁！有人哭了吗？没有人哭，万岁！"

之后，保护人各自搀扶着女孩的手臂，慢慢走向事先准备好的特殊小屋。屋子的地上铺着床，女孩们被扶到床上躺下。床上铺有气味香甜的叶子（marerecwa，mataathi 和 maturanguru）。其中两种叶子用来驱赶苍蝇或其他昆虫，还能净化空气并掩盖伤口可能散发的难闻气味，而另一种纯粹是仪式用的草本植物。负责照看受礼者的保护人几乎每天都会更换叶子。手术后最初几天，任何人都不允许探望女孩们，保护人也十分留意不让陌生人靠近小屋。人们担心如果有邪恶之人（gethemengo）看到了女孩们，将会给她们招来疾病。

伤口的愈合

手术进行时，女孩因当时四肢麻木，几乎未感觉到任何疼痛。在她恢复知觉之前，手术便已经结束。只有当她休息了三四个小时醒来之后，才会意识到自己的生殖器官有些异样。笔者是从几个女孩（笔者的亲戚和密友）那里了解到这些情况的，她们和笔者属于同一个年龄组，且均已做过割礼手术。

女孩醒来时，看护她的保护人会用一种含水的草药帮她清洗伤口，然后再用一种叶子（kagutwi 或 matei）进行杀菌，以帮助伤口愈合。叶子折叠在一起，约有两英寸长、半英寸宽、四分之一英寸厚，将它们浸渍在基库尤族的蓖麻油中，可以防止叶子粘住伤口，也可防止伤口收缩。然后，保护人便将这种叶子贴在位于大阴唇之间的伤口上，确保两片阴唇分开，防止它们在愈合时长在一起。

女孩坐下时要保持大腿紧紧并拢，以免贴好的叶子错位。保护人会频繁地仔细检查女孩的伤口。每次小便后，保护人会帮她清洗伤口，并换上新的叶子。换下的旧叶子会被隐藏起来，以免有男性跨过或踩到它们，然后给踩踏者或女孩带来不幸。

手术后的第一周，女孩不允许出去散步，甚至不准用手拿取食物。保护人会把香蕉叶（ngoto 或 icoya）当作盘子来装女孩的食物。保护人把香蕉叶递到女孩嘴边，这样她就不必用手取食。这些"病号"的饮食由他们的父母和亲朋好友提供。所有受礼者不分男女，都在一起合伙吃饭。不论是谁提供的，所有食物均由保护人统一储存保管，供受礼者共同食用。这些受礼者已把彼此当成兄弟姐妹一样看待。

他们的保护人则负责娱乐大家。他们唱歌鼓励孩子们，歌词生动地讲述了他们自己做完割礼手术后的经验，告诉孩子们伤口会在几天内迅速愈合，很快他们就能走出去蹦蹦跳跳，欢歌起舞。这些歌曲给受礼的孩子们带来了极大的心理安慰，他们坚信，发生在前辈身上的事也必将发生在自己身上。因此，他们的思想不再集中于手术，而是憧憬着自己作为成熟的部落成员再次出现在众人面前的那一天。

手术后第六天，保护人要向仪式委员会做全面报告。如果所有受礼者都状态良好，能够起身走路，那么将在术后第八天举行

"重生"仪式（gotonyio 或 gociarwo）。若仍有部分受礼者状态不佳，仪式会被推迟至术后第十二天。基库尤人认为奇数天不宜从事任何重大活动，因此无论发生任何事件，人们都不会把仪式安排在第七、第九或第十一天举行。

到了指定的日子，家长们会聚集在举行成年礼仪式的那户人家，带来啤酒、香蕉和蔬菜作为礼物。仪式上要屠宰一只选定的羊，把羊皮切成丝带状（ngwaro）。收养了孩子们的长者夫妇面对面站在妻子房屋的入口两侧，其他长辈也和各自的妻子在院子里面对面站成两排。受礼的孩子们被叫到长辈面前，长辈们会一边祝福他们，一边用圣树叶（mataathi 或 maturanguru）触碰孩子们的头。到了屋子入口处，收养过孩子们的那对"父母"把羊皮丝带系在孩子们的手腕上，之后孩子们进入小屋，他们的"父母"会尾随其后上床睡觉，孩子们仍然坐着。随即门被关上，屋里屋外一片寂静。

不一会儿，屋子里的"母亲"开始呻吟起来，仿佛正承受着巨大的痛苦；"父亲"则迅速起床，打开门叫助产士（mociarithania）。一名老妇带着羊肠子进来，放在"母亲"坐着的兽皮上。接着另外一位妇女进来切割羊肠。这时候，男孩们开始发出狮吼般的声音，女孩们则全体鼓起掌来。此时，羊肠已被切成长带状。受礼者们紧挨着彼此站好，人们用切好的羊肠将他们紧紧地缠绕在一起，并把外圈孩子们的肚脐用羊肠盖住。他们会这样站上几分钟，接着助产士过来，用在羊血里浸过的刀把羊肠长带切成两段，这象征着孩子出生时脐带被剪断，预示着受礼者重获新生。接着，另一位妇女拿着溅满血的仪式叶（mathakwa）进来，把刚剪断的羊肠包裹起来，这就类似于胎衣，要用叶子包上后带出去埋起来。拿着"胎衣"的女人走出门外时，坐在屋外的父母们便鼓起掌来，口中念着："愿孩子们平安，愿至高神恩盖保佑你们平安！"

随后，领养孩子们的"父母"走出屋子，孩子们尾随其后。他们围着烤羊肉的篝火形成一个大圈。一位仪式委员会的长老双手高举已烤熟的羊胸肉，站起来面向肯尼亚山。长老唱着赞美诗，向至高神恩盖祈祷。他用牙咬下一些肉块，依次朝着北、东、南、西的方向把肉吐在地上，最后又回到朝北的方向。接着，他把肉传给领养孩子们的"父母"，他们重复同样的流程。之后，两人再一起把肉传递给孩子们，他们也一一重复同样的步骤。自此，领养孩子们的"父母"称孩子们为"我的部落之子"或"我的部落之女"；孩子们则称他们为"我的部落之父"或"我的部落之母"。

他们的用词分别是：

父亲称儿子为"瓦尤-巴巴（Wanyu-Baba）"；儿子称父亲为"瓦尤-巴巴（Wanyu-Baba）"。母亲称儿子为"瓦齐亚-瓦（Wakia-Wa）"；儿子称母亲为"瓦齐亚-玛托（Wakia-Maito）"。母亲称女儿为"瓦克里（Wakeri）"；女儿称母亲为"瓦克里（Wakeri）"。父亲称女儿为"瓦齐亚-姆瓦里（Wakia-Mwari）"；

女儿称父亲为"瓦齐亚-巴巴（Wakia-Baba）"。

　　这表示孩子们已经重生，他们不再是个人的孩子，而是整个部落的孩子。受礼者称呼彼此为"我的同胞兄弟姐妹"（Wanyu-Wakine）。仪式完成后，全体唱起庆典歌。他们告别彼此，在亲属的护送下离开。回到各自家中后，孩子们的父母会屠杀一只绵羊或山羊给他们接风，并施涂油礼庆祝他们成为社会的新成员。在这个仪式上，父母会得到黄铜耳环戒指，这象征着他们资历的提升。这个仪式只在他们的第一个孩子受礼后才举行。

　　根据各部落的规定，手术后四个月内，受礼者不用做任何工作。他们大部分的时间游走在区内，唱着割礼之歌（waine）。好几个年龄组都参与其中。他们在田野里歌唱，但只在白天表演。受礼者们站成一个大圈，左手握着一捆木棒（micee），右手只拿一根，跟着歌曲旋律击打木棒。内圈的地盘留给各个小组的"最爱"，也就是那些第一个到达圣树的男孩女孩。他们一男一女搭配，两两进入圆圈内。走进内圈时，所有人都有节奏地敲击起木棒，与此同时，他们互相赞美。这样的活动为所有受礼者提供了相互认识、紧密联系的机会。

　　四个月的假期结束时，受礼者会在选定的某一天回到举行成年礼仪式的地方。在那儿，还会举行一个最后的清洗或净化仪式（menjo 或 gothiga）。在此之前，受礼者一直都被当作孩子（ciana）或新来者（ciumeri），他们仍处于过渡期，尚不能承担任何社会责任。无论是针对青少年还是成年人的法律，都无法适用于他们，因此这批人形成了一个"旋转木马"般自由欢快的团体。

清洗或净化仪式当天，人们从四面八方聚到一起参加节日舞蹈，这些新来者会被介绍给整个部落。仪式内容包括给受礼的男孩女孩剃头（kwenja）；丢弃他们在过渡期间穿戴的所有衣物和配饰；往其身上涂抹红色赭粉与油的混合物，并为其换上新衣服。男孩们穿上勇士的装备；女孩们则佩戴珠子、臂章等装饰品。随后，在人们的引领下，受礼者加入舞蹈，以部落正式成员的身份跟大家认识。载歌载舞之时，他们的父母则尽情享受啤酒（njohi）盛宴，这种盛宴一般在所有庄严的场合都会举办。

手术伤口的愈合通常需要花上一个星期，但也有更长时间的情况。这一般是由于女孩自己不注意，或保护人在敷叶子时疏忽大意。这种情况十分少见，一旦发生，就会导致伤口化脓，并在大阴唇部位留下不少疤痕，从而导致日后分娩困难。

出现这种情况时，女孩有时会被送到医院，因此引起了传教士和专业医生的关注。他们未对女性割礼制度进行严密调查，便对此进行强烈抨击，声称其为野蛮行径，是对这个未来母亲的生命安全的严重威胁。为了加强对这一习俗的打击力度，这些"好心人"往往言过其实，声称几乎每个头胎孩子的死亡都应归咎于割礼手术，且目前割礼手术的风气与以往相比有愈演愈烈之势。

对于这种不负责任的言论，我们不能太较真，因为正常分娩的情况很少能引起欧洲医生的关注，这点我们必须记住。"每个头胎孩子都死于割礼手术"的观念是没有根据的。事实证明，有很多基库尤族的头胎孩子仍活得好好的，而笔者就是其中一个。

与其谴责那些抨击女性割礼仪式的传教士，还不如同情他们，因为他们的大部分信息都来自改变了宗教信仰的基库尤人。而这些基库尤人就是听从了传教士的教导，才把女性割礼习俗视为野蛮和残暴行径，认为只有那些受制于恶魔，并永远生活在罪恶之中的异教徒才活该受此痛苦。这种带有偏见的看法不利于传教士了解事情的真相。即使是少数极具科学头脑的人也对该习俗持有偏见，因此在他们试图了解成年仪式的神秘之处时，其客观性也会受到影响。

这些传教士仅凭从皈依基督教的基库尤人那里得来的有限信息，就摆出了一副非洲习俗权威代表的模样。殊不知，那些基库尤人只是为了取悦他们而歪曲了事情真相。有多少次，我们曾听到这样的言论："我们已在非洲生活多年，十分了解非洲人的想法。"然而，在非洲生活多年并不能使他们具备在社会学或人类学问题上树立权威的资格。非洲人才最具资格来探讨或揭示人们对类似割礼等部落习俗的内心感受。为此，这些非洲人才最应得到科学训练的机会。对于这一点，那些在世界各地体验过田野调查的艰辛、充满善意的人类学家应该能够领会并重视。

第七章

年 轻 人 的 性 生 活

　　在基库尤族，两性的割礼被视为部落组织各项活动的起点。这意味着在割礼前的庆典舞蹈和歌唱环节中，人们已把部落法律与习俗的基本信息传授给了受礼者，其中就包括控制性行为的相关规章制度。

　　为了不完全抑制正常的性本能，保持身体健康，男孩女孩须学会一种不完全性交的技巧，被称为柏拉图式的爱情与爱抚（ombani na ngweko）。人们认为青年之间这种亲密接触的方式合乎情理，是建立一个道德正确、身心健康的种族之基础。这种亲密接触能使年轻人免于焦躁不安和心理失调。"爱抚"（ngweko）一词有着真正的基库尤族含义，并非传教士和半脱离部落的基库尤人所使用的不确切的词"ngweko ya gecomba"（粗俗放荡的性交）。

　　基库尤年轻人的社交生活十分丰富。他们经常组织各种舞蹈娱乐活动，不分昼夜。在这些社交活动中，青年男女可自由搭档。社交聚会也是友谊产生的摇篮。一个年轻男子可以通过他迷人的外表、矫捷的舞姿、利落的发型或风度翩翩的举止来吸引一个或多个年轻女子的注意。同样，一个年轻女子也可能吸引一个或多个年轻男子的目光。拥有几个女友的男人被称为"万人迷"（getharia 或 keombani）。一个花花公子则可能吸引多达四十个女孩。同一个女孩可能同时获得多个异性的爱慕，这些男孩不得不为赢得心上人而展开竞争。

所谓的"万人迷"在跳舞时最容易被识别，他往往与身边好几个女孩一起跳舞。为了防止他一人"垄断"太多女孩，年轻人会重复地跳一种基库尤族特有的"保罗·琼斯"舞（gothombacana），这样其他吸引力稍逊一筹的年轻男子也有机会与漂亮女孩共舞。到了跳舞时节，女孩们会频繁地造访男性朋友们。男孩们也会到女孩家中拜访，接她们一起跳舞，并护送她们回家。

在基库尤，爱抚被当成一种神圣的行为，相互间必须以一种有步骤、有组织的方式进行。基库尤人不像欧洲人那样亲吻女孩的双唇，而是用爱抚的方式代替接吻。他们也不像欧洲人那样，喜欢在公共场合接吻，他们认为这种在公共场合的亲昵是下流的行为。凡是与性爱有关的一切事项，他们都要按照规范的习俗进行。

如何组织爱抚活动

基库尤女孩须到一个特殊的小屋（thingira）拜访她们的男性朋友，那里是青年男女约会的场所。她们带来自己最爱的食物和饮料以表达爱慕。这些食物和饮料由屋子里的多个年龄组成员共享。男孩不能独占心上人给他带来的食物，否则将受到严惩。通过这样的方式，年龄组中没有女友的男孩也能参与所有娱乐活动。同一年龄组中长相较好的男孩并非仅代表自己，他受欢迎就代表着整个年龄组都受欢迎，他的女友们也被当作所有同年龄组成员的朋友。所以，不管一个男孩的面貌有多丑陋，这一不足都会由年龄组中较有魅力的成员来加以弥补。基库尤族有这样一种说法：当你夸赞一个英俊的男人时，请先夸赞他年龄组中那个丑陋又强壮的人吧！年龄组成员无优劣之分，更没有谁低人一等。

无论白天或晚上，女孩都可以到小屋看望男友。吃完东西交谈时，可能其中一个男孩就会谈到爱抚的话题。如果在场的男孩比女孩多，女孩就会被要求选择自己想要爱抚的同伴，选择以最自由的方式进行。在这过程中，他们会使用谚语或一些委婉的说法，例如"绑草"（Kuoha nyeki），意思也就是"选择搭档"。在这种情况下，女孩未必会选择自己最亲密的朋友，因为这样做会被认为是自私和不合群的表现。当然，这并不意味着女孩不能选择自己喜欢的男孩进行爱抚，但她们一般都会遵守交换伙伴的原则。

即使是已婚男女，他们也拥有同样的社交自由，因此，年轻人往往被鼓励在婚前就培养这种同伴情谊和集体团结的精神。

确认好各自的搭档后，其中一个男孩站起来说："我现在要去活动活动了。"于是，他的搭档就跟着一起来到床上。男孩脱掉所有衣服，女孩则只脱掉上衣（nguo ya ngoro），仍穿着裙子（mothuru）和柔软的皮围裙（mwengo）。她把围裙向后撩，穿过双腿之间，与皮裙一起塞至腰间，再把裙子两侧留下的两个V形角撩到前面，并固定在腰部，这样既可以保证围裙固定在适当的位置，也能有效地保护自己的私处。两个人面对面地躺着，各自的腿交叉在一起以防止任何臀部动作。然后他们便开始相互爱抚，一边抚摸着对方的胸部，一边讲着情话，直到渐渐入睡。有时他们能从爱抚中得到性满足，但这并非爱抚的核心特点。

这种体验的重点是感受胸部的温暖（orugare wa nyondo），而非体验性交的全过程。

一直以来，欧洲人——尤其是传教士——多次表示他们无法相信一对年轻男女可以在不发生性关系的情况下睡在同一个房间，更别说是睡在一张床上。传教士把这种行为当作一种罪孽。许多基库尤人就因与女孩睡在同一房间而遭到传教士的处罚，并被当成"罪人"。

实际上，未在传教士影响下长大的基库尤人很难理解这种欧洲清教主义。基库尤族男子从小就接受培养性自制力的教导，即使他们与女孩同床共枕，也不一定会发生性关系。但传教士认为，既然白人男子无法在类似情况下约束自己，非洲人也一定无法做到。因此，基库尤部落习俗也必须禁止异性朋友同床共枕。

管制爱抚活动的法令

部落法律禁止男子在相互爱抚时扯出女孩的裙子。他必须把性器官置于自己的大腿之间，以免触碰到女孩。部落习俗也规定女孩不得用手触碰男孩的性器官。当然，在男女交情较深的情况下，女孩可能会让男孩把性器官放在她的大腿之间并夹紧，但不插入。或者，在双方互相知会的前提下，女孩可能会允许她的爱人进行更充分和深层次的性交，但不完全插入，以避免受孕。然而，这种行为完全有违部落规定，也从未发生在临时情侣之间。虽极为罕见，但这种情况若确实发生，当事人会依法受到惩罚，成为社会的耻辱。部落习俗还规定男孩或女孩不得背贴着对方胸口睡觉，女孩不得趴或跨在男子身上——这和触摸男性阴茎一样，都被视为"不洁"（mogiro 或 thahu）行为。一旦发生这种行为，双方都必须请巫师来净化身体。

女孩在婚前应是处女膜完好的处女。婚前严格禁止任何可能导致怀孕的性交行为。任何一个让女孩婚前受孕（kohira moiretu ihu）的年轻男子都会受到部落委员会的严厉惩罚。罚金是向委员会上缴九只绵羊或山羊，以及三只又大又肥的绵羊。除此之外，该名男子还会遭到社会唾弃，或受到同年龄组其他成员的排斥。女孩也会受到惩罚。她须将所有同年龄组同伴都请来，并飨以酒宴，且同样也会成为人们的笑柄（kohingwo 或 gocambio）。

如果女孩在进行爱抚活动当夜，发现身边的男孩试图解开她的衣服，她一般会告知当地所有的朋友。之后，此事将被提到年龄组大会（getongano kia riika）上解决。这名男子会遭到朋友的排斥，并因失去了大家的信任而被取消与其他女孩进行爱抚活动的资格。这些指导原则在年轻男女心中根深蒂固，除非男女双方关系很好，不然男孩不会冒险给女孩性交暗示，以防她不但拒绝，还会告知其他女孩，使他遭到排挤。因此，这十分有助于遏制性滥交行为的发生。

性禁忌

另外，同一家庭的成员之间发生任何形式的性爱关系都被认为是重罪。虽然年轻人在求偶和恋爱过程中都拥有极大的自由，但兄弟姐妹们绝不敢当着彼此的面进行这类活动。在单身汉聚集的小屋，也就是年轻人自由会面的场所，兄妹或姐弟不能同时在场，除非是一些没有爱抚活动的纯粹的社交场合。例如，如果哥哥知道妹妹的爱人在哪个单身汉小屋，他会特别注意避开妹妹去的时间段，而妹妹也会采取同样的做法。这个规则在舞蹈和其他仪式中也能体现出来。没有哪个哥哥会在这些场合带上妹妹或任何亲密的女性亲属作为同伴。当然，在节日庆典舞蹈中，来自四面八方的人聚到一起，有时候也会认不出远房亲戚，从而导致有男子误打误撞地和自己的表姐妹一起跳舞。若发生此类情况，知情人会开始大笑，并以开玩笑的方式警示这个年轻人犯了错误。于是，两人会立即更换舞伴，有时男子还会送礼物给自己的表姐妹，以表歉意。

父母与子女之间严格禁止任何性接触。这一规定适用于任何年龄组成员的所有孩子。若有触犯，则被认为是罪大恶极。当然，这并不妨碍父母对孩子进行性教育。自孩子小时候起，父母就可与他们自由交谈，解释有关性禁忌的所有事项。

在基库尤，行为正常的男女之间都不可能出现除自然形态外的任何其他形式的性交，甚至连常规的面对面以外的任何其他性交姿势，都被认为是禁忌。

对男孩来说，为了对将来的性生活有所准备，在割礼前进行自慰被视为理所应当。有时，两个或多个男孩会进行自慰比赛，看看他们当中谁最厉害。这种比赛一般在树下或灌木丛中进行，以免让长辈看到。被同年龄组成员外的其他人看到是极不体面的。割礼仪式过后，男孩就会停止这种做法，否则将被视为沉溺于童稚旧习，会遭人耻笑。且割礼过后，年轻人便可以进行自由的爱抚活动，自然也就没有必要再沉迷于自慰。

相反，女孩自慰被视为错误行为。若母亲看到女儿抚摸自己的私处，会立即告诉她这是不对的。可以说，在施行割礼的所有原因当中，这很可能是割除女子阴蒂最主要的动机，即防止女子抚摸私处，产生性冲动。

由于这些限制，基库尤人中是否存在同性恋尚不可知。年轻男女间的性交自由让同性恋变得毫无必要，这也鼓励人们获取有益于婚姻生活的经验。

第八章

婚姻制度

在基库尤社会中，婚姻及其责任与义务具有十分重要的地位。婚姻制度的一个突出特点是每个部落成员都渴望建立自己的家庭群体，借此扩大和延续父亲的宗族。这就从整体上巩固了整个部落的发展。

基库尤的婚配制度是基于夫妻之间的相互爱慕和双方性本能的满足。因此，一个家庭是一个丈夫和一个或多个妻子的固定组合。举行完结婚仪式之后，男子就拥有了与所娶女子性交的独有权。一旦签下婚契，婚姻便不再是个人事务，它绑定的不仅是新娘和新郎，还有双方的亲属。繁衍后代成为家庭的责任，丈夫和妻子（们）之间的性生活也不仅是为了满足身体欲望，更是一种繁衍行为。基库尤部落习俗要求一对夫妇至少应该生四个孩子（两男两女）。长子被当作其祖父生命的延续，次子是其外祖父生命的延续。长女和次女又分别代表其祖母与外祖母的灵魂。孩子代表谁的灵魂，就沿用谁的名字。

这种生孩子的愿望深深植根于男女双方心中，他们把生育子女作为婚后首要的也是最神圣的职责。孩子不仅给父母也给整个宗族带来欢乐，因此在基库尤社会中，无子女的婚姻几乎就是失败的。而建立家庭、孕育子女会带来相应的社会地位的提升。育有子女的已婚男女比单身汉或未婚女性地位更高，且更重要。在第一个孩子出生后，相比同辈而言，这对夫妻会受到比之前更多的尊重。

婚姻是维持基库尤社会团结，并强制人们遵从亲属体系及部落组织的最有力的手段之一。没有婚姻，社会生活便无从谈起。

基库尤婚姻制度中最有趣的特点在于其隆重庆祝婚礼的方式。婚姻的有效性和妇女的社会地位，也取决于夫妻是否履行了婚俗规定的社会责任。我们将在此详细介绍现今基库尤族的婚礼仪式。

一直以来，许多作家在试图解释非洲社会的婚姻制度及女性地位时存在一些混乱现象。有些人，尤其是传教士，认为非洲妇女仅是男子的财产而已。博学的人类学家则不以为然，他们认为传教士的观点是对非洲社会习俗的一种误解。接下来，通过对基库尤婚姻习俗的讲述，读者可自行判断"买卖婚姻"是否是基库尤婚姻制度的特征。

择偶

在基库尤，男孩女孩可自由选择自己的伴侣，不受任何一方父母的干涉。从幼儿时期起，男女之间就可以有密切的社会交往，这为他们提供了相当长的时间来了解彼此。因此，对基库尤人来说，草率地择偶几乎是不可能的。

第一阶段　互表心意

当一个男孩爱上一个女孩，他不能直接跟女孩说他爱她，也不能公开表露他的爱慕，这在基库尤人看来是不礼貌和无教养的表现。所以，这个男孩会和同年龄组的一两个最好的朋友讨论这个问题，然后一起去女孩家做客。一到女孩家，他们先到女孩母亲屋里，母女俩先致问候。母亲端来茶点后便立即离开，留下客人和女孩相处。这时候，谈话可能会以这样的方式展开——一个男孩问女孩："恩朱古纳的女儿（Mware wa Njuguna），你怎么不问问我们今晚为什么来？"

女孩回答说："没必要问啊，按咱们基库尤的风俗，任何过路人都可以进来和我们一起用餐。"

男孩说："确实如此，恩朱古纳的女儿，但我们想寻找一户可以收养我们的人家，不仅是路过的时候给我们提供吃住，而且是把我们当作自家的孩子。"

听到这话，女孩便立即明白他们的用意，并要求指明是他们中哪一位寻求收养。于是男孩们指出那位爱上女孩的朋友。如果女孩接受那个男孩为未来的丈夫，她会请他们回去以后再来。有时候，诸如此类的拜访会持续两三次。若女孩心意已定，她会说："我愿意接纳某某的儿子，但仪式方面的事得由父母操办，你最好自己和他们谈吧！"

如果女孩不接受，她会说："我们的房子不够大，目前接纳不了任何人。"男孩们便立即领会，随即马上离开。

第二阶段　家长见面

如果女孩同意，男孩便回家将此事告知父母。男孩父母准备好蜂蜜或甘蔗啤酒带去给女孩的父母。蜂蜜和酒分别装在两个葫芦里面，一大一小。这种啤酒被称为"牵手酒"（njohi ya njoorio）。然后，双方父母见面，女孩的父母先请拜访者用餐，此后男方父母说明来访目的。其中大部分关乎他们未来女婿或儿媳的谈话都使用谚语进行。随后父母把女孩叫出来，介绍给客人认识，并问她是否同意订婚。由于她不能直接回答是或不是，这时就需要举行一个小小的仪式。有人会温柔地请女孩取来一个喝啤酒的牛角杯，斟满啤酒递给她的父亲。父亲会抿上几小口，随即吐出来，洒一些在自己胸口上。然后他把牛角杯传给妻子，女孩的母亲也重复相同的动作。牛角杯第二次被斟满，这一次是递给男孩的父母，他们重复相同的动作。在这种情况下，若女孩在牛角杯斟满后首先抿上了一口，就说明她同意这桩婚事。

另一种情况是男孩一开始就遭到了女孩的拒绝，在告知父母后，如果他们希望儿子娶这个女孩，他们就会前去拜访，并举行相同的仪式。但若女孩不同意，她不会去斟啤酒，或不会喝第一口酒，男孩的父母便作罢并离开。

当双方父母间最初的仪式结束，女孩也愿意接受订婚，他们就会邀请双方亲密的朋友过来享用啤酒。在这个友好聚会的尾声，他们会一同做祈祷（korathimithia），为双方家庭将来的团结与发展祈福。

第三阶段　准备聘礼

男孩的父母回到家后，若他们家境富裕，便会开始准备绵羊和山羊或牛作为第一部分彩礼（roracio），由男孩将其赶到心爱的女孩家，并带到女孩母亲的屋子里。接着，下一次拜访时男孩要带上啤酒，然后像初次拜访时一样征求女孩的意见。这种啤酒被称为"彩礼祝福酒"（njohi ya gothugumitheria mbori）。几天以后，另一部分彩礼会再次送到女孩家，周而复始，直至所有赠送的牛羊的数量达到三四十只才结束。啤酒则不必每次都带。即使男方家境殷实，他也不会一次性带去所有彩礼，否则被认为是招致厄运的行为。根据部落习俗，当订婚所需的彩礼都已送出，举行真正订婚仪式（ngurario）的具体日子也就确定下来了。所有亲戚都会应邀到女方家里共享一顿丰盛的大餐。女方家会宰杀一只肥羊（ngoima ya ngurorio），这只肥羊是男孩专门为这次盛宴准备的。

　　这个仪式的意义首先在于公开宣告女孩已经订婚；其次双方的亲朋好友也可以借机相互认识；最后是决定彩礼的多少。虽然基库尤习俗所要求的彩礼是三十只绵羊和山羊，但实际数量因宗族和区域而异。有时，彩礼会多达八十只绵羊和山羊，还不包括双方交换的诸多礼物。彩礼中的一头奶牛可以抵得上十只绵羊和山羊，而一头公牛则等同于五只绵羊和山羊。

　　这个仪式的主要特点是宰杀一只专门为此准备的肥羊。这只羊必须是特定的颜色，比如黑色、白色或棕色，以符合特定宗族举行仪式所需的象征意义。羊血沿着门口并面向肯尼亚山喷洒；羊的内脏也以相同的方式洒落，同时还洒在作为彩礼带来的绵羊、山羊或牛身上。这意味着它们现在已得到净化，不会受到任何魔鬼的侵害。男孩的父母借此向女孩父母展现了他们的诚挚。从此，两个家族的利益便紧密联系在一起。

第四阶段　订婚仪式

　　彩礼安排妥当后，接下来要讨论的是女孩是否发育成熟的问题。男孩的父母会问女孩的父母："你们女儿长大了吗？"意思是"她来过月经初潮了吗？"讨论的最后会确定签署婚约的日子。

　　签约那天，两个家族的代表和朋友都会应邀出席。客人们带上充足的食物和饮料参加盛宴。签约仪式（gothenja ngoima）上要宰杀六只肥羊，若家境富裕，则宰杀一头公牛和五只肥羊。这一点须征得女孩的同意。剥羊皮的刀由女孩提供，也由她带头宰杀第一只羊。这只羊的肾脏烤好以后，要献给未来的新娘，若她吃了，则表示订婚仍然有效，双方家庭可以继续进行签订婚约的仪式。

婚约签订后，人们聚到一起宴饮，之后便是盛大的舞蹈和歌唱活动。男孩与他的同年龄组成员列队而来，带给女孩母亲和她的家族成员特殊的礼物。任何财物，如斧头、篮子或大块皮条，诸如此类女孩可能在孩童年代就遗失了的物件，都会以礼物的形式弥补给她的父母。大约日落时分，普通客人离去后，家族中的妇女代表会被召集到院子里，那里放着装有礼物的篮子。这些礼物由其中一位老者分发，每每有人拿到礼物，女眷们便为之欢呼，兴奋无比。随后还有专为女眷准备的舞蹈和歌唱节目，这也标志着签约仪式进入尾声。

如果男孩与女孩家相隔不远，那么一群女性代表会带着给男方亲戚的礼物到男方家里短暂拜访。但若男孩家住得较远，拜访会延后几天进行。从这时起，女孩已得到亲朋好友的祝福，并经过父母和族人的一致同意，正式成为男方家族的一员。她可以约上几个女伴，跟男孩母亲及其亲戚一同去给园子除草。签约仪式的意义在于举办了一个公开的婚礼庆典，由此缔结婚姻协定。在此过程中，女孩不仅是由她父母，也是在整个家族的集体协定下许配给了她的未婚夫。现在，她随时可以以妻子的名义被带去男方家，父母已不再需要为她举行任何仪式。

婚礼当天

当男孩有了自己的小屋，添置好了必要的家具，他会到父母尤其是母亲面前，请他们安排一个合适的日子将妻子带回家。按照家族历史和传统，他们要根据月亮的盈亏来选定某个黄道吉日。例如，许多宗族不会在下弦月和新月期间举办婚礼，这被视为"黑暗时期"（nweri we nduma）。人们都喜欢选择在新月和满月之间的某一天从事重要的活动。

基库尤婚礼使众多外来者困惑不已，也使许多有机会目睹婚礼的欧洲人感到恐惧。婚礼的戏剧性误导了这些国外的旁观者，他们不理解基库尤族的习俗，误以为女孩是被迫结婚，甚至认为女性仅被当作丈夫的财产。

为回应男孩的请求，男孩一家会举行家庭会议，以确定好婚期，但对女孩保密，这就给婚礼仪式增添了戏剧性色彩。婚礼当天，男方的女眷负责观察女孩的动向。她可能正在园子里除草，或在林子里拾柴。她们得知女孩的去处后便去寻她，找到以后，她们把女孩举过肩头，带着她一道回去。这时，真正的戏剧表演时刻到了。女孩挣扎着，拒绝跟她们一起回去，大声抗议，甚至似乎要哭出声来，而女眷们则开心地笑着，一路欢呼，载歌载舞。方圆几英里都听得到她们的叫喊与欢呼声。于是，基库尤人便会明白某某家的儿子娶走了某某家的女儿，但在外国人眼中，女孩是被强行掳走的。不熟悉基库尤族习俗的人很有可能会对这出戏信以为真。

在某些情况下，若双方家族都很庞大，婚礼当天还会上演一场女眷之间的假决斗。这给女眷们带来极大的乐趣，随后新郎家会举办一个自由盛宴。

新娘是以戏剧化的方式哭喊出来的，类似于这样的哭诉："我不想结婚！如果你们把我从父母身边带走，我就自杀！我是多么愚蠢啊，独自离开了家，落到你们这些无情的人手里！我的亲人在哪里？他们怎么不来解救我，不要把我带到一个我不爱的男人家里……"这样的哭喊将持续一路，直至到达新郎家才结束。途中，路人欢呼着，祝福着新娘新郎和他们未来的家庭。到新郎家后，新娘被带进新房，孩子们跟她打招呼，并唱歌赞美新娘。

待新娘在新房里舒舒服服地安顿下来，那些不久前还在上演假决斗的女眷便聚集起来，开始唱歌跳舞，纵情欢呼。到了晚上，会有与新娘同龄的男女前来拜访，他们带着食物和饰品作为礼物。新娘则唱着"哭泣（kerero）之歌"，女孩们跟着新娘一起唱，男孩们只在一旁听着。"哭泣之歌"的歌词大多和新娘同年龄组的集体活动，以及新娘曾扮演的角色有关。这些歌曲被当作同龄伙伴的回忆，哀叹她们失去了一个同年龄组伙伴，婚后她便成为另一个年龄组的成员，她们从此就少了她的陪伴与奉献。

这种哀伤的乐曲会持续八天，在这期间会有朋友和同年龄组成员频繁拜访新娘。

这段时间，新娘不可以公开出门或做任何工作。如果白天她想离开屋子，坐到树下去呼吸新鲜空气，她会走一条特殊的乡间小路。她的女伴及家里的孩子会一起陪着她。哀曲将从白天一直持续到晚上，只有在客人造访或离去时才稍作停歇。晚上十点左右，剩下新娘和新郎独处，一直到第二天早晨九点左右，客人才开始络绎不绝。

正如我们前文关于割礼的章节所述，在基库尤族，身体的贞洁问题至关重要，父母期望他们的女儿出嫁时仍是处女。这个问题必须报双方父母知晓。男孩必须用鲜明的证据表明女孩童贞尚存；女孩也要同样表明男孩身体健康，可为人夫。若任何一方出现性无能的情况，事情便会被提至家庭大会讨论，双方的婚姻会被立刻废止。

到了第八日，哀曲停止，人们会宰杀一只绵羊，将其脂肪熬成油，在接纳新娘进入新郎宗族的仪式上，将油抹在她头上。在她被接纳为婆家正式成员后，她可以自由地与婆家人交往，并积极料理家务事。接纳仪式结束后，新娘回门的日子也立刻确定下来。确定回门日须格外谨慎，因为她不允许在经期出门或做饭。在这特殊的回门拜访中，她会带上一个装有酒的小葫芦，父母将用它来祝福女儿。回门途中，新娘由一个小女孩领着，小女孩拿着棍子的一端走在新娘前面，另一端由新娘牵着，新娘就像盲人一样。新娘要假装看不见，且不能和路上的任何陌生人说话。她要一路低着头，害羞地藏着脸，尤其是有人经过的时候。如果娘家较近，到了晚上，她便带着父母赠予的礼物返回丈夫家。在父母较富裕的情况下，新娘会得到两三只绵羊或山羊。她的公公也会给她礼物，礼物视情况而定，可能是五到十只绵羊或山羊，或是一头奶牛，抑或是一片肥沃的土地。这些礼物是用来"温暖"新娘的新房的，也预示着结婚仪式的结束。

一夫多妻制

按照基库尤族惯例，只要一个男人养得起，他就可以娶多个妻子。家庭越庞大，对男人和他的部落越有利。对孩子的喜爱也促使男子想要更多妻子。同时，基库尤族习俗还规定，所有妇女必须受到男性的保护；为了避免卖淫行为的出现（基库尤语中不存在"卖淫"一词），所有女性必须在青少年阶段，即十五至二十岁之间成婚。因此，基库尤语中没有"未婚"或"老处女"这样的词汇。

在白人到来之前，基库尤人对农奴制和雇佣制一无所知。部落法律保障了每一个成员的自由与独立。同时，所有族人，从家庭到整个部落，通过集体活动和互帮互助的制度，在社会、经济、政治及宗教上紧密联结在一起。基库尤人的世界观是"互帮互助，礼尚往来"。

出于经济和政治原因，每个家庭都希望能够保护自己的利益，同时保护部落的共同利益不受外来者侵犯。为了有效地做到这一点，并赢得部落的尊重，每家每户都有必要生育一些男孩，以便在危难时刻或外敌入侵时服兵役。生育一些女孩也同样重要，在男人们捍卫家园时，她们可以耕耘土地，照管部落大众的福利。再者，女性是社会中坚力量，没有了她们，社会将无法运转；她们背负着孕育和养育后代的神圣职责。因此，女孩往往被视为联结几代人和几个宗族之间的纽带。通过婚姻，女孩将宗族间的利益紧密联结在一起，共同分担家庭生活的责任。正因如此，基库尤人有这样一句话："我们同生，若有需要，让我们共死！"

基库尤人有一种基本理念，即家庭越大，快乐越多。在部落组织中担任高级职务的资格取决于家庭规模大小而非财产多寡，这一点和欧洲社会一致。人们认为，如果一个人能有效掌控和管理一个大家族的事务，就证明他也有能力保护好部落利益，会以慈父般的爱对待整个部落，并视它为自己家族的一部分。因此，基库尤俗语说："好领导始于齐家。"

当一名男子娶了第一任妻子（nyakiambi），大约一年过后，尤其是她怀着孩子或生下第一个孩子之后，妻子便开始问他娶第二任的事。"我的丈夫，你不认为该给我找个同伴（moiru）了吗？瞧瞧我们现在的情况，上帝是如此善待我们，赐给了我们一个健康漂亮的宝贝。但这几天，我必须把所有精力花在照顾宝宝身上。

我现在很虚弱……不能去河边打水，不能到地里采摘蔬果，也不能给园子除草。没有人做饭给你吃。陌生人来了，也没有人招待他们。我想你也已经意识到了这件事的严重性。你觉得某某家的女儿怎么样？她美丽又勤劳，大家都对她赞赏有加。我的丈夫，努力去赢得她的爱吧！别让我失望。我已跟她谈过，她有意嫁到我们家来。我的丈夫啊，有任何我能为你做的，我义不容辞。

"即使我们没有足够的绵羊和山羊作为嫁妆，亲戚朋友也会帮助你把她娶回家。你正年轻健壮，现在是最适合生育健康小孩的时候。这样我们家才可以开枝散叶，在你我离世之后让我们家族的名字代代延续下去。我的丈夫啊，请赶快行动吧，你知道基库尤的说法：'水流不待口渴人'啊!"

于是，丈夫在妻子的建议下开始采取行动。他先与父母商量，安排就绪后去拜访女孩和她的父母。如果女孩乐意接受，他便接着准备彩礼及其他结婚礼品。一切办妥后，他会在第一任妻子的屋子旁边，另建一间小屋，然后把第二任妻子带回家。

如果男子家境富裕，过一段时间他会再娶一位伴侣，如此往复，妻子的数量从一增加到五十，有时还会更多，不设上限。当然，这并不意味着每一个基库尤男人都有很多妻子。事实上，许多人只有一个妻子，因为他们的经济状况不允许他们娶更多。就基库尤族的整体状况而言，平均每个男人有两个妻子，当然这也要看达到适婚年龄的女子人数。女孩一般在十五至二十岁之间结婚，而大多数男子二十五岁后结婚。因此，每一代适婚女子的人数都比适婚男子要多，这就有利于平衡一夫多妻制。

一夫多妻制家庭的管理

在一夫多妻制的家庭中，丈夫有自己的小屋（thingira），用来接待朋友和一些客人。每个妻子也都有自己的小屋，用来放置个人物品，做饭也在自己屋内进行。虽然集体所有制是一个家庭的基本原则，但她们各自的屋子被视为其私有财产，完全由她们自己掌控。每个妻子都能在家族土地范围内分得几片土地，土地分布在不同的地方。

地里的活由集体承担，男人负责开荒，如砍伐大树和锄地，女人则在他们身后翻土，为耕种做准备。种植的任务也有男女之分，男子负责种香蕉、甘蔗、甘薯，妇女通常种小米、玉米、豆类作物和马铃薯，其余的品种男女均会种植。

每个妻子要对她所耕种的土地上的粮食负责，但只要留有足够的粮食供自己和家人在下一个收获季到来前食用，她就可以随心所欲地支配它们。她可以到市场上卖掉任何多余的存粮，买她喜欢的东西，或把钱留作家用。如今，大多数妇女以这种方式获得资金，以支付房屋税。收成好的时候，存粮充足，她们会把其中一部分交给丈夫，用来买绵羊、山羊或牛，从而改善家境。

虽然不同妻子之间存在个人财产的分割，但丈夫作为一家之主把劳力平等地贡献给了整个家庭，他属于所有人，而所有的财产也都属于他。

在描述了劳动分工和分配后，我们有必要提及关于感情分配的问题。毫无疑问，肯定有些人想知道，一个男人怎么能同时爱这么多女人。这个问题非常重要，对那些在宗教信仰上认为爱一个以上的女人等同于犯罪，甚至是违背上帝旨意的重罪之人来说尤为如此。相反，基库尤人从孩童时代起就接受这样的教导："一个男子汉必须有能力迎娶并爱恋尽可能多的女人。"鉴于此，基库尤男子从小就被灌输了这种思想，培养了一种把爱延伸到几个女人身上的能力，并把她们视为伴侣和整个大家庭中的成员。姑娘们也被教导如何共享丈夫的爱，如何把他看成整个大家庭的父亲。基库尤人在养育子女时，极力强调一切共享的观念。他们的子女长大以后，便会觉得与别人分享爱情和亲情再自然不过。有言道："和别人共同生活就是为了相互分享，彼此相惜。"还有人说："只有巫医才会独自吃住。"

为了避免妻子们争风吃醋（oiru），基库尤习俗规定，丈夫必须在某些特定的日子与各个妻子同房，特别是妻子月经结束之后的三天。每个妻子都享有这个特权。妻子们知道这是受孕的最佳时机，因此会十分留意丈夫是否平等地把爱分给了每个妻子。保证这种夫妻关系是一夫多妻制家庭能和谐共处的唯一方式。月经后的三天被认为是女人最有可能受孕的时期。因此，此后直到妻子下一次月经结束，丈夫一般不会再与她同房。如果那时她已怀孕，丈夫可以在三个月后再与之同房，以免引起流产。三个月后，丈夫可以与她行房事，但不能完全插入，大约只进到阴茎的两英寸左右。这个限度在男子割礼过程中也有所体现。割礼师会把包皮向下拉扯，集成穗状，停留在龟头以下合适的位置。其用途是提高性兴奋，也可以作为检查插入度的标志。完全插入被认为是有损子宫的行为。

妻子的职责

妇女本质上就是家庭主妇，没有她们也就没有基库尤社会生活意义上的家。每个妻子在家庭事务中都会被分配特定的任务。她们负责打理自己的屋子和家用器皿、自己的粮仓和田园。同时，妻子们轮流承担照顾丈夫的义务，如清理他的屋子，给他备柴火、食物和水。比如每天早晨，其中一位妻子负责打扫丈夫的小屋并生火，其他妻子负责清扫庭院和整个屋子。与此同时，她们还要喂养绵羊和山羊，挤牛奶（如果家里有奶牛），照料小牛和孩子们。一般妻子们准备什么，丈夫就吃什么。孩子的伙食则由各自的母亲自己负责。早上的家务事都完成后，每个妻子还要安排下当天的生活。有的会去森林里拾柴火，有的会和亲戚朋友一起或单独去照料园子。白天，每个人都忙于这样或那样的活，除了还不能随大人到田间地头的小孩，没有谁会待在家里。偶尔待在家也是出于农活的需要，特别是磨粮食或用舂打谷。

到了傍晚，妻子们带着柴火、水、香蕉、甘薯和山药等食物回到家里。之后，她们立刻着手准备晚餐。轮班的那个妻子要在丈夫屋子里备柴生火，除了烤肉，丈夫的屋子不能用来做饭。每个妻子都在自己的屋子里烹饪食物。食物准备好以后，每个人都要把丈夫的那份送去他的小屋，他会在那里招待他的朋友和客人。吃完晚饭，洗好餐具，妻子们可以去丈夫的小屋，也可以待在自己的屋子里休息。但每每有特殊客人，尤其是丈夫的同年龄组成员造访时，妻子们就必须一起到丈夫屋子里陪伴。这样做是为了显示同伴之间的团结。如果有客人远道而来，并要在家里借宿，住宿须根据规范年龄组社会事务的规则和习俗来安排。

在这些场合，妻子们可以行使她们的自由选择权，这有些类似于一妻多夫制。每个妻子可以自由选择年龄组中的任何一位，并留他一起过夜。这被视为纯粹的社交行为，丈夫和妻子都不会产生任何嫉妒或邪恶感。他们自小就接受相互分享的教育理念，爱抚活动期间尤为如此，因此他们的内心充满了集体享乐思想。没有这种思想，年龄组伙伴间就不可能存在如此强大的凝聚力。

妻子们行使了自由选择权后，若有妻子偷偷邀请一个男人去自己的屋子，就会被视为犯罪行为，即通奸，即使那个男人是年龄组成员之一也不例外。为了防止自己受到婚姻的伤害，基库尤人严格遵守这一规定。打破此规则的人将受到长老委员会的严厉惩罚。有时，丈夫也会将执法权掌握在自己手中，在长老委员会惩罚偷情者之前，怒不可遏的丈夫会先好好教训他一顿。在基库尤族中流传着这样一种说法，即"任何男人在冒险引诱他人妻子之前，最好先武装自己，因为引诱他人妻子或偷别人家的牛都不可能得到宽恕"。

同时，偷情的妻子也会受到处罚。她会被带回娘家，父母为了维系两家的关系，不得不送一到两头公羊给男方作为罚金。之后，两家还要举办一场啤酒宴。有时，如果妻子再次出轨，男方就会提出离婚，并有权要求女方归还彩礼，以维护子女的利益和监护权。如果双方尚未育有子女，离婚是优先选择的解决方式，但若已有子女，最好的方式则是调解，因为在这种情况下，离婚已不再是两个人之间的事情，而是由于孩子的联系上升为家族事务，毕竟孩子被视为爱和团结的承诺。只有当事情变得非常糟糕时，才会考虑离婚。我们将在下一节讨论这个问题。

在基库尤族，已婚女子与他人同居牵扯到许多禁忌（megiro），且被视为社会的耻辱，因此极少有人犯规。还有一个原因是妻子和丈夫本就有许多更加开放和合法的方式来会见他们的朋友，且这些方式得到社会道德准则的认可。

在这里，我们有必要列举几例禁忌，它约束着已婚女子和外人，甚至是和丈夫之间的关系。例如，妻子禁止在家外面做爱，这会给家里招来魔鬼和厄运；妻子禁止在丈夫外出旅行、参加战事或从事其他活动时与外人发生性关系，不然会给丈夫带来不幸；做饭的时候禁止做爱，这会导致食物不洁，并玷污进食的人；孩子上床睡觉前不得做爱；孩子还在田间地头时也不宜做爱；等等。性交活动是仪式化的行为，这方面的禁忌及其他许多禁忌都十分重要。为了维护家族的和谐与繁荣，保护人们在社会中免受婚姻不幸的伤害，这些禁忌必须得到严格遵守。

离婚

在基库尤族，妻子被视为家庭的基石，因而离婚情况十分罕见。没有妻子的家庭是不完整的，只有当维系夫妻关系的所有努力都失败时，双方才会走到离婚这一步。

按照基库尤族惯例，丈夫可能会因以下原因跟妻子提出离婚：1）不能生育；2）无理由地拒绝履行妻子的义务；3）从事巫术；4）惯性行窃；5）故意遗弃；6）持续性严重不良行为。也许是由于一夫多妻制，基于上述第6条外的其他5条理由，或因丈夫残暴、虐待、酗酒和性无能，妻子也同样有权向丈夫提出离婚。

若妻子不孕或丈夫性无能，夫妻双方都须经过测试来证明究竟是谁的问题。若妻子不孕，丈夫会允许妻子与他同年龄组的一人或多人发生性关系。若仍无法怀孕，他们会咨询一个声望较高的巫医（mondo mogo），以寻求有效的解决方案。同时，他们认为双方父母仪式性的祝福也可以使子宫受孕。有时，这种方式能使妻子成功地怀上孩子，从而避免被叫作"无能人"的尴尬局面。但是，当所有努力都归于失败，人们会认为这件事情非常人的力量所能掌控，于是把事情归因为恩盖的旨意。如果夫妻之间没有分歧，两人可以共同生活下去。如果丈夫不再续娶，或许两人会收养一个儿子或女儿。

在丈夫性无能的情况下，他也要经历和妻子一样的试验。如果家庭条件允许，他可以另娶妻子。万一他的第二任妻子受孕成功，就说明他和第一任妻子未能有孩子是由于双方血型不合。但是，如果男子知道自己天生性无能，又想维持家庭和谐，他会允许妻子（们）拥有性伴侣来履行传宗接代的责任。对待妻子和性伴侣的孩子，男子会视如己出。

当妻子被丈夫虐待，她有权回娘家寻求父亲的保护。如果虐待行为属实，父亲可以一直把女儿留在家里，直到丈夫支付罚金并承诺不再虐待他的妻子。如果妻子已育有子女，丈夫不能再要回他的彩礼，但若离婚，孩子总是留给父亲。如果妻子离婚后再嫁，前夫有权要回自己彩礼中一半的绵羊和山羊或牛。如果前妻并未再嫁，只是留在父母家里，丈夫便不能要回任何财产。另一方面，如果前妻这段时间恰巧已怀有身孕，前夫可以争取孩子的所有权。只要彩礼并未要回，夫妻间的关系就没有完全瓦解。

对于没有孩子的婚姻，分居或离婚则要简单得多。在基库尤的婚姻制度中，孩子的存在是维系夫妻间和谐的重要媒介。

第九章

政 府 体 制

在欧洲人到来之前，这里的政府体制是以真正的民主原则为基础的。但是根据部落传说，很久很久以前，基库尤土地上曾经有一个名叫基库尤的国王。他是部落创始人长女的孙子，统治了这片土地多年，其治理方式十分暴虐。他禁止人们耕种土地，命令所有身强力壮的男子必须参军，所有人必须随时准备着与家人迁往任何他选择的地方。因此，人们过着一种类似游牧的生活，因为食不果腹而经历了各种困苦。最后他们厌倦了到处漂泊的流浪生活，想要安定下来。他们来到国王面前，恳求他让子民耕种土地，建造永久性住房，但国王独断专权，拒绝听取或考虑他们的请求。人们非常愤慨，在绝望中奋起反抗。于是，进行起义的一代人在基库尤语中被称为"iregi"①，意为"反抗者"；而开始耕种的下一代则被称为"ndemi"②，意为"砍伐者"，以纪念基库尤人开始砍伐森林，进行耕种的这一时期。

推翻了基库尤国王以后，国家政权立即从专制转向民主，力图实现广大人民的愿望。这一革命在基库尤语中被称为"itwika"，由"twika"派生而来，意为"摆脱"，标志着摆脱专制，走向民主。全国上下热烈庆祝这一胜利，在这个民治、民享的新政府开始运作之前，人们大摆盛宴，载歌载舞，断断续续庆祝了六个月。要使新政府成功运作，首先得制定宪法，因此，在庆祝期间，基库尤成立了革命委员会（njama ya itwika）来起草宪法。"实际上，早期实行君主统治，可能是因为当时国家较小，很难找到具有杰出德行的人。此外，当时国王的权力是作为服务于国家的奖励而赋予个人的。只有德才兼备之人才可以担当服务工作，如果有人被赋予了国王的权力，那么这样的人才必定很少。但随着时间的推移，德才兼备之人愈来愈多，他们也不再屈从于国王的统治，而是努力建立一个公共或立宪政府。这就是从寡头政治到专制统治，再从专制统治到民主政治的进程。"③

---

① "iregi"一词由"rega"派生而来,意为"拒绝；反抗"。当时参与反抗的年龄组就以此命名。

② "ndemi"一词由"tema"派生而来,意为"切割；砍伐"。当时参与耕种的年龄组就以此命名。

③ 引自亚里士多德的《政治学》,第三册,第15章,第151页。

　　革命委员会成立后，每个村落任命一位代表加入委员会，负责起草新宪法。委员会第一次会议在位于基库尤国家中心叫作莫克威·瓦·加斯安加（Mokorwe wa Gathanga）的地方举行，这里被认为是部落起源的地方。此次会议决定，为保持国家政府的和谐，有必要制定一些规则来作为新政府的指导原则。后来，这些原则成为法律，其大致条款如下：

　　第一，人民在家庭所有制前提下拥有获取和开发土地的自由。

　　第二，为了整个部落的统一，部落成员资格的获取基于个人的成熟，而非其财产。因此，部落各成员经过割礼仪式，应积极参与政府工作；男子应在十六岁到十八岁之间进行割礼，女子在十岁至十四岁之间进行割礼。

　　第三，在社会和政治意义上，所有受割礼的男女都是具有同等地位的部落成员，因此国王或贵族的地位应被取消。

　　第四，政府的权力应掌握在由所有部落成员选举成立的长老委员会的手中，委员会成员应已经从勇士活动中退役，且达到长老的年龄。长老的地位应由年龄组制度决定。

　　第五，所有十八岁至四十岁的青年应成立一个勇士营（anake），以随时准备保卫国家。国家应该尊重他们，并以他们为傲。

　　第六，在危急时刻，政府可以要求人民轮流提供绵羊、山羊或牛，以备全国祭祀或其他仪式献祭之用，这是为全体人民谋福祉。

第七，为了保持革命精神，防止产生任何回到专制政权的倾向，政府官员的选举和更替应以一代代轮回的机制为基础。整个部落分为两类会员：一类叫作姆瓦基（mwangi）；另一类叫作马依纳（maina）或依伦古（irungu）。会员资格由出生决定，也就是说：如果第一代人是姆瓦基，那他们的儿子将被称为马依纳，他们的孙子又叫作姆瓦基，以此类推。会议还进一步决定，每一代人可担任政府职位约三十至四十年，任期末举行仪式，宣布老一辈已完成任期，年轻一代准备接管国家政府。

第八，所有男女都必须结婚。除勇士外的任何男子只有在成婚并建立自己的家园后，才能担任要职或成为长老委员会的成员。妇女应得到与丈夫相同的社会地位。

第九，会议制定了刑法和民法，明确了具体程序。会议还制定了约束政府内部个人与群体行为的规章制度。

革命仪式

我不仅知晓革命仪式的常识，还从我的祖父和亲戚那里了解到一些细节。祖父曾在1890—1898年间的最后一次革命仪式中担任重要任务，而亲戚则是同一场仪式中的吹号手。据说那场仪式在齐阿姆布区的恩阿达（Ng'enda）举行。

革命委员会完成宪法起草以后，会安排一个大型仪式，以确立新政府的法律和法规。他们会叫来伟大的巫师，运用其神谕力量找到使革命仪式更加神圣的方法和手段。这些圣人和先知会立即在河边洞穴的秘密神谕处会面。商量之后他们决定，为了保证革命神圣不可侵犯，必须取到一头神秘怪兽的尾毛。这种神秘怪兽叫作恩达马齐阿（ndamathia），生活在河流中。巫师们对自己的力量充满信心，开始全力以赴地准备药物。药物不仅可麻痹怪兽，还可在不对人造成危险的前提下诱使怪兽从河里出来。

药物准备就绪后，巫师们来到革命委员会，要求找一位尚未踏入青春期的纯洁姑娘。仪式委员会的一位长老为了这一国家庆典，悲痛地献出了自己唯一的女儿。巫师们安慰他说，他们对自己战胜怪兽的神奇力量十分有把握，相信这个姑娘定能安全返回。

随后，他们将涂抹过药物的珠子戴在姑娘身上，把她带到河边。巫师们已确定怪兽就在这条河里。他们给了姑娘一个小魔法葫芦，让她从河里舀水。同时，其中一名巫师开始有节奏地吹响礼仪号角，诱使怪兽从河里出来。很快，他们就看到那个神秘的怪兽拍着水，朝着拿魔法葫芦的姑娘走去。巫师们指示号角手大声吹响喇叭，慢慢地走向小山，让姑娘舀上水，紧跟在后面，并沿途将水洒在地面上。其他巫师和几名勇士则藏在路边的灌木丛中，随时准备拔下怪兽的尾毛。

很快，怪兽伸着长长的脖子，在仪式号角的诱使下开始跟着吹号手和姑娘往岸上走。它一边走，还一边舔姑娘洒在地上的药水。怪兽的身子非常长，基库尤人将它的长度与彩虹相比，并相信正是这个怪兽才使彩虹出现在天际。因此，人们等待了好几个小时，怪兽的尾巴才从水面露出来。

巫师和勇士都十分耐心地等待着履行他们的神圣使命。终于，怪兽尾巴从水里露了出来，他们飞一般扑过去，每个人都尽可能拔下更多的尾毛，然后立即拼命快跑，回到灌木丛中，以免被愤怒的怪兽跟上。尾毛被拔掉的痛楚使怪兽疯狂，它以最快的速度回到河边，看看是谁敢侵犯它神圣的尾毛，但它在岸边没有找到任何人，再加上巫师的药物的麻痹作用，怪兽并没有返回村庄，而是直接回到了水中。

神圣的尾毛被带到仪式现场，革命委员会的人正急切等待着巫师们回来。重要的国家使命顺利完成，长老们欣喜地接待凯旋的巫师们。他们嘉奖了献出唯一女儿的长老，授予小女孩"国家英雄"的称号，并让她在仪式中承担重要任务。巫师和吹号手也同样得到了嘉奖和在仪式中的重要位置。

拿到神圣的尾毛后，革命委员会杀了一头公牛、一只公山羊和一只肥母羊，他们还酿制了纯蜂蜜的啤酒（moruru wa ooke），以备仪式盛宴之用。他们将山羊和母羊的皮切成细条（ngwaro），浸入动物胃容物与血液混合的液体中，然后将细条羊皮切断，每一段都绑上几根怪兽的尾毛。委员会的每位长老必须将一段羊皮像手镯一样套在右手腕上，另一段套在右脚踝上。这表明他们已深思熟虑，同时国家责任已将他们牢牢地联系在一起。随后，在革命委员会主席的带领下，仪式长老们开始唱宪法歌曲。所有拟好的法规均已被编成歌词，因为基库尤没有文字，歌曲发挥着与报纸在西方世界一样的作用。

这是革命委员会的初步仪式和宴席，仅限委员会成员参加。此后将在莫克威·瓦·加斯安加——革命委员会司令部的所在地公开宣布民主领导下的新政府正式成立。各个地区也将安排类似的活动。

他们认为宣传新政府的有效途径是提倡每个地区举行战争舞蹈会，以便让人们有机会听到新宪法的公布。这一建议得到一致通过，因为唯有如此，体现新民主政府法律法规的新歌词、新节奏和新舞蹈才可以有效地被引入人们的日常生活中。到了指定的日子，战争的号角响彻各个地区，呼唤民众出来听取革命委员会的决定。一大早，男男女女，老老少少，所有人都聚集在特定地区的指定地点，开始开怀畅舞。

大约到了中午时分，仪式领头人走到舞者和观众围起来的圈子中央，要求大家坐下来仔细听。这时，观众须保持安静，领头人开始用歌曲的形式背诵宪法条例，人们在领头人说的每一句话后用合唱回答。这一形式要一直持续至整部宪法讲完才结束。然后，人们站起身来，开始兴高采烈地唱歌跳舞，他们已喜不自胜。勇士们也跳起来，挥舞着长矛和盾牌。这标志着他们欢迎新政府，新政府给所有部落成员带来了自由和平等，唯一的条件就是所有人不论出生情况如何，都必须经过割礼仪式。

宣告仪式和宴会结束后，新政府开始运作，革命委员会随之解散，代表们回到各自的村落，只留下主持仪式的长老照管各种物品，以备革命仪式的永久之用。

"砍伐者"一代全心全意地投入推翻基库尤国王以后的公共事业之中。他们的伟大愿望是在全国建立一种新秩序，让社会各部门都能在新政府中发挥一些实际作用。朝这个方向迈出的第一步就是将人们分组，每个组与政府的功能挂钩。

第一个组就是家庭单位。从政府的角度来看，一个家庭团体的职责就是组建一个家庭委员会（ndundu ya mocie），父亲就是主席，他代表政府中的家庭团体。第二个组是村委会（kiama kia itora），由村中几个家庭的负责人组成，长者担任村委会主席。这个小组代表的是政府中的村民。第三个组更为广泛，叫作区委会（kiama kia rogongo），区内所有长者均参与其中，由各个村落长者组成的委员会（kiama kia ndundu）主持。这些长者中年龄最大、最具智慧的人将当选为委员会的法官兼主席（motha-maki 或 mociiri）。最后一个组便是在区委会基础上组建的国家委员会，国家委员会由几个区委员会组成，代表所有民众。

在国家委员会会议上，总统在区委会的所有法官当中产生。

所有委员会成员均是三十岁以上的男子。①但基库尤还有一个非常重要的战争委员会（njama ya ita），由二十到四十岁之间的年轻人组成。除了参与军事活动外，战争委员会成员还代表了政府中年轻人的利益。在整个政府组织中，没有任何一个职位是世袭的，全凭个人努力。职位的升迁完全取决于个人对其团体和整个社区的贡献。如有代表违反既定的行为准则，团体将有权撤销或暂停该代表的职务。实际上，在基库尤，是人民的声音或舆论在统治这个国家。这里没有个人主义和利己主义，每个代表都以他的团体或部落的名义发声。人称代词"我"在公共集会中极少使用。集体主义精神在人们心中根深蒂固，连吃饭、喝酒、工作和睡觉都是集体进行的。对于那些不熟悉基库尤部落组织的人来说，这听起来像是乌托邦一样不真实，但事实是：在那些未被西方个人主义渗透的地方，这一制度仍在实行。

从"砍伐者"一代开始，经由第一次革命仪式最终确立，民主政府的原则一直在基库尤有效地运作着，直到被英国政府彻底粉碎。他们引进了一种与基库尤国王统治十分相似的专制政权体系，而基库尤人民早在多个世纪前就已将这种制度废止。目前由酋长支持的政府官员统治，哪怕是所谓"间接统治"，都不符合基库尤人民的民主精神。据说基库尤人不尊重他们的酋长，即那些

---

①　可参见本书下文的"长老"一节。

"被任命的酋长"，这种说法完全正确，原因也是不言而喻的。基库尤人并不认为那些被任命的酋长能够真正代表社会利益。这一点酋长们自己心知肚明，他们中许多人只能通过强权而非正义才能够保全自己的地位。基库尤人非常清楚，这些酋长代表的是英国政府的利益，因此他们不可能得到被压迫和剥削的基库尤人民的欢迎。在基库尤人眼中，任何屈从于某个人或某个团体的专制统治的行为，无论是黑人还是白人的统治，都是对人类最大的羞辱。

革命精神，即通过和平和立宪的方式进行政府改革，在基库尤人心中依然根深蒂固。大约在1925—1928年，基库尤人计划开展一次与1890—1898年的盛大革命仪式相当的庆典。

当时，马依古一代正要从上一代姆瓦基手中接管政府，他们在1925年组织了革命庆典，唱着仪式歌曲，跳着仪式舞蹈，纪念上一代结束政府管理。但是没过多久，英国政府宣布革命仪式的舞蹈和歌曲非法，或者说具有"煽动性"。如此一来，这一代人便被剥夺了通过这个和平政府永远保持民族自尊的权利，而这个政府曾经使他们的祖先以最和谐的方式参与部落的社会、政治、经济和宗教管理。

英国政府曾在1923年7月颁布的《肯尼亚白皮书》中宣称："大英帝国的使命是不断培养和教育非洲人，要在接管该领土时其智力、道德、经济水平的基础上，将其提升至更高层次。"若一个民族已被剥夺了最基本的自我表达、言论自由、为改善现状而成立社会组织等人权，尤其是被剥夺了在自己国家自由活动的权利，那么这个民族又如何能够达到所谓的"更高层次"？这是我们无法理解的。这些权利基库尤人民享有已久，直至"大英帝国的使命"到来。英国人的到来不仅没有提升我们的"智力、道德、经济水平"，反而使非洲沦落为一个农奴制国家；非洲人在社会、经济和政治结构中的主动性遭到拒绝，非洲人的男子气概遭到扼杀，非洲人已处于人类社会最低劣的位置。除了下达的命令，如果非洲人胆敢在任何事情上表达自己的意见，都会遭到呵斥，并被列入"鼓动者"的黑名单。那个基库尤人曾经引以为傲的部落民主制度，那个部落智慧的明证，如今已遭到压制。强加在非洲人民头上的是压迫性的法律和条例，它们垄断了人们的思想、意志和判断力。

我们认为，只有能够自由表达自己，能够在经济、政治和社会上自由组织，并自由参与自己国家的政府工作，非洲才有可能提升至"更高层次"。这样，非洲人才能够发展自己的创造性、主动性和个性，而这些已多次遭到令人难以理解的法律和法规的阻挠。

现在，我们回到对基库尤政府制度的分析。我们已经了解到，割礼仪式是唯一能让男子享有公民权，并使其成年资格得到承认的条件。因此，我们必须从割礼仪式开始讲起。男孩经历割礼仪式之前，他仍被视为孩童，在部落组织中不承担任何责任；父母应对他所有的行为负责。如果他犯了任何罪行，他不能被单独起诉，父母应代其受过。一旦他经过割礼，这一特权便立即终止，因为他现在已"完全成熟"，已成为一个真正的男子汉（mondo-morome），必须与其他男子汉一起分担责任。待他的割礼伤口一愈合，他便加入初级勇士委员会（njama ya anake a mumo）。这时候，父亲会为他准备必要的武器，即长矛、盾牌和剑，然后献一只绵羊或一头公山羊给所在地区的高级勇士。他们会以初级勇士委员会全体勇士的名义接受这个献礼，并宰杀公羊，举办仪式，将这名年轻的勇士介绍给这个勇士团体，帮助他了解团体的日常活动和相关礼仪。

早先，这个仪式的程序更为细致。他们要在年轻勇士的武器上洒上祭祀动物的鲜血，然后领头的勇士发出一声战争的嘶吼（rohio），同伴们便站起来挥舞长矛，高高举起盾牌；随后他们用仪式的调子一致高唱勇士的决心词（mwehetwa wa anake）："我们挥舞长矛，这是我们的勇敢和战斗精神的象征，我们将永不退缩，永不放弃希望，永不抛弃同胞。即使有一天我们必须做出决定，也没有任何东西可以动摇我们的决心。即使上天威胁我们天将崩塌，我们也会拿起长矛撑起苍天。如果天与地联合起来摧毁我们，我们也会将长矛插入大地，阻止天地联合，保持天空和大地彼此分开。我们的信念和决定相互制衡，永不改变。"仪式结束后，所有人参加盛宴，并安排一场模拟战，以测试年轻勇士的技能。这一入会仪式给了年轻勇士参与所有勇士舞蹈和歌曲的机会，但他还不能在圈子中间表演，这个权利是为高级勇士保留的。

勇士服役期间的第二阶段庆典大约安排在割礼仪式后的第八十二个月，或第十二个雨季。这时候，初级勇士已被提升，加入高级勇士委员会，即战争委员会（njama ya ita）。这个等级的入会费是两只山羊或绵羊。这个阶段不举行任何仪式，但也屠宰羔羊，举行肉宴。宴会一结束，勇士便马上被带入一个大型舞蹈会，并在舞蹈圈内被介绍给更高级别的勇士。在那里，他将被宣布已达到高级勇士的级别。

从政府的角度来看，由几个年龄组构成的整个勇士阶层分为两个部分：初级勇士委员会和高级勇士委员会。每个委员会都有村、区和国家各个级别的领导人（athamaki a riika），他们在有关团体和部落福利的所有事务中担任发言人。这些领导人由他们的特定群体在公众集会上选出。他们用行动证明自己的领导能力；他们在战争中表现出勇气和果敢；他们公平公正，能自我牺牲，尤其在团队中具有高度纪律性。一个具备如此素质的男子，会在社会上赢得人们的尊重，获得较高的地位，从各项勇士活动中退役以后尤为如此。我们在后文将会提到，法官和长老都是从这些人当中产生的。

在基库尤，勇士组织的原则，如年龄分级和行为礼仪的原则，目前依然得以遵守，但由于军事演习的缺失，现在的勇士组织已失去了曾经的重要性，毕竟军事演习是勇士组织作为国家防御力量而存在的主要功能。

长老

男子要经历的第三个人生阶段便是婚姻。一个男子成婚并建立了自己的家园后，他就要加入长老委员会。入会费是一只公山羊或绵羊，交纳后他便加入了初级长老委员会。基库尤语中的"matimu"一词，意为"长矛"，代表拿长矛的人，也就是说，刚加入初级长老委员会的勇士们仍然承担勇士的职责，他们尚未在委员会任职，因此仍佩带长矛。他们还未成为长老，是长老委员会各项程序的学习者。初级长老是长老委员会的信息传递者，他们还帮忙剥皮，点火，添柴，为高级长老烤肉，为长老集会搬运礼仪用品等。他们禁止食用肾脏、脾脏或里脊肉，这些都是为高级长老保留的，任何胆敢食用这些部位的初级长老都会被罚上交一只公羊。这只公羊被屠宰以后用来净化犯错之人，同时也让犯错者初步了解更高级别长老的秘密。

初级长老委员会之后的阶段便是和平委员会（kiama kia mataathi）。当男子的儿子或女儿到了接受割礼的年龄，他自己便也到了升入下一级长老委员会的阶段。孩子举行割礼仪式之前，本村的和平委员会会把父亲叫去，要他为自己准备一个仪式，以此加入部落传统和习俗的核心队伍。然后，发起者会咨询神学家或先知，预测该仪式的合适日期；于是，仪式的日子就最终确定下来。该地区的所有长老都将应邀出席在该男子家中举办的仪式。

到了指定的日子，仪式长老们围坐在小屋外面，接受男子和他妻子（们）的欢迎。寒暄之后，主人奉上食物和饮料，长老们食用完毕之后才开始各项仪式程序。仪式上须任命两名长老为主持牧师。

随后，选定的两位长老便带着委员会的权杖（mothegi）和圣叶（mataathi）进入小屋，男子和妻子，也就是即将接受割礼的孩子的母亲会在屋里欢迎他们。男子将一个装满蜂蜜或甘蔗啤酒的小葫芦递给两位长老，他的妻子则递上一个小小的角状酒杯。四个人围坐在小屋中心的壁炉旁。其中一位长老在酒杯中斟上啤酒，喝一小口，然后分别往左肩和右肩方向吐出；接着他把剩余的啤酒倒在支撑壁炉的三块石头上；同时，主礼长老把祖先的灵魂召唤出来与其交流。酒杯再次斟满，两位长老每人喝一口之后，递给男子，男子也喝上一口，再递给妻子。最后，四个人用低音的仪式调子祈祷："愿我们的孩子健康成长，顺利通过割礼，生活快乐富足；愿我们的孩子儿孙满堂，使家族得以繁衍，生生不息。"

初步仪式结束后，男子及妻子须宣誓保守委员会的秘密，绝不向任何通过仪式加入和平委员会的人透露。只有实践了这个庄严的誓言，才能向他们透露委员会的秘密事情、程序和礼仪等。

一切就绪以后，长老带着男子走到外面，把他介绍给聚在那里的各位长辈。男子走在两位主礼长老的中间，妻子则拿着一大葫芦啤酒跟在后面。四个人走入长老们围坐的圈子。这时，男子对着长老们说"我的同辈们"（Wanyuwakine）；长老们回答"我们的同辈"（Wanyuwakine）。这种形式的问候只存在于政治、宗教和社会地位平等的人之间。这一称呼表明男子已被接纳为和平委员会的正式成员，现在他就可以坐在这个圈内了。

随后，其中一个长老立即拿起啤酒，斟满酒杯，面向肯尼亚山站立，祈求恩盖神赐予他们平安、智慧和繁荣，并保佑这位男子和他的家园。其余的长老们举起权杖，一起以合唱的方式回答"和平，和平，请恩盖神保佑，和平与我们同在"。然后，男子被授予权杖和圣叶，这意味着他现在已是和平之人，不再携带长矛和盾牌，不再追求战争和掠夺等；这也意味着他已达到必须承担起和平责任的阶段，须成为社区的调解人。

仪式的最后，人们要屠宰一只公山羊，然后将羊血倒在男子家园的入口处，将山羊的胃容物洒在男子小屋的门口，以免受到邪灵的侵袭。最后，他们将山羊的性器官浸入胃容物，然后将其切开，戴在男子的右手腕上。因为性器官被认为是促使人野性爆发的驱动力，现已被象征性地切掉并戴在手腕上，这就是男子平静安宁的一种保证，人们期望他今后处事将以理智和智慧而非情感为指导。接下来，他们将以一场盛宴结束此次仪式，宴会上摆满了啤酒和肉类等，长老和他们的妻子都将加入仪式歌曲的演唱中。

宗教祭祀委员会

基库尤男子生命中最后也是最荣耀的阶段就是加入宗教祭祀委员会（kiama kia maturanguru）。待所有的孩子均已经过割礼仪式，妻子（们）也已过了生育年龄，男子就到了加入宗教祭祀委员会的阶段。这时，男子已加入并经历了所有年龄组。除了手持权杖，他还耳戴铜环，但尚未被赋予在圣树面前主持祭祀典礼的权力。要获得这个权力，他必须献出一只母羊。然后，宗教祭祀委员会的长老将母羊带到圣树下宰杀。仪式以保密的方式进行，只有个别活到高寿的幸运之人才能参与该仪式。仪式进行过程中，宗教祭祀委员会成员以外的任何人不得靠近圣树。宗教祭祀委员会成员会吃掉一半的羊肉，把另一半投入圣火中焚烧。这个仪式的主要特点是将人的一生献给神灵恩盖和社会大众。至于该仪式筹备的具体细节，因笔者未达到要求的年龄，尚未有机会参与，因此很难详细说明。但是，笔者在圣树附近放羊的时候，曾有幸看到长老们在圣树下来回走动。长老们从圣树那里走出来时，手中拿着一束圣树的叶子（maturanguru）。到了这个年龄的长老们担当着"圣人"的角色，他们是大祭司。所有宗教和道德仪式都由他们主持。

我们曾在前文描述基库尤部落政府最初的组织形式，以及它的政治、伦理或宗教、社会团体是如何形成的，其职衔是如何确定的。我们也谈到了五个主要委员会：1）初级勇士委员会；2）高级勇士委员会；3）初级长老委员会（kamatimo）；4）和平委员会（kiama kia mataathi）；5）宗教祭祀委员会（kiama kia maturanguru）。弄清了这些知识点之后，我们继续分析这些委员会的职能。

军事组织

勇士阶层根据年龄组制度分为几个兵团。每个兵团都有自己的领头人（athamaki），由领头人负责组织各项活动。领头人的主要职责是保持兵团内部团结和谐，解决成员之间的小争端，他也是兵团日常事务的发言人。他还是自己年龄组内歌曲的主要作曲者和舞蹈的组织者，有时也安排本兵团与其他兵团之间的比赛。勇士的歌曲和舞蹈主要有两个目的，一是娱乐，二是锻炼身体。勇士们在跳跃和奔跑中锻炼了耐力，习得了战斗技巧。战争时期，这些兵团就由各个领头人组成的战争委员会（njama ya ita）统一领导。战争委员会的领头人是掌管战争的巫师或牧师（mondo mogo wa ita），他的职责就是为战争委员会建议发动战斗的最佳时机。他会保佑勇士们，治病救人，使其少受敌人的伤害。

每个兵团或年龄组都有自己的歌曲和战斗呐喊（ndoogo ya ita），其盾牌和头盔上也有各自独特的标志。勇士们没有制服，他们在战斗中除了背部的小围裙（corori）和头盔（thombe ya ita）以外几乎赤身裸体。战斗开始的一瞬间，号角吹响，以示开战。勇士们立刻拿起武器，开始他们独有的战斗呐喊。这样，区内各个兵团都集结起来，形成对敌的战队。每个兵团从不同的方向奔赴战场。高级勇士充当先锋（ngerewani），初级勇士则负责断后（gitungati）。两方的战争委员会为各自的军队提供意见和指示。战斗的动机仅仅是捕获敌方的牲畜并杀死抵抗之人。换句话说，这是一种以武力进行抢夺的形式。战争中一般不杀害妇女，除非不可避免，否则这将被视为勇士的耻辱。

如果战斗胜利，勇士们会带着捕获的牲畜尽快返回家园，以免敌方重新夺回战利品。待跨过敌方边界，进入自己的地域，他们会停下来计算捕获的牛羊数量。战争委员会将战利品分给各个兵团。首先，根据对敌作战的表现，勇敢的战士将得到奖励。然后，留出少量的牛给国家最高统帅、巫师及战争委员会的其他成员。如果还有剩余，但又不够平分，那就通过抽签来决定如何分配。

分完战利品后，勇士们唱着赞美自己英勇无畏的歌曲（koina kaare）回到各自的地区。每个勇士在歌曲中描述自己在战斗中的表现、在战斗中杀死的人数，以及被杀者在敌军中的地位。没有杀死敌人的勇士不能加入唱歌者的行列。这些勇士唱着歌，绕着整个地区庆祝胜利。他们拜访亲戚朋友，得到绵羊、山羊和饰品等礼物作为其勇敢参与战斗的嘉奖。之后，这些牲畜将用于定期的盛宴（keruugu），勇士们要吃上几天肉，喝上几天用各种草药和根须制成的汤作为补品，以保持身体健康。唱完歌颂勇敢的歌曲后，勇士们须剪去长发，进行净化仪式，以消除战斗中死去的敌人可能带来的诅咒。净化仪式过程中，勇士们通常穿着女式的长袍（nguo ya maribe），并保持沉默数天。仪式最后，他们将长袍丢弃，恢复正常的生活。

若是在和平时期，勇士们一般忙于部落的日常工作。他们积极参与耕种，搭建牛棚，建造房屋，放羊放牛，还有最重要的就是锻炼身体，以保持防御力或战斗力。这些活动根据季节来进行安排。如果田地里有许多活儿要干，那么勇士们便全身心投入耕种，晚上再安排战争舞蹈和歌唱；如果地里活儿不多，那白天就会安排多次舞蹈和歌唱。不同的年龄组还会在舞蹈、跳高、跳远、投掷矛和击剑的灵活性方面展开竞争。

部落战斗的起因

现在让我们稍微考虑下部落战斗的起因。部落之间，尤其是肯尼亚部落之间摩擦的主要原因是经济问题，并不存在吞并土地或一个部落征服另一个部落的战斗。比如在马赛、基库尤和瓦康姆巴这些部落间不时发生的战斗几乎不能称为"战斗"，所有的战斗本质上仅是武装袭击而已。例如，当牛病侵袭整个马赛，致使其牲畜数量降至最低限度，依靠肉类、牛奶和动物血液为生的马赛人被迫突袭邻近部落以抢夺牲畜，否则他们将死于饥饿。为了生计，他们会派出间谍，刺探如何才能成功偷袭，以及附近部落哪个地区的家畜最富足而保护措施最薄弱。

间谍汇报完军情以后，突袭行动马上开始，勇士们开始为部落夺得粮食而战斗。突袭的队伍大多在夜间前进，白天隐蔽起来，并为袭击做准备，因此有时候短短的一段路程也需要花上几天时间。他们找到计划偷袭的牛棚之后，就躲在附近的森林里休息。到了深夜，他们在黑暗中偷偷穿行，出其不意地将几个牧民抓获。他们包围牛棚，杀死牧民，以免其叫声惊动敌方部落的勇士们。就这样，他们偷走了牛羊，并沿着弯弯曲曲的小路尽快逃走，同时部分勇士会留下来抹去小路上的痕迹，并等待阻击可能追上来的敌人。就这样，在负责断后的人与敌方战斗之时，牛群已被送至马赛那些遭受饥饿之苦的家庭手中了。有时候，好几天过去了，偷袭行动才被人发现，而那时，损失一方的牛都已经在远离家园的地方吃草了。

就这样，被袭部落损失了一批牛羊和几个牧民。我们可以将"部落战斗"与文明开化的欧洲国家和美国出现的"砸窗抢劫"进行比较。二者之间的唯一区别是，砸窗抢劫行为十分高发，而部落战斗只是偶尔发生，并且间隔时间很长。在基库尤的一些地区，尤其是中心地带，整整一代人都可能未经历过任何一场偷袭。

再以基库尤和马赛两个部落为例，部落之间会有一些天然屏障，比如布满各种危险野生动物如毒蛇的巨大森林，这是非常有效的屏障。据说有时候，勇士们进入森林之后便一去不复返，原因并不是他们落入了敌人手中，而是迷了路，或被动物吞噬，或是活活饿死，尸体喂了秃鹰和饥饿的鬣狗。在那些没有天然屏障，两个部落又频繁接触的地方，他们就通过签署和平条约，建立友好关系。在这种情况下，维持和平的方式之一就是联姻。

举个具体的例子，我的祖母莫萨纳（Mosana）原是一名马赛女子。为了回应这种友好关系，我的姑妈（我父亲的姐姐）嫁给了一位马赛的酋长，当上了酋长夫人。因此，双方经常相互交流，也使我有机会拜访姑妈，并作为家庭成员在那里待几个月。

在这些保持友好关系的地区，特别是马赛的卡普蒂（Kaptei）和南基库尤地区，两个部落的勇士会联合起来入侵马赛的另一个部落，如罗伊塔（Loita），或是基库尤的某个地方，如塔拉卡（Tharaka）。这些都是祖父告诉我的，他曾率领兵团进行过几次这样的袭击，先是以勇士的身份，后来则是作为战斗巫师。

可以说，一个部落与另一个部落之间的关系，与当今欧洲和美洲各国之间的关系大同小异。唯一的区别在于，欧洲国家之间通过经济斗争、关税壁垒和财富分配等方式，抑或是通过真正的战争，给广大人民带来了巨大的痛苦。而部落战斗中的偷袭只殃及几个村庄，可能仅是边界一带的几个村庄。被偷的几百只家畜可能仅通过一次反偷袭就可以拿回来。一般来说，整个部落组织受到的影响极小。因偷袭者的目标不在土地和农作物，而是作为动产的牛和少量的羊，因此对农业耕种只有些许影响或几乎没有任何影响。偷袭者在路上还会给牛羊喂食，且不会宰杀任何一头他们十分珍视的牛。

除了牲畜（主要是牛）遭到抢劫，还可能有几幢房屋遭焚毁，但这些小屋在偷袭者离开以后会立即得以重建。实际的战斗最多不超过六天，采取捉迷藏一样的形式，就像一群被抓的小偷，在绝望中试图杀出一条路来。一般来说，战斗仅持续几个小时或一天时间，偷袭者要么取得胜利，要么被击败。有时偷袭者没有遇到任何抵抗，轻而易举就把牛群带走了。这种情况往往发生在被入侵部落的勇士们正在偷袭另外一个部落，不巧被别的偷袭者钻了空子时。间谍的职责就是尽量使偷袭者能够在不使用武力的情况下带走牛群，从而避免造成重大生命损失。而这也只可能在被偷袭的村庄没有得到合理保护的情况下才会实现。

自从欧洲人来到肯尼亚，勇士组织已无活动能力。虽然年龄组制度仍然存在，但年轻人的男子气概几乎已被帝国主义的强制统治扼杀殆尽，这种统治限制了人们在自己的国家自由走动和活动的权利。欧洲人认为自己帮助非洲停止了"部落战斗"，是帮了大忙，并为此扬扬自得，声称非洲人应该感谢欧洲的强大力量，是欧洲人将他们从时常受到邻近部落袭击的"恐惧"中解救出来。

然而，我们应该好好考虑一下他们所谓"野蛮部落战斗"中使用的方法和动机，以及这些战斗与欧洲"文明部落"所发动的现代战争之间的差异。在这些现代战争中，与争端毫无关联的非洲人被迫参与战争去捍卫所谓的民主。以1914—1918年的大战为例，成千上万的非洲人为此丧生。而这场战争所换来的"奖赏"居然是让欧洲人剥夺非洲最好的土地；引进残忍的手印身份识别制度，将非洲人视为罪犯；制定严苛的税收制度；拒绝言论自由、新闻自由和组建政治或社会组织的自由。这就是"民主英国"在1914—1918年间为肯尼亚人所提供的服务。另一个例子是意大利对埃塞俄比亚的入侵，为展示欧洲文明，大量手无寸铁的平民遭到屠杀。鉴于这些明摆着的事实，欧洲人是否还能吹嘘自己阻止了"部落战斗"，在非洲建立了"永久和平"？如果能够继续进行部落战斗，为荣誉而战，虽损失几位勇士的生命，但对非洲人来说会是更好的结局，而不是接受所谓文明使命——实际上却意味着让欧洲人征服非洲种族，使其陷入永久的农奴状态。

尽管非洲社会的旧秩序被人认为与各种邪恶相关联，但那时的人是一个独立自主的个体，因此他拥有人权，拥有在符合自己和同胞的目标范围内自由行使意志和思想的权利；但是今天的非洲人，无论其门第如何，都像一匹被套了缰绳的马，只能往骑手拉扯的方向行走。非洲生活方式的和谐与稳定，政治、社会、宗教和经济组织的和谐与稳定，都以土地为基础，土地过去是，现在也仍然是非洲人的灵魂。欧洲文明传教团为了剥削和压迫非洲人而采取的第一步行动，就是夺取非洲最好的土地，尤其是东非和南非地区的土地。这是欧洲文明的罪恶之一，它已将罪恶之手伸向非洲大陆。非洲人，无论过去、现在还是未来，世世代代永远都不会忘记欧洲人的罪恶。

土地不仅团结了部落的生者，也联系着逝去的祖先与未出生的后代。这是显而易见的，祖先埋葬在他们曾经拥有的土地上，通过这种方式，死者能够与生者直接交流，规定部落集体生活和个人私生活行为举止的法令法规也体现了先灵赞同或不赞同的意见。通过轮回，未来一代与过去联系起来，从而将逝者、生者与后代这三个群体联结成一个有机整体。欧洲人吞并非洲人祖先的土地，就夺走了非洲人整个经济生活中赖以生存的生产资本，也干扰了整个部落的组织，因部落内部的真诚合作是建立在与先灵不断交流的基础之上，部落法律、习俗、道德和宗教也因此得以维持。

上文我们详细讨论了在基库尤旧政府体制下勇士们的相关活动，以及勇士和其他人的现状。接下来我们将分析旧的司法体系如何运作，以及有哪些人参与其中。

司法程序

父亲是每个家庭的法官，他解决家庭成员间所有的小争端。

如果出现大的争端，就有必要把家族中所有的一家之主全部召集起来，他们不仅是各自家庭的领头人，也是长老委员会的长老。所有这些争端都被视为家族关切的事件，因此家族委员会具有在其家族范围内解决事件的特权。这些长老是作为仲裁者而非法官参与其中的，他们的职责是指出家族须遵循的公认传统和习俗。他们参与审议的主要目的是找到使争端各方达成共识的方式方法，避免任何可能导致家族破裂的报复行为。任何未经家族委员会初审的案件，不得提交长老的公共法庭或长老大会讨论。如果两个亲戚之间出现争议，被冒犯的一方会酿造甘蔗啤酒来表明自己将采取行动。啤酒开始发酵的那天晚上，他会亲自上门，或派人送消息给家族中的长老们，告知他们自己与另一家庭成员之间出现了争端，需要他们协助解决。然后，他会邀请长老们第二天早上过来，并带那位冒犯者一同前来。

第二天早上，他把啤酒装入两三个葫芦，把绵羊和山羊赶到牧场吃草之后，长老们便陆续到达了；得到开会通知的那位冒犯者要么单独前来，要么由朋友陪同前来。主人将啤酒交给长老们，作为进行和平友好讨论的标志。主人解释完酿造啤酒的原因之后，在场的高级长老将拿出一个仪式用的角状酒杯，装满啤酒，然后将酒倾倒在地上，用仪式的语调大声邀请先灵参与他们的审议。然后，他手持权杖站起身来，面向肯尼亚山，开始祈祷："长老们，让我们祝愿这个家庭达成共识，得到和平。"长老们以合唱的方式回答道："愿这个家庭得到和平，请恩盖神保佑，愿和平与我们同在。"接着，他开始诅咒任何可能违反长老委员会公正决定的人："长老们，让我们诅咒那些不服从委员会决定的人；他的家园和田地都将受到诅咒。"长老们再合唱回答："让诅咒降临在他的家园和田地上。"

这个仪式结束后，长老们围坐下来听证。他们先叫来原告陈述案件。原告手拿一捆树枝走到圈内，每项具体陈述或要求完成后，他就交给长老一根树枝。这样，所有递交的树枝都到了主持的长老手中。然后，他们又叫来被告为自己辩护或认罪。被告也陈述了案件，并将树枝交到另一位长老手中。

为了更清楚地描述这个程序，我们假定有一位A先生要求从他的亲戚B先生那里拿回两只绵羊、三只山羊和一头母牛。A先生站起来，开始描述那两只绵羊的颜色和大小。他告诉长老，其中一只绵羊又大而黑，然后拿出一根长树枝交给长老；另一只绵羊为棕色，个头较小，再交给长老一根较短的树枝。接着，他会以同样的方式描述三只山羊和那头母牛。A先生的陈述结束后，那些代表A先生各项描述的树枝会交到B先生手中，要求他承认或否认这些指控。然后，所有树枝全部归还给主持的长老。

待两人的陈述都完成以后，案件开始公开讨论。所有长老都参与其中，每一位都要表达自己的意见，树枝则在其中作为事件的参考。整个案件经过审查、证人取证和证人对质后，长老们将任命一个委员会（ndundu）对案件做出判决。他们会到一个其他人无法听到的私密地方进行讨论。这个委员会成员不包括原告或被告的父亲、叔叔或任何一方的兄弟等直系亲属。

委员会讨论了案件，并就判决的适当性和公正性达成共识后，便带着树枝重新回到讨论会。树枝须递给宣布决定的长老。争端中的两个人再次被叫到长老跟前，询问他们是否同意给出的判决，是否有人想要上诉。如果两个人都同意判决，那么所有长老站起来，一起敲击权杖，同时吟诵一些仪式用语，表示案子已经得到妥善解决。最后，委员会任命两名高级长老监督判决的执行。

描述完解决此等纠纷的方式后，我们现在来分析提交至公共法庭或长老大会的案件，以及它们的裁决方式。

基库尤没有特定的法院，但有几个公认的会议地点，长老委员会的成员会在那里的树下碰面。所有大案件和涉及国家的重大事件都在那里解决。在长老大会上听证的大多数案件都是在处理买卖土地或支付婚姻聘礼过程中交换绵羊、山羊或牛所产生的债务问题。当然还有一些刑事案件，比如谋杀（十分罕见）、盗窃、非法侵入、袭击和巫术等。

民法程序

根据基库尤的法律和习俗，假设 A 先生支付了四只绵羊或山羊，从 B 先生那里购得某物，若其中任何一只羊在产崽之前死亡，那么 B 先生必须将尸体归还给 A 先生，后者会用另一只羊加以替换。如果 B 先生未能履行 A 先生已为之支付四只羊的合同，那么 A 先生有权要回同等数量的羊及其产下的羊崽，且不用赔偿 B 先生因照顾羊群而产生的相应费用。但是，在用绵羊、山羊或牛交换土地的情形中，如果经过一年左右交易废止，那么买土地的一方不得要求对方归还牲畜产下的幼崽，因为土地也同时产出了粮食，与动物产崽具有同等意义。

个人或家庭产生债务问题的另一种情况是失败的婚姻。对此，有时长老委员会须启动相当复杂的程序来进行处理。例如，一名男子向他的岳父支付了四十只绵羊和山羊作为结婚聘礼，如果两三年后，妻子与另一名男子私奔，或在没有正当理由的情况下与自己的丈夫离婚，那么丈夫就有权要求女方归还所有牲畜及其产下的幼崽，若两人婚后未育有子女，则尤为如此。此类案件需要长老们进行大量调查。每只绵羊、山羊，或每头牛的所有权须从离开第一位主人开始，再追溯到出现争端的时期。如果岳父已卖掉或交换了其中一只牲畜，那他必须从买家手中把它赎回来。有时，此类案件涉及多人，有些是在婚礼庆典期间，有些则是在签订婚姻合同之后或购买或被赠予过家畜。

解决债务问题的适当程序是债权人酿好甘蔗啤酒，跟村里的其中一名长老一起去见债务人。他把啤酒交给债务人，作为一种提醒，也作为友谊和希望和平解决问题的标志。这样，债务人可能会被这种友好的方式感动，也许可以更好地解决债务问题或承诺分期付款。如果未能解决，债权人须再准备好啤酒交给债务人，这一次由两位长老陪同前往。如果这次仍未得到圆满解决，那就有了第三次拜访，由三名长老作为证人陪同前往。现在，债权人就有充分的权利将此案件提交给长老委员会，他已尽自己最大的努力劝说债务人庭外解决问题，但都以失败告终。

下一步是债权人或索赔人去找村里的长老提交此案件。他请求长老召集邻近村庄的长老们，并安排案件听证。长老们经过协商，确定听证日期。由于基库尤没有文字，通知将由长老委员会的信使们口头传达给每一位相关人员。

到了约定的那一天，长老们聚集在露天法庭，他们在树下蹲坐，围成半圆状。然后，一位仪式长老站起来吟诵祈祷词，请求神灵保佑长老委员会能够和平审议，保佑国家繁荣昌盛。祈祷结束后，当事人双方被传唤至长老面前陈述案件。明确了案件涉及的绵羊、山羊或牛的数量之后，双方须根据要求在听证之前支付诉讼费。费用以实物支付，即绵羊或公山羊。诸如遗产或土地纠纷这类大案例，尤其是涉及牛的案件，费用是一头公牛。支付给长老的费用取决于案件涉及的动物数量。例如，如果原告要求索赔五只绵羊或山羊，那么他的诉讼费是两三葫芦啤酒。如果动物数量在十到二十只之间，则诉讼费是一只肥公绵羊或一只公山羊。

原告和被告都要带着公绵羊或公山羊作为诉讼费来到法庭，

交给长老。如果长老接受，那么这些动物就被绑在附近的一棵树上，等待被屠宰。然后，长老们根据级别，在露天法庭蹲坐下来。半圆最内层坐的是最高级别宗教委员会的长老，他们后面是和平委员会长老，再后面是初级委员会的长老及前来听证的公众。

诉讼双方被召唤至长老圈内，向大会说明案件情况。大会任命两位长老代表执行会议各项程序。双方提供证据时仍使用树枝，方法与前文提到的家庭纠纷审议相同。两名被指定的长老负责保管树枝，并进行审查和盘问。委员会的其他任何成员在此过程中都有权干预和提出问题，或做出陈述意见，但一般来说，这都需要通过被指定的两位长老来进行。听取了诉讼双方的所有证词后，大会开始进行开放式讨论，任何人都可以站起来表达意见。通过这种方式，年轻人有机会提升他们在法律事务上的才能。由于基库尤没有特别的法律学校，这些大会就服务于两个目的，一是判定案件或解决争议，二是为年轻人提供实际的法律教育。

开放性讨论结束时，大会任命一个仲裁委员会（ndundu ya athamaki）；诉讼双方可以各选两名长老作为他们在委员会中的代表，其余长老由大会选出，委员会共由十或十二位长老组成。任何对案件具有直接或间接利害关系的人均被排除在委员会之外，以避免任何不公正的判断。在委员会退到僻静的地方商讨案件之前，仪式长老会站起来，对任何试图通过贿赂来影响判决的人施以诅咒。这种形式的诅咒是针对贿赂罪行的，一旦有人被贿赂，准备妨碍司法公正，听到这样的诅咒之后他便不会被允许进入委员会。

接受警告之后，委员会带着双方的树枝退到僻静处私下讨论这个案件。这时，单独坐在另一组的初级委员会长老们就承担起宰杀牲畜的任务。他们将那头作为诉讼费送来的公羊宰杀后，把肉放在火上烤，把胆囊取出后交给法官委员会。法官委员会长老们用一根从灌木丛中取来的棍子刺破胆囊，并异口同声地说道："让不幸降临在那些不服从决定的人身上，愿他的胆像我们刺破的动物胆囊一样破裂。"然后，法官委员会就案件判决达成一致意见，修剪作为证据的树枝，并根据他们的调查结果重新整理。主持长老用仪式的语调宣布每根树枝所代表的意思，其余长老以合唱的方式呼应，以示赞同。

法官委员会结束讨论后，烤好的肉根据长老们的级别进行分发。公羊腿上的大块肉分给宗教委员会、和平委员会和初级委员会的各位长老。公羊的皮、头和尾巴分给具有特权的高级长老，让他们带回去给他们的妻子。

烤肉吃完以后，人员重新聚集起来，法官委员会做出决定。主持的长老站起来，祈求神给任何无端拒绝服从委员会决定的人带去贫穷、疾病和灾难。然后他又念祈祷词，祝福大会，保佑大众。无论是诅咒还是祝福，所有在场的人都一致以合唱回答，表示赞同。

司法仪式结束后，叫来诉讼双方，询问其是否对长老们有信心，他们的回答是肯定的。然后已得知判决结果的委员会发言人站在长老围成的圈子中间，他先讲述一两个古代故事，说明法庭程序，然后就本案做出判决，这是整个审议过程的高潮。此时，会议全体人员起立，高声欢呼，以示他们对此判决的拥护。

大会还将任命两位长老监督判决的执行情况。判决涉及的财产不直接交给原告，而须经过被指定长老之手，他们代表的是整个长老委员会。如果索赔没有解决，原告不能直接去找被告，正确的方式是求助于负责该案件的长老。一般来说，长老委员会的判决都无一例外地得到执行，诅咒在其中充当着类似于警察的作用。基库尤社会没有警察组织，因此，诅咒是预防恶行和罪行的主要手段，人们都害怕受到大众舆论的谴责。

如果一方当事人不同意长老委员会的决定，他有充足的机会提出上诉，要求对案件重新听证。在这种情况下，他必须郑重发誓，证明他有充分的上诉理由，而不是跟委员会要花招。

在基库尤社会，诅咒或精神折磨是控制法庭程序的最重要手段。它服务于两个目的。一方面，人们对诅咒的恐惧可以防止其提供虚假证据，并帮助其通过自身的良知和忏悔最终将罪犯绳之以法。另一方面，它排除了贿赂等腐败问题，确保了公平公正的判决，因为在一个案件中，不仅双方当事人不得不经受这样或那样的诅咒，长老委员会的长老们也必须在审理案件前发誓。他们须发誓保证自己绝不接受案件相关人员的任何贿赂。

基库尤人在道义和宗教上有三种极为恐怖的重要诅咒形式。除非他们十分确信自己无罪，或者他们的说法绝对真实，否则任何人都不敢接受诅咒。

我们将在这里简要介绍一下这三种诅咒及其象征。第一种叫姆马（muuma），一般用于较小的争端。这种诅咒的象征是一只羔羊屠宰以后将羊的胃容物与草药、水和一点羊血混合在一起。然后将混合物包入野生香蕉叶（icoya rea ihendu）中，再放入地下已挖好的小洞。巫医（mondo mogo）用一种灌木的树枝和叶子捆扎成一把刷子。这时候，案件当事人面向小洞跪下来，巫医将刷子在混合物中蘸一蘸，送到下跪的人嘴边。下跪之人舔一舔刷子，然后宣誓："如果我说谎，就让这个代表真相的象征杀了我吧！如果我违心地起诉任何人，就让这个代表真相的象征杀了我吧！如果我现在索赔的财产并不是我的，就让这个代表真相的象征杀了我吧！"

第二种诅咒的象征叫库里格·赛恩格（koringa thenge），即通过杀死一只公山羊来发誓。这种形式的诅咒一般用于较大的案件，涉及很多财产，牵涉两个人以上。诅咒时，一只公山羊被带到长老委员会面前，案件当事人须通过敲碎山羊的四肢来宣誓。公山羊被放置在一块野外的岩石上，然后当事人轮流用一块仪式专用石头（ngangae）敲碎它的骨头，并宣誓："如果我现在索赔的财产不是我的，就让我的四肢像这只公山羊的骨头一样被敲成碎片。如果我索赔之物超过我应得的，就让我的家庭成员像这只公山羊的骨头一样被敲成碎片。"

第三种诅咒叫基萨齐（gethathi），大多用在谋杀或偷窃等刑事案件中。这种诅咒的象征是一块天生有七个小洞的红色小石头。石头放在一根小棍子上，棍子埋在地里。长老们面向诅咒仪式的地点站立，稍保持一些距离。仪式地点必须是一块不可耕种的贫瘠土地，因为任何人都不会允许他人在其耕作地附近举行仪式，他们害怕邪恶的诅咒可能殃及农作物，并将其毁灭。

准备工作就绪，被告须拿着几根草茎（ngoonda）穿过石头上的每个洞，七次方可，同时宣誓表明自己已经或即将做出的陈述真实有效。这时候，所有在场的长老会在耳边放上一根藤蔓（mokengeria），以保护自己免受邪恶诅咒的侵袭。女人一般不在参加此类诅咒仪式的人之列，她们的丈夫或儿子须承担起这个责任。此类诅咒不仅涉及经历仪式的个人，也涉及整个家庭，因此基库尤人认为女人在精神和身体上都不适合忍受这种折磨。

如今，这些诅咒宣誓形式已遭到欧洲政府的轻视和阻止，他们视其为迷信。相反，欧洲人采取举起双手或亲吻《圣经》的形式作为誓言的象征。可以肯定地说，这种形式的誓言对非洲人来说毫无意义。它在道德和宗教上没有任何约束力，其结果就是司法部门捏造证据，更有甚者，对呈到法官或长老面前的许多案件而言，贿赂才是决定判决结果最重要的一环。我们可以毫不夸张地说，在大多数案件中，判决结果完全取决于贿赂数额的高低。我这样讲是基于对欧洲和长老法庭的了解，这些地方的贿赂行为已屡见不鲜。

这种审判不公现象背后的原因是英国政府给予受托管理司法行政的酋长和长老的薪酬过低。他们的薪酬从每月十先令到约五英镑不等，还被期望着拿这样的薪酬去展示财富和权力。然而，尽管薪酬水平低下，从一个人被任命为酋长或头人的那一刻起，他便马上开始积累财富，获取大量的绵羊、山羊和牛，还有成群的妻子。因此，不能否认的是，英国政府十分清楚在他们眼皮子底下存在的贿赂现状。上述言论是完全针对酋长而言，他们由英国政府任命，并非由广大人民选出。他们希望像自己的主子一样，牺牲在政府中毫无发言权的非洲人的利益，迅速积累财富。只有当政府愿意让人民拥有在民主制度下选择酋长的权利，并有权在酋长滥用职权时罢免他们，这种现状才可得以改观。

现在，我们已经了解了民事案件的司法程序，下面再来讲讲人身伤害或人身攻击。关于这方面的纠纷一般在庭外解决。任何有尊严的人都不会为了羞辱他人而将对方告上法庭。一个人须具备能力和责任来维护自己的尊严，使其不受侵犯。较为适当的程序是决斗或击剑。如果一个人侮辱了他人，那他需要道歉，并向被侮辱者所属的年龄组送上香蕉，或一葫芦啤酒，或一葫芦稀饭作为补偿。如果对方拒绝接受，那他就得准备决斗。就这样，双方在各自朋友的见证下用决斗来解决争端。决斗过后，两人握手言和，再次成为朋友。

刑事诉讼程序

在基库尤社会，所有刑事案件的处理与民事案件基本相同。走司法程序的主要目的是为受害个人或团体取得赔偿。因基库尤没有监禁制度，对罪犯的惩罚主要是使侵害方向长老委员会上交巨额罚金，并做出赔偿，以纠正犯下的错误。

谋杀和误杀在基库尤被视为同等程度的犯罪，原因是长老委员会的关注点不在于犯罪动机或犯罪方式，而是一个人夺去了另一个人的生命这一事实。蓄意谋杀案在基库尤非常罕见，除非被杀者是外国敌人，否则在未警告他人的情况下进行袭击就是社会犯罪。如果一个人冷血地杀死了另一人，那么凶手将遭到族人最大的蔑视，他不仅羞辱了自己，也羞辱了同年龄组的其他成员。但是，如果两个人之间曾发生决斗，导致其中一方当场死亡或伤重致死，那么另一方仍将得到社会的同情和尊重。人们认为他行事具有男子气概，且是出于正当防卫，因此在审判中将会得到宽大处理。

解决谋杀案的第一步是被害者的家庭成员拿起武器，进入凶手的家园，目的是杀死凶手或其至亲，让他们意识到被害者身后有一个家庭，能够代表其进行复仇。如果被害者的家庭成员成功地杀害了凶手或其亲戚，那么案子就此了结。如果失败，被害者的家庭成员就会进入凶手家的耕地。他们会用剑把香蕉、甘蔗和山药等农作物砍倒，以示愤怒和对被害者的哀悼。只要两个家庭之间发生上述冲突，和平委员会的长老就有义务介入，并通过调解平息双方的争端。这样，通过长老们的努力，私人报复和血债血偿的冲突就能得到和平解决。

基库尤人根据性别的不同，对生命损失的赔偿数额制定了普遍规则。不论该凶手是否使人当场丧命，或导致其伤重不愈，这些规则都旨在惩罚凶手。如果一个人导致他人重伤，那他必须赔偿一只公山羊，为伤者提供疗伤的营养所需。如果伤者最终痊愈，那么案件就此了结；如果该伤者最终死亡，那凶手将被指控为谋杀，赔偿的公山羊也被认为是其有罪的证据。

一名男子的生命损失赔偿数额为一百只绵羊或山羊，或者十头牛；一名女子的则是三十只绵羊或山羊，或三头牛。唯一不适用这些规则的情况是男子或女子因中毒或巫术致死。下毒或用巫术被视为对整个社会的犯罪行为，对凶手的惩罚是火刑，即火烧处死，这将在关于医术和巫术的章节中有所提及。

基库尤社会跟许多早期人类社会一样存在性别不平等现象，正如上述规则所示，男女的生命价值存在巨大差异，但除此之外，这种现象还存在另一种解释，那就是基库尤人的生命价值概念取决于男子和女子一生中为家庭提供的服务。因此，他们认为将女子的生命损失赔偿定为三十只绵羊或山羊，或三头牛是正确合理的，这个数额与女孩结婚时的聘礼相同。婚后，女孩便走进了另一个家庭，不再为自己的父母或原生家庭服务。而男子被认为是家庭中永久性的重要组成部分，他的一生都在为家庭利益持续服务。只要他活着，人们就假设他可以为家庭带来一百只绵羊或山羊，或十头牛的财富，因此男子的生命损失赔偿数额就评估为这一数量。该规则适用于所有男性和女性，不限年龄。无论被谋害的是男婴或女婴，是富有的男人或女人，赔偿数额标准都与上述相同，毫无区别。

现在我们来讲讲对男性或女性造成的人身伤害。在基库尤或马赛，个人或团体之间的争端总是用战斗或决斗来解决，因此受伤是稀松平常的事，只要没有造成失去肢体的后果，就不认为是一种严重罪行。但若造成肢体全部或部分丧失，那么每一部分都有相应的赔偿数额。例如，一根手指的赔偿数额是十只绵羊或山羊；一只手或手臂的是三十只绵羊或山羊；一只耳朵的是十只绵羊或山羊；一颗牙齿的是一只绵羊或山羊；等等。这些规定根据各地的经济情况而有所不同。

通奸或强奸的惩罚是男子向长老委员会缴纳三只肥公羊，再给女子的丈夫或父母九只绵羊或山羊的赔偿。在某些情况下，犯罪者会遭到族人的排斥。这种排斥造成的污名比欧洲的监禁影响更大，后果更糟。许多基库尤人宁愿被监禁，也不愿被排斥。这种恐惧正是阻止人们犯罪的主要因素之一。

接下来是盗窃罪。其惩罚取决于被偷的是什么东西，罚款也是根据所盗物品而定。例如，一个人偷了一只羊，他就得给被偷者另一只羊，以"净化"被偷的那只羊。如果被盗的羊已遭宰杀并被食用，那么犯罪情节严重，盗贼连同所有参与吃肉的人每人都将被罚十只绵羊或山羊。如果有人从他人的蜂房中偷走蜂蜜，那么罚款就是三十只绵羊或山羊。此外，若男子发现有人盗窃他的财产，他就有权动用私刑，将盗贼痛殴一顿之后，再带到长老委员会进行惩罚。在每一个此类案件中，罪犯必须向长老委员会提供一只肥公羊，作为法庭诉讼费。如果一个人成为惯偷，他将被视为社会危险分子而被公开处以死刑，有时是像巫师或巫婆那样被杖毙或火烧致死。在基库尤社会，盗窃和滥用巫术被认为是非常严重的刑事犯罪。

/ 第十章

祭 祖 敬 神

　　基库尤人与神灵之间一直保持着密切而重要的联系，这一点毋庸置疑。无论是个人还是群体，他们生活中的方方面面都受到超自然信仰的影响。因此，了解这些信仰的本质和他们所信奉神灵的本质至关重要。族人信奉唯一的至高神吗？如果是，那么这仅仅是形式而已，还是一种必不可少的信仰？至高神又是谁，他是干什么的？他是一种易被遗忘的抽象存在，还是在他风景如画的居所或在他鬼斧神工的创造中都能看见的真实存在？

　　在我们领会基库尤的宗教生活之前，必须先提出这些问题并加以解答。另外，除神灵以外，还有其他灵性生物存在吗？如果存在，他们在族人日复一日、年复一年的生活中扮演着什么样的角色？我们不妨假设确实有祖先的灵魂这样的灵性生物存在，我们经常与之沟通交流。由此，本章主题中的两个要素便是祖先和神灵。此外，祭祀活动在建立与至高神和其他超自然存在的关系中也起着至关重要的作用，因而成为主题的第三个要素。我们的任务就是分析基库尤宗教生活中这两大部分——祭祖和敬神的运作模式，及其在祭祀仪式上的主要表现方式。为了让分析更为充分，我们有必要描述各种不同形式的宗教仪式和祭祀仪式，这样才能分清主题中对神灵的崇拜、与祖先交流和祭祀活动这三个要素间的区别。

要解释清楚以上三种表达，语言分析可能是最好的手段。首先，基库尤语中的"gothaithaya Ngai"，可以明确地翻译为"恳求恩盖神"或"崇拜恩盖神"。真正意义上的"神灵崇拜"和我们所说的"祖先崇拜"之间的本质区别在于："gothaithaya"一词从未用于和祖先的灵魂相关的表述。基库尤语中表示"与祖先的灵魂交流"的词是"goitangera ngoma njohi"，其字面意思为"为祖先倒/撒啤酒"。也就是说，把手上的酒倒一些在地上，献给祖先；也指在大规模祭祖仪式中，人们会酿造一定量的啤酒供奉给祖先，同时还要献祭一头牲畜。通常来说，这两样东西在这些特殊场合必不可少。

当供奉完啤酒和献祭过牲畜后，人们会用到另一句话：为祖先的灵魂屠宰牲畜，倾倒啤酒。从语言分析中可以看出，基库尤人对于这两种超自然事物有着清晰的区分与理解。除与祖先的灵魂沟通交流外，基库尤族与至高神恩盖也有着某种关系。准确地说，这种关系是一种崇拜。在基库尤的宗教里，这两者相辅相成，作用于不同领域，二者缺一不可。例如，我们会发现在上升到国家或部落级别的重要场合中，祖先也必须参与人们向恩盖神献祭的活动。

"祭祀仪式"的基库尤语是"koruta magongona"，意思是"祭祀供奉或举行仪式"。"lgongona"（单数）是唯一可以被翻译为"宗教"的基库尤词，尽管它也有一个同义词"mambura"，字面意思是"神圣的"。总体来说，这些词都有"神圣"的含义，所以也可以把"koruta magongona"翻译成"神圣的祭品"。由此可见，这些词都与恩盖神崇拜和祖先的灵魂有关。

值得一提的是，基督教传教士无视了基库尤语中这两个原有的宗教用语。原因可能是他们认为这两个词与"神灵崇拜的本土观念"相关，因而引入斯瓦希里语中的"dini"（宗教）一词取而代之。

神灵的概念

基库尤只信奉一位神灵，那就是恩盖神，万物的创造者和给予者。他没有父亲，没有母亲，也没有任何同伴。所有工作都由他独自完成。他对人们的态度基于人们的行为，且爱憎分明。这位创造者生活在天上，但在人间也有位于山上的临时住所。当恩盖神降临人间进行例行检查时，就会在那儿落脚，并给人类带去庇佑或惩罚。

恩盖是人们称呼这位至高神时常用的名字，马赛族、基库尤族和瓦卡姆巴族都这么称呼。在祈祷和祭祀中，基库尤人称恩盖神为"Mwene-Nyaga"（光明拥有者）。这个名字与肯尼亚山的基库尤语"Kere-Nyaga"有关，后者意为"拥有光明的地方或光明之山"。

基库尤人认为肯尼亚山是恩盖神的正式居所。在祈祷仪式中，族人会面向肯尼亚山敬拜，供奉祭品。他们认为这座山是恩盖神在人间的圣所，是他在人间的居住地。

据说，凡人的肉眼无法看见恩盖神。这个居所遥远的神灵对人们的日常生活并无多大兴趣。然而，在生命关键时刻，如出生、割礼、结婚和死亡时，每位基库尤人不可避免地会呼叫恩盖神，与他建立联系。神灵的佑助对于族人来说必不可少，因此，为以上人生四大要事举行仪式也是必然。

然而，个人无法直接向这位神祈求佑助，需要通过家庭才能获得他的帮助。对于什么样的家庭可以这样做，也有着明确的规定：这样的家庭须由母亲、父亲和孩子组成，这样才能获得神的认可。父亲是家庭的核心。由于每个家庭都有各自的一家之主，所以家族或宗族只有在部落危机时才会聚集在一起。一个家庭，特别是一夫多妻的家庭，可能有近一百或两百口人。除了子孙定居他处的家庭，"一家之主"实际上是曾祖父。因此，这样定义的家庭单位也是宗教单位。虽然是个人的危机，但个人无法以个人名义向神恳求，而是需要整个家庭以自身利益为担保向恩盖神祈求。

除了人生四大要事外，每个人都会有其他一些时刻需要灵性力量的帮助。他可能因违反禁忌招致厄运，但这是个人琐事，人们不会因此祈求恩盖神。个人琐事的涤罪需要通过巫医与可能涉及的祖先的灵魂建立联系。也许只需要安抚个别祖先的灵魂，因而不需要所有家庭成员到场。只有在向恩盖神祷告时，整个家庭才会集体参与。这样，我们也就区分了人生四大要事与生活中的小困难。至高神恩盖在前者中提供庇佑，与祖先的灵魂交流可化解后者。但是当危机涉及整个部落时，其重要性又超越了前两者，比如严重干旱。这时候，整个部落的人都必须参与祈求恩盖神的仪式。

现在，我们来看看语言分析能否帮助我们强化上述观点。基库尤语中说："至高神住在天上，他并不为单个凡人的私事操心，他关心的是整个民族或家族的事务。"因此，没有属于个人的至高神，个人也无法单独向至高神祈求。

除了肯尼亚山北面公认的指定居所外，恩盖神在东面的大雨山、南面的碧空山，以及西面的安睡山等地都有临时居所。族人敬畏这些山，认为它们是圣地，是至高神神秘的象征。在基库尤，没有人工建造的神殿。族人通常会选择一些大树，比如人工种植的无花果树或野生无花果树，作为神山的象征，在这些树下对恩盖神进行祭祀敬拜。如同基督徒视教堂为上帝之家一样，基库尤人视这些神树为至高神之家。

虽然凡人肉眼无法看见恩盖神，但他会通过多种方式显示他的存在。太阳、月亮、星星、大雨、彩虹、闪电与雷鸣都被视为恩盖神力量的表现。他通过这些自然物来表达自己对人类的喜爱与憎恨。例如，雷电是恩盖神从一个圣地移向另一个圣地的警示，人们须为他让路。那时候，恩盖神正在活动筋骨，准备驱赶或击溃敌人。如果有人恰好被雷电击中，人们通常会说这个人胆子太大，胆敢抬头偷看恩盖神做准备活动。

在雷雨天，仰望天空是禁忌。母亲会告诫自己的孩子不要仰头望天，须马上进屋。如果躺在床上的人还没有入睡，他会马上侧过身子，避免仰卧。

通常情况下，在日常生活中，基库尤人不进行早晚祷告等祈祷或宗教仪式。只要风调雨顺，人们就会认为至高神对他们的行为和国家十分满意，在这种昌盛状态下，无须向天神祈祷。事实上，人们也不提倡日常祷告，认为不必为没有必要的事情打扰恩盖神。只有当人们真正有需要，不怕因打扰恩盖神而招致其愤怒的时候，才能接近他。但是，人们聚集起来商讨公事，或做出裁决，或举行舞会时，也会祈求恩盖神的保护和指引。

我们可以从以下句子中找到语言方面的解释：某人被雷电击

中，是因为他看见了恩盖神为击溃敌人而做的准备活动。

人们认为，雷声是恩盖神"展开"筋骨的声音，闪电是恩盖神对抗敌人的可见武器。恩盖神没有信使，没有先锋队替他提前告诫自己的到来并让众人为他做好让路准备，只能通过准备活动的声音来提醒人们。雷声表明他正在"展开"筋骨，正如武士运动前的热身准备。通常也正是这鸣锣击鼓般的声音，警示人们这个天上首领的出现。同时，闪电是他开路的利剑。任何挡住去路的事物——树、人、动物都会被击倒，他还会用闪电劈开陆地。雷鸣表示恩盖神正在使用或准备使用闪电这个利器。基库尤人在这样一次次的经历中亲眼见到恩盖神的威力，认识到这些现象与至高神有关。

从语言分析角度，我们可以做出进一步的解释。"不要纠缠恩盖神"是基库尤族常说的一句谚语，有多层含义。它的第一层意思是即使一场可怕的灾难降临，如失去孩子，人们的态度也必须是听天由命。人们知道这一切是恩盖神给予的，他有能力收回这一切。遭受灾难的人也无须觉得无望，恩盖神也许会弥补他的损失：另一个新生命可能降临到这个家庭。

以下是一些公众集会上常见的祈祷用语：

　　1. 神啊，愿长者可以拥有智慧，可以团结一致，统
一发声！

2. 神灵恩盖啊，我们赞美您，愿和平与我们同在！

1. 神啊，愿国家安定，愿人口不断增长！
2. 神灵恩盖啊，我们赞美您，愿和平与我们同在！

1. 神啊，愿人畜兴旺，疾病远离！
2. 神灵恩盖啊，我们赞美您，愿和平与我们同在！

1. 神啊，愿田园多结果实，愿土地保持肥沃！
2. 神灵恩盖啊，我们赞美您，愿和平与我们同在！

以上祈祷用语中，每小节的第1句是长者的祈祷词；第2句则是参与者的集体回应。

在基库尤，通常所有公众集会上都会使用以上语句。

进行上述性质的祷告时无须献祭，只有在遇到严重的灾难，例如干旱、疫情暴发或遇到重大疾病时，基库尤人才会向神灵献祭求助。在这种情况下，相信"礼尚往来原则"的基库尤人，会向恩盖神献祭牲畜，并希望得到他的回应。

一个人生病或受伤，最初的治疗只需运用普通的医学知识，无须使用超自然力量。但如果情况没有好转，就有必要与祖先的灵魂沟通交流。人们可能在占卜师的帮助下，发现某一位祖先遭到了冒犯，向祖先赎罪后，病人就可痊愈。

然而有些时候，即使确定对祖先的冒犯皆已消除，病魔却依然存在。这时候，一家之主就需要向恩盖神祷告。他会带领家庭成员通过祭祀祈求这位神。而且，整个家庭的生者和逝者都必须一起祈求这位具有最高力量的恩盖神。这种方式是向恩盖神证明情况的严重性，其他方法都已无济于事，只能祈求他的佑助。

在生命危在旦夕的情况下，社会行为的宗教本质就凸显出来。通过祭祀仪式祈求恩盖神是基库尤宗教的一种必要形式。基库尤宗教对被闪电击中导致受伤却不致死的情况更具解释力。被闪电击中这种不幸事件具有双重性质，治疗方式也具有双重性质。身体上的伤害可通过医疗手段医治，但恩盖神对他的惩罚却需要通过立刻与这位至高神进行交流来消解。涤罪的方式是：在被雷击的地方宰杀一头羔羊，用羊的内脏涂抹被雷击中者全身，以使其获得净化，接着把羔羊献祭给恩盖神。这种情况与祖先无关，毕竟闪电不是祖先的武器，但这种宗教行为是由整个家庭一起完成的，因此祖先的灵魂也在现场。家庭里的生者和逝者共同请求恩盖神息怒，一名家庭成员已被至高神的怒火击倒，人们希望通过献祭平复至高神的愤怒，祈祷他不再降怒于这个家庭。

普通的伤病和闪电的击伤，这两种情况从不同角度反映了恩盖神崇拜、与祖先的灵魂交流和祭祀仪式在基库尤实际生活中各自扮演的角色。

宗教的自然性

在这里，我们还要指出基库尤宗教中的另一方面。人们每时每刻都不可避免地与自然进行着亲密接触。我们已经知道电闪雷鸣等自然现象是恩盖神的直接显现。后面我们也会了解到恩盖神不仅掌握着族人及他们赖以生存的牲畜的生命健康，而且还控制着雨和粮食的供应。在某种程度上，这些自然现象中如雷鸣一样都有恩盖神存在。任何抛开这些自然性来谈基库尤宗教的描述都是不全面的。我们不能说"自然崇拜"是基库尤宗教的一部分，但它贯穿始终，维系宗教与日常需要和情感的关系，并激发宗教的活力。

祭司

在基库尤宗教里，没有对祭司职位的规定，也无任何宗教布道。人们对皈依活动也是一无所知。产生这种现象的原因是基库尤宗教与社会传统和习俗相互交织。所有族人在幼年教育中自然而然地习得一些必不可少的宗教习俗知识。而传授这些知识的责任由孩子的父母承担，他们被视为宣扬宗教伦理和社会习俗的正式祭司。

基库尤宗教是建立在对至高神恩盖的信仰，以及与大自然不断交流的基础之上的。若用欧洲术语来描述，可以说基库尤宗教就是"国教"，但更确切地说，宗教与国家是一体的。

祭天礼是最庄严的宗教典礼。主持祭天礼的责任由长者担负，通常是酋长、副酋长或等级高的长老负责。主持这类祭祀的长老被认为拥有神奇的力量，其中有些是巫医或先知。人们认为这些人被赋予了超乎常人的能力，他们能与恩盖神直接交流。恩盖神通常会在梦中给予他们指示，指导他们如何履行神职，但恩盖神赋予的权力只能造福大众，不能用于私人目的。这是为了防止长老滥用权力、违背恩盖神的指示，从而给自己和家庭带来灾难性的后果。

笔者的祖父刚果·瓦·马加纳（Kongo wa Magana）就是一名先知（morathi）。先知在解读恩盖神给予的信息或指令时不能使用魔法或巫术。他也不能在执行神圣使命时向凡人寻求帮助。因此，先知的处境十分微妙，他在与恩盖神直接交流的同时，自己的生命也处于危险之中，对新手来说更是如此。只有当先知反复接收到恩盖神传达的信息或指令，并且对内容十分确信的时候，他才敢将之告知世人。如果预言错误，那么人们就会认为他是假先知。对这种行为的惩罚就是处死先知。

先知不同于巫医。巫医的专职是帮助长老进行某种礼法，如涤罪礼、神断法，以及治愈各种疾病等。除此之外，巫医没有任何权力，也不能对他人进行道德观念或宗教理论的教导，这些是父母作为长者的权力。通过祭祀与恩盖神建立联系是基库尤宗教的重要组成部分。正是通过祭祀，人们才可以完全明白和领会基库尤宗教的意义。我们已经知道，基库尤人只有在遇到干旱，或人口、牲畜生病等困境时才会求助于恩盖神，这是宗教祭祀仪式的基本准则。现在让我们了解一些重要的祭祀典礼。但在此之前，我们须知道谁能执行神职，怎么执行，以及宗教仪式的管理权掌握在谁的手中。

祈雨仪式

若人们耕完田地准备种植时，发现旱期延长，雨水没有按时降临，他们就会向恩盖神求雨。在这个令人焦虑的时刻，第四等级的长老（kiama kia maturanguru）就会聚在一起，召集先知，询问他们是否收到了恩盖神关于干旱原因的信息或指示。如果每个先知都没有收到信息，长老就会让他们回家，第二天上午再次召集他们并询问是否与恩盖神交流过。第二天清晨，他们为了解开谜团会再次见面。这时候，一些先知可能已经收到了恩盖神的指示：什么使他如此愤怒，以致拒绝为他的子民降雨；什么样的牲畜适合用来祭祀以平息其愤怒；等等。

先知描述的动物可能是具有某种颜色的羔羊，黑色、棕色、红色或白色。长老得知这个信息后就会寻找符合条件的羔羊。祭祀的羔羊无论大小，都必须是纯色，无任何斑点或瑕疵。羔羊的来源也必须仔细调查。他们极度重视现在的主人最初获得这只羔羊的过程。用于这种祭祀的羔羊必须通过合法手段获得，要么是通过合法土地上种植的粮食换购的，要么是用神树上的蜂蜜换购的。羔羊的主人必须诚实守信，不能是杀人犯、窃贼、强奸犯或与巫术有关的人。

羔羊选定后，下一步就是挑选担当祭祀职责的参与者。这些参与者必须是：1）经受得住世俗贪念的诱惑，现在一心一意关心本族福利的长者；2）如果允许女人参加，她们必须超过生育年龄，人们认为这时候的女性已经看清世俗争执，并且已为人母，不再是个人而是社会的一员；3）年龄小于八岁的一男一女两个孩童，八岁以下的孩子被认为在心灵、心智和身体上都是纯洁的，没有世俗的罪恶。（笔者曾有幸陪同祖父参加过一场祈雨仪式。）

再下一步就是选择合适的地点。这个地点必须是在圣树——人工种植的无花果树或野无花果树下面。笔者的家乡仍有一棵这样的树，非常有名，叫作瓦那提无花果树（mogumo-wa-njathi）。在这棵树下，一代又一代的基库尤人向恩盖神举行祭祀仪式。但许多圣树在欧洲人占领基库尤土地时已遭到了砍伐。

所有准备工作完成后，需要选定一个祭祀日，并向族人公开宣告祭祀仪式的日期。人们会提前收到通知：五天五夜之后是与恩盖神交流的日子，任何人不得涉水过河；陌生人不得在祭祀当天出入；勇士们不能跳好斗的舞蹈，以免引发武士间的争斗，从而亵渎祭祀礼。所有地区都采取了防范措施，以确保祭祀万无一失。各个区的族人都自发地提供祭品。祭祀的地点以河流或溪流为界划分单位，两条河流或溪流之间的族人构成一个祭祀单位。每个单位都有一棵圣树或一片圣林，他们会在圣树底下举行祭祀活动。

另外，被赋予祭祀职责的长老在准备祭祀期间和祭祀当天，都不得有任何性行为，也不能睡在妻子的屋里。这个过程将会持续八夜，包括祭祀前六夜和祭祀后两夜。

祭祀典礼当晚，祭祀委员会中的所有长老聚集在领头长老的家中；祭祀的羔羊和两个小孩也会被带来；这时，他们会备好少量蜂蜜啤酒，放在接近火堆的地方，使其在夜里发酵。

第二天清晨，他们将过滤后的啤酒装入一个仪式用的小葫芦里。从一头仪式专用奶牛身上挤下的奶则装入另一个小葫芦。一切准备就绪后，长老们列队。两个小孩走在队伍最前头，男孩拿着装有牛奶的葫芦，女孩拿着装有蜂蜜啤酒的葫芦。遮住了双眼的羔羊紧随其后。长老们则走在队伍的末尾。整个队伍缓慢地向圣树走去。

队伍抵达圣树后，领头长老从孩子手中接过两个葫芦，面向肯尼亚山，双手托举葫芦并保持这个姿势站立，开始向恩盖神祈祷：

生活在肯尼亚山上的尊敬的神啊，您使山峦颤动，河水滔滔。我们在这里向您献上祭品，希望您能给我们带来雨水。大人和孩子在哭泣；绵羊、山羊和其他牲畜在哭泣。恩盖神啊，我们供奉这头羔羊的血和肉来恳求您。上好的蜂蜜和牛奶也给您带来了。我们在同一棵圣树下，用先祖曾经赞美您的方式赞美您。您听见了先祖的呼声，给他们带去了雨水。我们也恳求您接受我们的献祭，给我们带来充足的雨水！

领头长老祈祷的同时，其他长老集体唱起圣歌："和平，我们恳求您，恩盖神，愿和平与我们同在！"

领头长老每说完一句祈祷词，其他长老就会唱起圣歌。圣歌具有仪式独有的音调，只用于庄严的仪式典礼。

之后，领头长老放下双手，啜饮两个葫芦里的液体。这是向恩盖神证明葫芦里的东西无害并且珍贵，人们对于这场祭祀也是非常真诚的。基库尤习俗规定人们在给他人食物或饮品前，本人须先品尝，以证明自己待客的诚意，因此，向伟大的天神祭祀时，他们也必须遵守这个习俗，否则天神会感到不悦。

领头长老将啜饮的液体喷洒在左右肩侧的地上，以此向祖先的灵魂供奉食物。祖先的灵魂是圣树的守护者，此刻正在队伍中指引着长老们。

完成初步的仪式后，队伍从右到左绕圣树七次，一边走一边向树干上祭洒牛奶和蜂蜜啤酒。之后，所有人坐下来围成一圈，并将羔羊平放在地，使其头朝肯尼亚山。之后一位长老将这头羔羊勒死，在这个过程中，小孩会把拇指一直放在羔羊的喉咙处。这样做意味着羔羊是被纯洁之手杀死的。然后一些长老将羔羊的尸体去皮，一些长老收集圣叶和木柴，另一些长老通过摩擦从圣树上折下的枝条生火。人们将羔羊的肉放在大火上烧烤，将羔羊的血放入原本装有牛奶的葫芦里，将融化的羊脂倒入原本装有蜂蜜啤酒的葫芦中。长老小心翼翼地从羔羊体内取出内脏后，挑出羊肠系在树上，再淋上羊脂和羊血。然后将烤熟的肉放在先前拾好的树枝上，并在盛宴开始前，把羔羊关节上的肉切成一小块一小块的。用前文描述的方式试尝后，小块肉被堆在一起作为恩盖神的食物，剩余的羊肉由长老们和两个孩子共享。盛宴结束后，人们把这堆肉和所有的骨头收集在一起，与树叶和散发着清香的小树枝一同放入火堆。随着这些东西的燃烧，烟雾直冲天空，长老们一同起立，围着火堆开始唱赞美歌。几分钟后，所有人右转，朝向东面的大雨山，然后转向南面的碧空山，接着转向西面的安睡山，最后转回最初的方向——北方。这样转七次后，长老组队回家。临行前，他们会拿一些羔羊的胃容物，以用于之后的播种仪式。完成这步后，祭祀祈雨仪式就结束了。

关于我参加的那场祈雨典礼，我很清楚地记得我们的祈祷很快得到了回应。在圣火熄灭前，倾盆大雨就降落了下来，我们都被淋得湿透。我至今难忘在瓢泼大雨中走回家的场景。

等年长些，我也目睹了多场祈雨典礼，清楚地记得其中四场，可能还有更多。第一次参加祈雨后，我便不再符合八岁以下的条件，所谓儿童的纯洁不再，对此我感到十分遗憾，但因我经常在我们区圣树周围的牧场放牛，便有幸观看到多场祈雨仪式。

那棵叫瓦那提无花果树的圣树，是一个突出的地标，高大的树干周围有许多小树，也是我生活的地方附近唯一一棵幸存的圣树。其他圣树都已被欧洲殖民者砍伐殆尽。他们清理了刚得来的耕种土地，砍倒了所有的树木。瓦那提无花果树因地处非殖民地区域才得以幸存。一些信仰基督教的基库尤人曾经因为发现了新信仰，满怀激情地扬言要把这棵圣树砍倒，要清理"撒旦的势力"，破坏旧天神的住处，从而为新上帝让位。但是长老们阻止了这个荒诞的想法，这棵无花果树才得以在接下来的几年里继续成为恩盖神和子民交流的中心。这棵圣树是基库尤文化的核心之一，它标志着民族的团结和家庭的完整（因为一家之主围绕着它进行祭祀），标志着族人与土地、雨水和其他自然物的紧密联系，更标志着族人与部落至高神恩盖之间的重要交流。

我希望把每一场亲眼看见的祈雨仪式都记录了下来，然而并不是每一场祈雨仪式都会成功。如果雨水仍没有降下，人们就会检查仪式的每个细节，或许会发现一些疏漏。但无论如何，整个仪式会仔细地再进行一遍，直至最后祈雨成功。

基库尤的降雨量已比之前大大减少，这是一个不争的事实。我记得以前经常游泳的水塘，其深度可以超过一个成人的身高，但现在水塘变成了旱地。其主要的自然原因，可能就是森林遭到破坏。森林被砍伐是外来殖民者造成的，所以人们自然而然地就把严重的灾害与道德宗教信仰联系在一起。

现在许多人说：基库尤不再是以前的基库尤了。换言之，"一切都处于混乱之中"。整个部落不再遵循宗教礼仪和神圣传统。没有了统一的部落道德规范，破坏道德准则的人也不会受到任何惩罚。研究人类学的读者可以清楚地意识到，现在一连串扰人的（欧洲）影响、新规则和新处罚的唯一结果，就是让基库尤人不知道什么可以去做或可以相信，什么应该去做或应该相信。但毫无疑问的是，族人原来的道德规范已遭破坏，待客原则和亲属关系已被忽略。人们挂在嘴边的越来越多的是与金钱有关的部落互助。因此，恩盖神不再像以前一样保佑他的子民，这也就不足为奇了。老一辈的人把缺乏天神的保佑归咎于后辈的行为。如老人们所说，年轻人已变得推崇个人主义，自私自利，远离了神的指引。

对于这种信仰缺失还有另外两种解释。首先，部落失去了凝聚力，无法用民族完整的声音与恩盖神交流，因而无法打动他。而且在一定程度上，族人与祖先灵魂的交流减少，先灵们无法及时加入族人对恩盖神的祷告中。我们或许可以用已有的事实证明基库尤已失去部落凝聚力：以前，所有族人都毫无例外地信奉恩盖神，也正是这个需要部落团结一致的宗教，在精神和物质上巩固了部落组织。但现在，部落里有人信奉基督教，有人信奉伊斯兰教，还有人仅仅是"无组织的"，没有任何宗教信仰。

其次，基库尤宗教是建立在家庭的主动祈祷之上的。而现在，即使是单个家庭的成员也可能分属于相互竞争的宗教教派。家庭纽带、亲属关系和部落群体的破坏在一定程度上减弱了社会的物质和精神动力。也正因如此，族人与恩盖神和祖先灵魂交流的时候，精神就无法达到完全契合。

播种仪式

当人们焦急等待的雨水终于降下，祭祀委员会的长老会马上安排一场简短的播种仪式，以保佑种子顺利发芽。

仪式的第一步是找到主要的季节性作物：小米、纳加禾、玉米及各种各样的豆类。这些种子会和祈雨仪式所得的羔羊胃容物一起被放入装种子的葫芦里，之后交付给拥有成为"族母"资格的女人手中。在播种前一晚，这位女性会将种子在自己的屋里放一夜。

下一步，在之前祈雨烤肉的木棍中挑选出最能防火的两根。将木棍的一端削尖便于挖掘。削尖后的木棍称为挖掘棍。先前参加过祈雨祭祀的孩子会拿着这两根挖掘棍，在放有种子的屋里过上一晚。

　　清晨，前一晚也住在该屋子里的长老会叫那两个孩子打开门，使他们成为最先走出屋子的人，然后重新进屋，这样就会为播种仪式带来好运。在基库尤，选择最先进出屋子的人非常重要，人们相信这关系到带来好运还是厄运。几乎每一户人家都有一个可以带来好运的人，这个人被称为"早晨最先开门的人"或"幸运儿"。除了被选中的"幸运儿"外，其他人一律不能最先开门。

　　前期准备完成后，领头长老、那位女性及两个孩子一同出发前往选定的田地，当季第一批种子会播撒在这块土地上。行走过程中，为了防止不洁净的东西给神圣的仪式带来厄运或污秽，任何人都不允许与他们讲话或者发生触碰。抵达田地后，长老拿着装有种子的葫芦，面向肯尼亚山，双手高举其中一个葫芦，并以这种姿态开始祈祷：

　　"恩盖神啊，是您为我们带来了雨水！我们现在要进行播种，希望您能保佑这些种子多结果实！"

　　祷告完毕后，长老拿出一些种子给那位女性。她将种子分给每个孩子少许。孩子们用洁净的挖掘棍开垦土地，然后播下种子。对于木棍的来源，基库尤也有明确的规定：必须来自圣树；曾在祭祀中用于烤肉；能防火；只能用给动物剥皮的圣刀削尖；最后由纯洁的孩子看管一夜；播种时由其中一个孩子用来挖掘。此后，直至第一次除草，这根木棍不会再作他用，而是与其他祭祀用品一起被小心地保管起来。从外观看，这根木棍与其他挖掘棍毫无二致，但考虑到祭祀的各种需要，它又是如此与众不同，完全是为了祭祀的功用而特地挑选的。在播种仪式过程中，同样的祷告和传递种子的步骤会一直重复进行，直至所有不同的种子都播种完毕。

仪式完毕后，队伍启程回家。此时号角声响起，宣告播种仪式结束，从现在起人们就可以耕种自家的田地了。如今，在一些地区，特别是基督徒占多数的地区，人们越来越少地提及播种仪式。仪式的号角声也被口口相传的方式取代，原因是包括我父亲在内的许多基库尤人皆因拥有祭祀用品而被当局检举并惩罚。他们认为这些祭祀用品是"巫术"。因此，为了免于被检举处罚，族人改用了口口相传的方法。

庄稼净化仪式

净化仪式在播种后两三个月举行。这段时间，人们除草施肥，精心照料，作物已经开始结果。长老们聚集在一起，准备净化仪式。为了确保良好的收成，庄稼必须免受昆虫灾害。净化仪式的主要祭品还是羔羊，祭祀步骤与前文所述的祈雨仪式相同。参与净化仪式的长老和祈雨的长老是同一批。有时候，这一职责也会由同一等级的其他长老轮流担负，但孩子们无须参加净化仪式。

前期准备完成后，长老们在该地区中心选择一个地方作为仪式地点。这个地点需要有许多耕种的田地和一片神圣的园林。仪式必备的东西有：1）羔羊；2）一种能使土地肥沃的草药（makori），燃烧后的气味可以防虫；3）一种味道使人愉悦的草药（mokenia）；4）一些能带来平安的草药，如藤蔓（mokengeria）和药草（mohoroha）。除了上述提到的主要用品外，仪式还会用到许多其他相关的草药。

一切安排妥当后，长老们出发前往仪式地点。他们将羔羊绞杀去皮，并取出肠胃。肠胃对于此次仪式来说极为重要。他们小心地将羔羊的胃容物注入葫芦中，与切碎的草药混合。生火后把圣树的木头和树枝放在火堆上，等待它们燃烧成灰烬；把羊肉放在交叉的枝条搭成的"烤架"上，用余烬烧烤。长老们分享盛宴，吟唱仪式歌曲，但是这个过程没有任何乐器和舞蹈相伴。在所有基库尤庄严的祭祀中，献给恩盖神的典礼仪式都没有舞蹈。正如前文所述，参与者是年老的男人、女人，以及小孩。除了在一些场合出现的仪式号角外，祭祀中没有任何乐器。但号角也只用于仪式宣告，无任何其他用途。

盛宴结束后，他们将木材、草药、骨头、羊蹄和羔羊的胃容物一起放入火堆中，滚滚浓烟顿时升起。这时候，长老们把一种叫莫忒（motei）的灌木枝条捆绑在一起做成火炬，用圣火点燃。长老分成四组，每组各拿一个火炬、羔羊的少量胃容物、羊血和羊脂分别朝四个方向——东、南、西、北——行进。长老将圣火向各个地方传递。田地的主人备好干草和枝条，热切地等待着庄稼的净化之焰。长老经过时，便把火焰传递在这些可燃物上。通过这种方式，净化圣火会在短时间内迅速蔓延，几乎所有田地都接收到了圣焰。

火焰不仅传递到田地，也被带到家中。人们将家中的旧火焰熄灭，用圣炬点燃新的火焰。这些新的火焰被小心地守护着，直至下个季节由新的圣火替代。

丰收仪式

等到庄稼成熟，差不多可以收割的时候，族人会祭祀恩盖神，以此来感谢他慷慨地降雨，让社会繁荣昌盛。仪式委员会的长老们，包括先知和占卜师，会聚集在一起讨论什么东西最适合供奉给至高神。此类祭祀的供品通常是羔羊。羔羊的颜色由将要丰收的玉米中最多的颜色来决定。如果玉米地里的多数玉米为白色和巧克力色（或黑色和黄色）的混合，那么长老就会决定选用一头有这几种颜色的羔羊。最费工夫的往往就是准确地找到那头符合颜色要求的羔羊。有时候需要羔羊的前额或肚脐有某种颜色的斑点，有时候还需要两种想要的颜色（如黑、黄）均匀地分布在羔羊身体的两侧。

最终选定羔羊后，长老们会确定一个举行感恩仪式的日子。举行仪式之前，人们会在通往耕地的人流最多的主干道上搭建许多临时仓库。我们将在后文看到，这些小仓库具有仪式特点，在典礼中发挥着重要作用。

典礼当天清晨，长老们把羔羊和仪式用具都带到举行祭祀的无花果树下。对于基库尤人来说，无花果树具有特殊的意义，我们甚至可以从族人的名字中看出这种特殊性。例如，无花果树在基库尤语中叫"mokoyo"，而"mogekoyo"是基库尤人名。

按照仪式程序宰杀羔羊后，长老剥落一块无花果树的树皮，带点微红的乳白色树液随之流出。将树皮、树液和羔羊的胃容物混合在一起后，领头长老根据仪式步骤把羊皮切成带状小条。这些带状羊皮的总数须为偶数，所以必须仔细计算。然后把它们浸泡在混合物中，并将混合物分成若干小份，用无花果叶包裹。这个步骤完成后，长老面向肯尼亚山，用仪式特有的口吻进行祷告。

> 长老："恩盖神啊，您给我们带来了雨水，也给了我们一个好的收成！希望您能保佑族人好好地享受收获的粮食，不要有任何意外或忧愁降临；希望人畜远离疾病！这样我们就能安安静静地享受本季的收成。"
>
> 合唱："和平，恩盖神啊，我们赞美您，愿和平与我们同在！"

领头长老每说完一句祷告词后，其他长老便开始合唱。

祷告完毕后，长老拿着装有圣物的包裹开始执行仪式任务——净化收获的粮食。人们会在所有路径交叉的十字路口挖一个坑，将一个包裹放入其中。这样做是为了使族人在从家里走到田地，再扛着收获的粮食从田地走回家的过程中，双脚能够得到净化。剩下的仪式包裹会在社区里进行分配，在储存粮食前，每户人家须提前将这些包裹放在粮仓里。

现在，我们来说一说搭建在主干道上的临时仓库所具有的重要性和仪式感。相传这些临时仓库属于恩盖神，理由正如我们之前所说，恩盖神被称为"尊敬的长者"，一定会有属于自己的仓库来储存供品。所有刚从田地收割完粮食的人，在经过恩盖神的仓库时，需要在里面放一些刚收获的粮食。这象征着基库尤"礼尚往来"的习俗：恩盖神给人们带来雨水，如果没有他的佑助，就没有任何粮食，所以他有权收到族人的礼物，即本季第一批收获的粮食。因此，不向恩人恩盖神进贡与习俗相悖，人们认为这种行为可耻且贪婪。

仪式委员会的长老们将每种庄稼拿出一些存放，然后根据仪式要求用不同方法进行准备：一些用来烘烤，一些用来烹调，另外的农作物，如稷米则研磨成面粉。这些准备工作在领头长老的家里完成，其余长老则聚集在一起举行仪式，分享盛宴，试尝供奉给恩盖神的当季食物和饮料。通过这种方式可确保向恩盖神进献的供品中没有任何污秽，人们也不会献给至高神任何连长老们都不会吃的东西。

驱病仪式

在基库尤有这样一种说法：是某些邪灵给人类带来疾病的。这些邪灵隐藏在住所周围的灌木丛中。它们随风飘向一户又一户家庭，对人类发动大规模的袭击。据说这些邪灵在白天行动，当人们看到一股旋风以惊人的速度刮过时，就会用力地大声咒骂这股旋风，称它是邪灵聚集的力量，将对人类发起攻击。

当疫情或疾病暴发，人们不能清楚地了解发病原因，也不能找到有效的药物疗法时，各等级的长老就会聚在一起询问先知和占卜者，怎样才能缓解人们的痛苦。商讨过程中，先知和占卜者认为医疗救助已经无济于事，需要用武力对抗敌人。驱除疾病的唯一方法是准备一场与邪灵真正的搏斗。这些不友善的邪灵已经让人们饱受痛苦。人们相信如果能在大战中击败邪灵，那么它们不仅会带着疾病逃跑，也会因为受到惊吓，今后不敢再给人们带来痛苦。

通常说来，夜晚是向邪灵发动进攻的合适时间。据说，邪灵围绕在那些不幸的住宅周围，观察它们的受害者。长老们商讨之后，会选定一个日子，在这天晚上对这些看不见的生物发动攻击。仪式斗争最有利的时刻是在晚上七点月亮升起的时候。人们听从长老的决定，并通过口口相传的方式宣布斗争日期。消息从一户人家传到另一户人家，从一个村庄传到另一个村庄，再从一个地区传到另一个地区。就这样，人们知晓了要做好仪式斗争和接收斗争信号的准备。根据习俗，此次仪式要求所有社区成员参加。无论男女老少，都必须参与作战。

到了指定的晚上，各个地区中心传出斗争的号角声，通知大家对抗邪灵战斗的开始。听到斗争号角声的男人、女人和孩子，带着棍棒和其他武器激动地冲出房屋。长老们则严加注意避免长矛、利剑和匕首等利器出现在斗争中，以防邪灵不干净的血洒在大地上，传播污秽之物。这些污秽可能在族里引发大灾难。为了避免不幸和苦难，人们只能使用较钝的武器。

一切准备就绪后，人们走出家门，组成仪式的斗争小组，开始一起用驱魔仪式专用的节奏敲打木棍。伴随着愤怒的呼喊和尖叫声，所有人慢慢地移向河边。沿路而下，他们一边敲打着灌木丛，一边仔细检查每个地方，确保不留下任何一个隐藏的邪灵。

仪式期间，到处都能听见人们的叫声和棍棒敲击的嘈杂声。这些声音在山间回荡，所有参与的地区都弥漫着一种恐慌的气氛。当队伍接近河流时，两岸的居民用力地叫喊，敲击着木棍。这时候，战争的号角声又从中心响起，告诉河岸两边的人做好准备，以便同时将邪灵丢入河中。

第一次斗争的号角的回声消失后，河流一边的斗争小组领头人向对岸的领头人问道："你们那边抓到所有邪灵了吗？它们携带的疾病也都收集起来了吗？"

另一边的领头人回答道："已经把它们都抓住了。那些企图隐藏在灌木丛中的邪灵也被我们拖出来了。现在这些邪灵及它们携带的疾病都已在这儿，让我们准备好把它们扔进河里吧！"

这时候，雷鸣般的叫声和木棍的敲击声越来越强烈。斗争的号角又一次响起，这次尖锐而短促，带有驱魔仪式特有的节奏。听到号角声后，聚集在两岸的人群开始向河里扔棍棒，并用胜利和轻蔑的语气叫喊着："邪灵，还有你们的疾病，我们已经彻底把你们击败了！你们会远离我们，永远地离开，永不再回来！"

扔进河里的棍棒代表邪灵和疫病。完成这一步后，人们掸去衣服和鞋子上的灰尘，确保没有遗留下任何一个邪灵。仪式结束后，人群各自分散回家。他们边走边高兴地唱着歌，敌人已经消灭，不用再害怕被疫病传染。

回家的路上，带领队伍的长老告诫人们不要回头，因为根据仪式要求，任何关于邪灵的记忆都须抹除。

第二天一早，母亲们须参与削发仪式，给她们无法参加对抗邪灵的斗争的小孩削发。母亲给孩子削的发型很独特：从前额到后脑勺削去一条呈直线的头发，从头的左侧到右侧削去另一条呈直线的头发，两条直线在头中央形成一个十字。据说，这种方式可以去除残余的病气，孩子头上的图案也可以吓跑邪灵。削发完毕后，母亲要给孩子洗头，并将他们的头发染成赭色。

"祖先崇拜"或与祖先的灵魂交流

与生者和逝者都相关的年龄组制度在基库尤族人的生活中起着重要作用。随着年龄的增长，个人的年龄组等级也随之上升，他的威望也逐渐提高。正是长老较高的资历才使他在族人的日常生活中扮演着必不可少的角色。在所有盛大的集会中，人们都会请求长老到场或征求他的建议。在宗教仪式、政治和社交集会中，长老拥有最高的权威。基库尤的习俗规定，无论长老是否出席，都需要给予他无上的敬意和荣光。例如，一个年轻人在父亲不在时，碰巧要举行一场仪式典礼，那他就需要邀请一名和他父亲同一年龄等级的长者担任典礼的主持，并在各方面对待这位长者就像对待自己的父亲一样。如果儿子无礼地对待了自己的父亲，他需要给父亲一只绵羊（或一只公山羊）和两三葫芦啤酒来平息父亲的愤怒；通过这种方式，儿子便与父亲及父亲代表的祖先的灵魂保持着交流。

收到礼物后，父亲会在分享盛宴前往地上倒一杯啤酒为祖先的灵魂解渴，同时安抚他们。然后他为儿子祈福并宣布：我与祖先的灵魂经过协商，已经原谅你了。如果儿子已组建家庭，那父母经常会收到儿子送去的一定量的任何熟食。如果杀了一只羊，舌头和羊背肉多的部分要留给父母；如果酿造了啤酒，父母有权喝从葫芦中倒出的第一杯酒，并且儿子会将酒倒入为父母特意准备的葫芦里。这些礼物是对父母的敬意，是对父母作为家庭的出谋划策者和监护人所尽职责的肯定。长辈在自己家里举行盛宴或仪式时，会用儿子对待自己的方式，并以相同的敬意把这些礼物献给祖先的灵魂。

长老为部落效劳，不求任何回报。如同管理家族一样，他用自己的建议和经验帮助族人。人们在典礼上向长老贡献礼物，表达对长老辛劳的认可，并视他为族里的主父和主持牧师。

无论是在家里还是族里，协调生者和逝者群体间的活动都是长老的职责之一。家庭成员和族人因为长老的资历和智慧而尊敬他；作为协调者，长老也相应地尊重比自己年长的祖先的灵魂。这么做是因为长老知道自己目前的德高望重正是由于受到已逝祖先的照顾和指引。无论向祖先供奉什么，长老不仅会用祷告的形式，还会心怀感激，永远铭记。

知晓这些情况后，我们可以进一步讨论所谓"祖先崇拜"。但在这一部分，我将不会用"祖先崇拜"这个词，因为从实际经验出发，我并不认为基库尤人崇拜他们的祖先。他们确实与祖先的灵魂交流，但他们对其的态度与对神明的态度却完全不同。他们对神明是真正的崇拜。为了清楚地解释这一点，接下来我会用"与祖先的灵魂交流"这一术语。与祖先的灵魂交流和非洲人的日常生活密切相连，它让人们想到祖先的光辉记忆。很难说与祖先的灵魂交流是否可以与欧洲人纪念"无名战士之墓"相比较。但欧洲家庭似乎也有一些类似与祖先的灵魂交流的情况。比如在一些特殊场合，家庭进餐时会为死去的成员留一个空位。这个习俗可能与基库尤人的习惯最具相似性。

笔者最了解的三个民族——基库尤、马赛和瓦卡姆巴，都有明确的术语区分与祖先的灵魂交流的仪式和至高神祭祀仪式。"祈祷"和"崇拜"这两个词语从未用于与祖先的灵魂相关的表达，只有在面向至高神的庄严祭祀仪式中才会用到。

在外人看来，长老把羔羊作为礼物献给祖先的灵魂是对祖先的供奉，但其实羔羊是祖先在世时应收到的礼物，现在活着的长老只是替他们代收而已。

基库尤人认为，逝者的灵魂与在世的人类一样，可以被个人、家庭或年龄组的行为所讨好或惹怒。为了在两个世界间建立良好的关系，人们时常会举行与祖先的灵魂交流的仪式。

祖先的灵魂可以单独行动，也可以一起行动。他们有三大类：1）父母的灵魂。他们与孩子直接进行交流，用与在世时相同的方式接近孩子，对孩子提出建议。2）宗族成员的灵魂。他们关心着本宗族的福利和繁荣；与在世时一样，根据宗族或其成员的行为执行审判。3）年龄组成员的灵魂。他们关心着特定年龄组的群体。这个类别的灵魂也叫作部落灵魂，因为他们统一整个部落，处理着部落的事务。

这三大类灵魂中有男有女，有老有少。这些年龄各不相同的灵魂在一起组成了更大的群体。组别的分类与生者的部落组织相一致。这三类灵魂的活动指向部落中较重大的事务；族人的个人事务不在他们的职责范围内，个人的行为由与其密切相关的群体负责。

当不幸或疾病降临家庭或某个家庭成员身上时，人们就会寻求巫医的帮助，查明原因。几乎每一次，巫医都认定灾难是由某个或某几个祖先的灵魂引起的。巫医会通过占卜找出究竟是谁。确定是哪位祖先的灵魂后，巫医要接着弄清是什么使祖先的灵魂如此不友善，可以接受何种供奉来平息愤怒，恢复家庭成员的健康。原因可能是家庭举行了某次盛宴，却忘记邀请过世的祖先，没有与他们分享。在这种情况下，如果上述盛宴中有羊肉和啤酒，那么需要准备一场小规模的，但食品一样的盛宴作为弥补。被冒犯的祖先的灵魂会受邀参与盛宴，与活着的家人交流，恢复友好的关系。受邀的祖先的灵魂通常会以猫鼬或老鹰的形式出现，参加为他们举办的盛宴。为了观察祖先的心情，判断他们是否真的享受盛宴，长老会躲在精心布置的盛宴旁。根据基库尤的信仰，人们由于行为不当向祖先的灵魂道歉，必须如同向被忽视的朋友道歉一样，用同样的礼节。生者与逝者的关系通过上述方式建立，这种方式只能说是生者和逝者之间的交流，不能说是"崇拜"或"祈祷"。

第十一章

东非的新宗教

　　过去五十年间，非洲许多地区都出现了各种宗教。其中最受欢迎的，也与非洲秘密社团最为一致的是叫作"埃塞俄比亚主义"的宗教独立运动，在南非最具影响力，因"钟塔运动"闻名于世。这些新宗教的出现和发展可以归因于以下事实。

　　在欧洲殖民的早期，许多白人，特别是传教士，在踏上非洲的土地之前，对于他们即将看到的一切，以及他们该做何处理，都已有了先入为主的想法。就宗教而言，非洲被认为是一块可以任意涂抹的白板。他们认为，即便白人的宗教教条与非洲的生活方式大相径庭，非洲人也应该全心全意地全盘接受，并认为其神圣而不容异议。欧洲人基于自己的信念，认为非洲人的所作所为、所思所想都是邪恶的。传教士努力拯救非洲人的堕落灵魂，把他们从"永恒之火"中解救出来，把他们的身体和灵魂从旧习惯和信仰中解脱出来，打破他们所有的部落传统，践踏他们的部落制度。欧洲人期待非洲人被迫脱离家庭和部落之后，能够遵循白人的宗教教条，而不质疑该教条是否适合非洲人的生活状况。

从欧洲人（mzungu）殖民非洲至今，他们并不认为研究非洲宗教习俗和信仰至关重要。欧洲人认为，对付头脑简单的非洲人不需要社会地位高、综合素质好的人选。我们在这里引用一位欧洲人自己的说法，他在谈到早期殖民时这样写道："白人认为，管理非洲当地人不需要接受任何特殊培训。在殖民地工作与在国内工作不同，这里不需要接受多少教育，这点已是共识，所以殖民地已成为失败者甚至更糟糕的人员的工作地和避难所。令人遗憾的是，连传教士①工作也是如此。最近，人们竟普遍认为智力平平、受教育程度较低的传教士能更好地为无知和退化的野蛮人宣讲和解释福音书。当然，这里所有的假设和推断都是错误的，当地人并不如假设的那般野蛮和落后，且无论如何，如果他们越难管教，派去的老师就该具备越好的能力和资质。"（丹尼尔·瑟维特，《沸腾的非洲大锅》）

由此我们可以看出，早期基督教传教士并未考虑到基督教体现的个人主义与非洲集体生活之间的差异，非洲人的生活是由各

---

① "目前在乌干达从事教育工作的欧洲女性传教士中，只有1/3接受过一定的教育培训。只有20位接受过专业培训，其中大约10人具有相关证书。"（《东非教育报告》，1937年9月，第67页）

种习俗和传统来进行管理的，且这习俗与传统代代传承。传教士也未能意识到，非洲部落的福祉取决于人们恪守有关部落禁忌的规定并切实履行权利和义务。如此，从国王到酋长，再到最低级别、最无关紧要的个人，所有部落成员在铁一般的职责要求束缚下联结成一个有机整体。但西方宗教机构一到达非洲，便开始着手解决他们一无所知的问题，于是他们谴责自己无法理解的非洲习俗和信仰。其中最突出的是传教士坚持认为，基督教的追随者必须以一夫一妻制作为真正基督教信仰的基础，应放弃非洲社会结构中作为基本原则的舞蹈、仪式和盛宴等内容。但非洲人的社会组织以一夫多妻制为基础，协调部落成员在部落事务中的社会活动。面对这一严重问题，非洲人设法在《圣经》中寻找证据，但他们没有找到可以说明一夫一妻制神圣之处的佐证。相反，他们发现这本"神书"（Ibuku ria Ngai）中许多受人尊敬的人物竟然都奉行一夫多妻制。以此为据，非洲人要求传教士进一步解说与启发，但传教士对所有这些疑问置之不理，认为非洲人头脑简单，只需接受一切即可，不可提出问题。

　　传教士将一夫多妻制与性交过度联系起来，并坚持认为，所有想要拯救灵魂的人都必须采取一夫一妻制。为了打破一夫多妻制和非洲的其他制度，他们将遵守一夫一妻制作为参加洗礼的强制条件，并要求那些已有多个妻子的人必须只能留下一个。若不遵守这个规则，就不能为教会所接受。这在非洲人中间引起了极大的混乱，他们不明白该如何驱赶自己的妻子和孩子。非洲社会将母亲的身份视为一种宗教义务；孩子不仅被视为父亲的一部分，也被视为整个宗族的一部分，没有了孩子，宗族也就不复存在。若一个女人被驱逐，失去她作为妻子和母亲这种在社会上颇受尊重的地位，这是一件非常困难的事情。但是，非洲人别无选择，他们只能在表面上同意履行这些条件，以便获得教会学校施舍的教育机会。教育，尤其是阅读与写作被认为是白人拥有的魔法，非洲的年轻人非常渴望获得这种魔法，但显然，欧洲人并未注意到这个事实。

面对这些问题，同时也看到自己的各种制度被欧洲人打破，非洲人再次到《圣经》中寻求依据。他们发现在《圣经》中，一些伟大人物认可并实践了一夫多妻制。 于是，他们决定从那些实践一夫多妻制的人物中，挑选自己基督教洗礼的名字，以取悦造物主。因此，像"所罗门""大卫""雅各布"等名字最受非洲人欢迎。他们认为，有了这些名字就可以以古代圣贤为榜样，不致犯下罪孽。但传教士认为他们犯下了《圣经》中受到制裁并得到宽恕的罪恶，再次谴责他们为罪人，这让非洲人十分震惊。

上文我们探讨了非洲各地出现不同形式的新宗教的原因，现在我们来具体描述一下这些新宗教的其中一个教派。这个新的宗教派别叫作"上帝的子民"（Watu wa Mngu）或"先知"（Arathi），在基库尤已有追随者。

1929年，基库尤和苏格兰教会之间的论战开始，其中招致争议最多的便是教会对基库尤切除女子阴蒂习俗的猛烈抨击。在这场动乱中，许多人脱离了主要的基督教机构，开始寻求其他宗教形式，一则满足自己精神上的饥渴，二则不必声讨自己部落的社会习俗。除宗教情绪外，教会对基库尤的政治和经济事务，特别是土地问题也普遍不满。这个时候，那些脱离传教士影响的人们，与原住民一起，开始形成自己的宗教和教育团体。其中最受欢迎的是基库尤独立学校和以基库尤民族主义者格兰阿（Kareng'a）之名命名的学校。这些学校都是将宗教与教育活动结合起来的。

"上帝的子民"团体从根本上关心生活中的宗教。他们虽赞同上文其他基库尤独立社团的目标和宗旨，但他们的生活观与社会中的其他人完全不同。"上帝的子民"，顾名思义，承担了圣人的角色；他们声称能与恩盖神直接沟通，还声称恩盖神已经授予他们了解过去和现在的力量，并能将神的信息传递给整个社区，因此他们的派别还有另一个名字，叫作"先知"。他们结伴出行，到处游走。为了证明其身负神圣的使命，他们放弃财产，离开家园。他们认为，"拥有财产是一种罪恶"，世间万物都属于恩盖神，既然被选中为神服务，就没有必要积累财富。"上帝的子民"团体内部十分和谐，男女成员皆有。他们在各地设有分部，建有大型临时神社，并在那里共同生活。

"上帝的子民"团体在举行宗教仪式时有其特殊性。他们的祷告混合了基库尤宗教和基督教的内容，从而为两种宗教增添了全新的内容。他们往往以别具一格的方式站立，高举双手面向肯尼亚山的天空，开始向恩盖神祷告。这时候，他们会模仿狮子和豹这些野兽的吼声，同时身体猛烈颤抖。据说，颤抖是圣灵进入他们身体的标志。由此，他们的身体便附着了神灵，从普通人转变为能与恩盖神进行交流的先知。

在与他人交往时，他们的握手方式也很特别。他们声称自己具有高于一般人的体力，并通过握手来展现其身体的神力。握手问候时，他们会来一个震动式的猛拉，然后说："这是圣灵在问候你！"这个宗教团体的成员坚信，他们是神亲选的子民，为大众传递和解释神的信息。他们宣称自己属于以色列已消亡的部落。

他们在旅行中不携带任何食物，相信恩盖神将提供所有维持生活的必需品。他们一般在树下、山丘上或是山边休息，山洞则是休息和冥想的好地方。他们憎恶金钱和外国商品，会在布道时强调："金钱是一切罪恶的根源。"有些人甚至烧毁外国商品，并扔掉每一样外国器皿。他们将此信条宣扬给追随者们，告诉他们"恩盖神是基库尤的神"，恩盖神赋予了基库尤肥沃的土地、大片的森林、高山丘陵、河流泉水及丰富的水资源。因此，人们不能用不洁净的物品祭祀他们的恩人，他们强调外国商品都充满污秽，不适宜用于神圣的仪式。若祭祀中用到了外国商品，就意味着他们将失去与恩盖神直接交流的能力，也将失去他们的预言能力。

这种态度体现了强烈的民族主义情感，《圣经》也为他们提供了不少例子，比如，"王子将诞生于非洲，埃塞俄比亚将很快向上帝伸出双手"等。这句引用的话语具有更深层的含义，先知们对此也有不同的解释，毕竟他们声称恩盖神已赋予其解释《圣经》语言的力量。由此我们知道，上面这句引用是祈祷时将手臂伸展向天空的依据。

耶稣和其门徒创造的奇迹对这个宗教团体来说是鼓舞人心的，其中他起死回生和治病救人的奇迹尤为如此。"上帝的子民"认为自己由神亲选，自然相信他们拥有这样的力量，于是他们开始努力治病救人。有时，他们确实能够成功地治愈疾病，这就使其在当地人心目中拥有了更高的威望。

虽然"上帝的子民"信奉《圣经》的部分内容，但他们也重视与祖先灵魂的交流。我们在上文已提到，新的宗教认可一夫多妻制的原因，是《圣经》中的几个主要人物往往都有多个妻子，却未因此名誉扫地；相反，他们因自己的善行和智慧而获得称赞。"上帝的子民"据此推断，欧洲人和传教士并没有正确地解释《圣经》，他们只是为了自己的目的而采用一夫一妻制。欧洲人在基库尤强制推行一夫一妻制，是妄图减少其部落人口（kohomia rorere）。这些话也可进一步说明：如果整个部落都采用一夫一妻制，那么部落将逐渐走向消亡。

说到与人的祖先的灵魂的交流，有人认为，既然教会承认圣人的神圣性，而基督教的圣人实则就是欧洲人的祖先，如果神可以与圣人交流，并听取他们的请求，那么基库尤人的祖先的灵魂将很可能发挥有效的作用。基库尤人的祖先的灵魂在传递他们后代的祈祷和需求时，与欧洲人的祖先的灵魂相比会更替后代考虑，毕竟欧洲人的祖先的灵魂需要满足世界上所有信奉基督教者的需求。此外，在基督教进入非洲前离开人世的基库尤人的祖先的灵魂也会因此从中获利，他们在为后代谋福利的同时，自己也找到了与人世间保持联系的大好机会。

"上帝的子民"还在他们的新宗教中设定了包括被传教士谴责的大部分仪式。通过扩大宗教仪式的基础，他们吸纳了更多的信徒，尤其是那些正饱受精神之苦的人。起初，这个团体只被视为一帮疯子，很少有人关注他们的活动。然而，一段时间之后，政府开始关注这些先知的行动，逮捕了其中一些涉嫌鼓动和煽动的人士，并将其送上法庭。在案件听证过程中，先知们并不为自己辩护，他们在许多场合都拒绝发言，只是高声祈祷，这是对外国机构的公开反抗。无论是在法庭上还是监狱中，他们都这样祈祷。现在我们简要介绍一下他们的祈祷词：

> 主啊，您的力量大于一切。
>
> 在您的领导下，我们无所畏惧。
>
> 是您赋予了我们预言的力量，并使我们能够预见和

解释一切。

我们尊您为唯一的神。

我们恳求您保护我们经历所有考验和磨难。

我们知道您一直与我们同在，正如您曾和我们的祖先同在一样。

在您的保护下，我们无所不能。

和平，我们赞美您，恩盖神！和平！和平！和平与我们同在！

"上帝的子民"团体并不沉迷于政治，他们也不隶属于任何政治组织，他们把所有时间都放在了宗教活动上，但政府怀疑他们曾有蔑视权威的行动计划。一些神社因被怀疑用于政治性质的秘密会议而遭到关闭。大约在1934年底，其中一个群体在恩达鲁古（Ndarugu）森林与警察发生冲突，三位属于该教派的基库尤人在冲突中丧生。政府在关于此事件的报告中说他们正在准备叛乱，三个基库尤人是被意外枪杀的，政府以此为这一暴行寻找借口。报告中还说，"上帝的子民"曾雇用瓦多洛博（Wandorobo）铁匠打造箭头和长矛，以备未来的起义之用。

这种说法遭到基库尤人的质疑，他们很清楚地知晓"上帝的子民"的活动，他们绝无任何起义的准备。无论如何，弓箭如何能够对抗机枪和飞机？"上帝的子民"确实使用了弓箭作为他们对抗恶灵的象征，但是鉴于欧洲人对非洲习俗的态度，这一事实并未得到应有的考虑。

也有人指出，他们以基督之名对传教士的基督徒邻居进行了冒犯性的攻击，但是，没有人对这一团体的宗教性质做任何调查，以证明它一方面与基督教，另一方面与基库尤宗教都有联系。若对这个教派进行仔细研究，就能揭示它真正的非洲背景。

据我所知，这个宗教团体仍活跃在基库尤各地，但目前它在普通大众中已几乎没有影响力，其影响仅局限于被传教士定义为"罪人"的基库尤人，以及那些被他们治愈的病人。这个教派仍处于发展的起始阶段，它未来的发展和活动仍有待人类学的田野工作者进行调查研究。

/ 第十二章
巫 术 与 医 术

　　从广泛意义上来说，基库尤宗教是巫术与医术的一部分。在许多情况下，巫术与宗教仪式紧密相连，有时甚至密不可分，对于一些有益的巫术而言更为如此。除了纯粹用于治疗人类和动物的疾病的草药外，还有各种各样用于巫术的草药。我们首先来讲一讲个人、团体、家庭或部落采用的巫术。

　　基库尤人使用的巫术可分为以下几类：

　　　1. 护身或保护巫术（gethiito）；

　　　2. 仇恨或鄙视巫术（monuunga 或 roruto）；

　　　3. 爱情巫术（monyenye 或 moreria）；

　　　4. 防守巫术（kerigiti, keheenga）；

　　　5. 破坏性巫术，即毒药（orogi）；

6. 治疗巫术 (kehonia, gethiito gia kohuuha morimo);

7. 吸引和诱惑巫术 (rothuko);

8. 沉默和惊奇巫术 (ngiria, itwanda);

9. 受孕巫术 (mothaiga wa onoru);

10. 财富与农业巫术 (mothaiga wa otonga);

11. 净化巫术 (mokoora, mohoko 或 ndahekio)。

为了判断这些巫术有无价值，我们有必要详细解释每一种巫术的实施方式和方法，以及它对基库尤生活的影响。

护身或保护巫术

基库尤人根据自己的保护愿望，大部分都佩戴某种形式的护身符 (gethiito)。我们绝对可以称之为个人巫术，它的存在被视为部落日常生活安全的象征。有时，护身符可以是为一个群体尤其是一个家庭集体制作的，但这种护身符的使用完全是个人的事，除非某个家族的父亲或年龄组的领导人是以群体的名义履行了护身巫术的职责。如果某人从事狩猎或其他行业，他就会找一个专业的巫师来实施他想要的护身巫术。基库尤人尊重并信任那些世世代代都是巫师的，经过长年训练的巫师。训练结束后，他们会根据巫师秘密委员会的要求，进献一些绵羊、山羊，或一头母牛，从而获得加入巫师队伍的资格。

因此，这位想要拥有护身巫术的猎人会秘密地找到巫师（mothinga wa ithiito，即护身符制作者），请他制作护身符，以免受各种野兽和敌人的伤害。巫师的职责是保护部落躲避各种危险，并为他的顾客制作特定的护身符。他拿出一些用各种草药制成的粉末，据说这些草药拥有神奇的力量，然后将它们与一些"魔法颗粒"混合在一起，最后取适量放入一个小而窄的动物犄角中。这时候，巫师一边吟诵着一些咒语，一边绕着自己的头部摆动犄角，然后将它密封起来。巫师将犄角交给猎人，并教给他使用护身符的方法。猎人会在接受护身符的时候给巫师一个小小的纪念品，表明巫师是诚心诚意交付护身符的，而他也是以合法手段获得此物的。给予和接受的仪式结束后，巫师指示猎人要将护身符佩戴在身上，永不摘下，并宣读以下誓词：

> 我保证不向巫师秘密委员会成员以外的任何人透露巫术的秘密。从现在起，我以我的荣誉和最高宗教誓言担保，将保守巫术的咒语秘密，与之建立起神圣的关系，不对其产生任何异议。我将永不会牺牲我的荣誉或宗教信仰。

猎人走入森林时，要拿着护身符，在左肩和双腿之间来回穿过七次，口中念念有词：

> 现在我已得到护身符的保护。没有任何危险的动物可以接近我。我往护身符上吹一口气，就能避开所有的危险。我周身都将得到它的庇护，没有敌人能够看见我。

猎人完成这个仪式后，大步流星地行走在森林和丛林之中，信心倍增。一方面，他手持长矛和弓箭，相信自己武艺高强；另一方面，护身巫术增强了他的勇气，使其可以深入茂密森林的中心，坚定地出击，而不必担心任何意外发生。

爱情巫术

基库尤有两种爱情巫术，每一种都在爱情方面起着重要作用。一种可帮助追求者得到许多人的爱（moreria 或 monyenye），另一种则可帮助追求者得到某一个人的爱（mothaiga wa rwendo）。

在我们进一步讲述之前，有必要简要介绍这两种爱情巫术的步骤和仪式。人们认为第一种巫术在某些方面十分危险，它可能会在经济和社会生活方面给个人带来一些风险。因此，巫师在执行这种赋予人吸引力和诱惑力的巫术之前，首先要求渴望拥有此种魔力者向神灵宣誓将一辈子对爱忠诚，同时要求他在誓言中公开说明自己宁愿放弃牛、羊等财产，也希望得到更多女孩的爱。

只有当一名男子做出这样的声明后，巫师才能继续执行可让他拥有无限吸引力和诱惑力的仪式。

待这些准备问题得到满意的回答之后，巫师便拎着巫术袋，将爱情追求者带到一个偏僻的地方。这个地方必须是鬣狗居住的地下空洞。人们相信这才是与爱情巫术相联系的神灵会选择居住的地方，因此将此地作为执行巫术仪式的最佳场所。

两人到达空洞后，追求者面朝洞口坐下，巫师站在他面前，双手举过追求者的头顶，大声呼唤神灵："巫师神灵！巫师神灵！请占据这名男子的心吧，他想拥有许多女孩的爱！"他重复呼唤七次，同时拿着巫术袋在追求者头部上方来回摆动。然后，突然间他命令追求者跪下，把头伸进鬣狗的洞里。这时，巫师开始用巫术袋有节奏地拍打追求者的臀部，一边打一边询问以下仪式性问题：

爱情的追求者，你能否以自由意愿起誓，你将不再追求绵羊、山羊或牛等财富？你的意愿是贪婪地追求爱情艺术，你会像鬣狗吞食人肉一样疯狂地做爱。你能否以爱情之神起誓，你不会寻求净化或其他巫术来抵消爱情巫术？你是否同意你会将大部分的时间用来做爱？

追求者回答这些问题时，巫师就用巫术袋拍打他的臀部七次，然后叫他站起来，面向天空。这时，巫师用右手食指指向天空，大声说道：

> 你的心会变得跟天空一样广阔，你将拥有许多女孩
> 的爱恋，就如同天上的星斗一般不计其数。

然后，巫师会在追求者的关节处割上几道小口子，这样爱情巫术就会由此进入，与血液混合交融在一起。接着，追求者将喝下这一混合物，增强各个器官的功能，为未来的性行为做好准备。

接受过爱情巫术的男子将拥有强大的吸引力和诱惑力，甚至被视为部落中的危险分子。因此，这种性质的巫术极少实行，接受此等巫术的男子会遭到同类的蔑视，也不能在部落组织中担任任何重要职务。他们将大部分的青春都挥霍在了追求刺激上，未做任何建设性的工作，直至中年才会意识到自己一事无成，因而他们的人生往往以悲剧收尾。这时候，他们会用艳羡的眼光看着自己同年龄组的成员，从勇士岗位上光荣退伍，且家产殷实，家庭美满，而这些东西他们自己是断然无法拥有的。

描述完这种极端的爱情巫术后，我们现在来讲讲另一种更为流行的巫术。若是一名男子疯狂地爱上了一名女子，但用尽各种方式追求仍以失败告终，只有在这种绝望的时候，他才会寻求巫术的帮助。假如有情敌存在，那么首要任务便是将其与女孩拆散。

为了达到这一目的，他须首先寻求厌恶巫术的帮助。成功拆散情敌和他心爱的女孩后，男子就马上开始实施爱情巫术。

实施这种爱情巫术有多种方法，但所有方法都需要与追求者进行面对面的交谈；若双方未建立起这种联系，爱情巫术便无法奏效。

巫师在透露自己的爱情巫术之前，必须先询问追求者是否有机会与心爱的女孩说上话，或能否接近她的住处或菜园。如若能够做到，事情便十分简单。巫师会交给追求者一根爱情之树的树根，并教他如何用巫师的传统语言正确吟诵巫术咒语。这一点十分重要，追求者必须正确使用巫术语言，并掌握它们的准确腔调。能否以仪式节奏说出这些巫术用语，将决定应用巫术的过程是否顺利有效。

当男子最终通过巫师的考验后，他就得到了渴望已久的爱情"武器"。付完给巫师的报酬，男子就立即付诸行动。他仔细地寻找心爱女孩的住所，一见到她，就马上把那个树根放入自己嘴里，藏在舌根底下。这样，他就拥有了吸引或催眠的魔力。有了魔力以后，他不敢与其他任何人讲话，只能当着心爱女孩的面，诚恳地说出自己的所思所想。如果巫术的魔力很强（巫术的实际运用也要建立在不断的尝试的基础之上），女孩会立即点头，并允诺马上与他成婚。

如果无法以口头形式实施这种巫术，那么另一种方式是将魔力带入女孩睡觉的小屋内。在这种情况下，树根是放在小屋的壁炉内的，无论壁炉何时燃起，烟雾都会进入女孩的鼻孔。巫术起效时，就会引诱女孩把自己的思想和爱全部交给那个男子。这种方式能使魔力与女孩的外部和内部器官都产生直接接触，因而更加有效。

还有一种方式是将爱情之树的树根和树皮磨成粉，沿着女孩小屋的路口撒在地上，这样女孩赤脚踩在上面，就可以直接接触到这个爱情魔力。

如果上述方式都以失败告终，那就要试着拿到一些属于女孩个人的物品，比如头发、指甲或饰品等。讲到这里，我们有必要提一提：基库尤人在处理上述个人物品时都极其谨慎，会十分小心地藏起来，以防他人出于自私的目的加以利用。

当追求者拿到了上述某一物件，巫师会把它与树根等捆绑在一起，并分成两份。一份戴在追求者身上，另一份拿到女孩的住处，且必须藏在女孩的床上，虽然这样做有些冒险。在实施这些爱情巫术的过程中，追求者必须吟诵以下巫术咒语：

爱情巫术啊，你拥有强大的吸引力和催眠力。

现在你要服务于我，按我的指示行动。

我忠实的奴仆啊，请你进入某人的心吧，让她只想着我，只爱着我，让她知道我是多么爱她！

　　爱情魔力啊，请让她梦见我对她的爱，让她的思想
与我的交融，让她听见我的呼唤，走进我的怀抱吧！

　　哦，爱情魔力，我通过合法途径得到你，也征得了
祖先巫师神灵的同意。

　　哦，爱情魔力，我现在用巫师的语言吟诵这些咒语，
你定要忠实地为我服务！

吟诵完以后，追求者大声叫出女孩的名字，并开始跟她说话，
好似女孩正在倾听一样：

　　我心爱的人啊，打开你的心扉，准备接受我的爱吧！

　　我想让你知道我是多么爱你。在我心中，你就是阳
光，就是月亮，就是晨星。

　　当你听到我这爱的诉说，相信你一定会给我一个肯
定的答复，我的心再也承受不了拒绝。

　　我已将爱情魔力用阳光包裹，送到你的面前，这表
明了我对你忠贞不渝的爱。

　　透过初升太阳的温暖，爱情魔力将深入你的内心，
请一定要打开你的心扉，温柔地接受我的爱啊！

这种爱情巫术十分流行，东非几乎每个部落都在施行。各地

吟诵的咒语可能有所不同，但核心内容大同小异。笔者曾有幸尝试过其中一种爱情巫术，毫无疑问，结果非常成功。

从上述个人经验和其他许多不同类别的巫术来看，我们可以肯定地说，这其实是一种将思想从一个人传递给另一个人的传心术。通过集中注意力，巫师或追求者能够进入他们想要建立联系之人的心理世界。这样，巫师的建议就可以轻而易举地通过"震动"的方式传递到对方的大脑，再传递到其心里。如果这些巫术的功能和方法能够得到细致和科学的研究，其结论极有可能证明这种巫术具有某些秘术的性质，因而不能仅作为迷信简单加以取缔。

治疗巫术

基库尤人对疾病的性质和各种情况下的治疗方法都有明确的认识。有些疾病源于自然因素，可由药物控制，大量的草药都是用于这类医疗目的的。但有些疾病超越了普通的医药范围，需要依靠巫术才能治愈。

那些看上去挑战人类智慧的疾病，其实须归因于超自然力量，或祖先的邪恶灵魂。这时就必须使用治疗巫术来进行处理。人们相信巫师具有第二视觉的灵异力量，这种能力可以使他找到产生疾病的邪灵。通过祈求先灵的最高委员会，并经过交流，巫师能够运用无形的力量将邪恶的灵魂从受害者身上驱赶出去。

巫师的作用包括预言未来、净化、占卜和治愈疾病，人们在碰到任何困惑时都会去咨询巫师。他是祖传巫术的守护者，他会告知部落何时该祭奠祖先的灵魂，并为举行宗教仪式提供指导。

巫师在举行治疗巫术仪式时，会身着适合该场合的巫师服装。这时病人出来了，他已得知巫师的到来，正急切地等待着超自然力量的眷顾。一个亲戚扶着他坐在巫师面前。举行仪式的相关安排均完成以后，巫师从巫术袋中取出治疗魔法（gethiito kia ogo），用右手握住。左手则拿着一个小铃铛（rogambi）。这个铃铛十分重要，几乎每个基库尤巫师都有一个。这里要解释一下治疗魔法的性质。它放在一种特定动物的犄角或一个六到二十英寸的小葫芦中，里面密封着一些具有治愈功能的魔法颗粒。小铃铛由黄铜制成，是治疗巫术和其他所有巫术的重要组成部分。它与基库尤其他类型的铃铛完全不同，其独特的声音十分容易识别，被认为具有吓走邪灵的力量。

现在我们接着描述治疗仪式的现场。巫师先要求病人舔一舔治疗魔法，或往上吐一口唾沫。这样，病人与先灵之间就通过巫师的媒介建立起了直接的联系。这时候，巫师开始伴随着铃铛的叮叮当当声，高声地用特殊的音调和节奏吟唱治疗仪式歌曲。与此同时，他拿着装有治疗魔法的动物犄角在病人头顶上来回摆动。突然间，他神神秘秘地停止了吟诵，直勾勾地看着病人的脸，口中念念有词，大意如下：

病人啊，我现在来驱赶你的病魔。

我也会赶走带来病魔的邪灵。

请对你所知或不知的罪恶进行忏悔吧！你将吐出所有罪恶，对此你要做好心理准备。

之后，巫师在地上挖一个圆形的洞，放入准备好的香蕉叶，以备仪式之用。然后倒入保存在仪式葫芦中的水，并将精心准备的草药混合物放入水中。人们认为这种草药具有一些神奇的力量，能够引诱邪灵出现。病人跪在地上，面朝着水，做出呕吐的模样。巫师则蹲在水的另一边，面向病人。他把治疗魔法浸入水中，开始用巫术语言吟诵以下咒语：

这是（指向治疗魔法）一个根。我要根除你身上的恶魔。

这是开始清除，我要清除你身上的恶魔。

这是开始削弱，我要削弱附在你身上的邪灵。

呕吐吧，吐出隐藏在你身上的恶魔。

这是开始减轻疼痛，我要减轻你身上的病痛。

每一句话说完以后，病人都要舔一舔治疗魔法，并往水中吐唾沫。他要一边假装自己在呕吐，一边说道："我要把身上的疾病和邪灵都呕吐出来。"

咒语说完以后，巫师走进病人的小屋。病人如果是男性，他就带上一些叫作莫克尼亚（mokenia）和莫依巴依格洛（moimbaigoro）的神奇叶子；如果是女性，则要使用叫作马里里马（marerema）和马库厚库厚（makohokoho）的叶子。根据基库尤语，莫克尼亚和莫依巴依格洛意味着幸福和繁荣；马里里马和马库厚库厚则代表开枝散叶，多子多孙。巫师用这些叶子清扫小屋的所有角落，一边扫，一边用低音的、拖长的调子念以下咒语：

> 我清扫这个小屋，扫的不是灰尘，而是隐藏在角落里的恶魔与邪灵。
> 我已与巫师祖先的灵魂进行了交流，正是得到了他们的允许和力量，我才能扫除环绕在屋子周围的疾病。
> 污秽、邪灵，快快与屋子中的疾病一起滚出来吧！
> 我要把你们淹没在寂静的深水中。

清扫完毕，快要走到小屋的入口处时，巫师提高了音量，并开始摇动他的小铃铛。然后，他猛地用左手牢牢抓住清扫出来的灰尘，扔进水中，愤怒地大声说道：

看看这些祸害人的东西吧，现在我要将它们淹死在寂静的深水中，将它们驱赶到地球的未知角落，它们再也不敢接近任何屋子啦！

然后，巫师把叶子交给病人，让他把全身上下都掸一遍，以确保所有邪灵均已驱除。接着他将这些神奇的叶子放入香蕉叶包裹的水中。巫师让助手拿着水和里面的东西，把它们扔进寂静又深邃的河段中。

这一步骤完成后，巫师马上命令熄灭病人小屋里的旧火，并清除里面的灰烬。他拿出火棍，点燃新火，照亮了小屋。然后他将病人叫进来，指着新的火焰说道："你的病已被清除，现在，你的灵魂就像这新生的火焰一样明亮。不出几天，你将完全康复。"

说完以后，他会收到病人赠予的一个小小的纪念品，至此整个治疗仪式结束。纪念品视病人的家境而定，可能是绵羊或山羊皮，或别的什么。而支付给巫师的报酬一般要等病人完全康复以后才会兑现。任何在病人痊愈之前便索要报酬的巫师都会遭到人们的怀疑和轻视。如果一个巫师相信自己的巫术高明，他便会毫不犹豫地等待结果。而病人在完全康复以后，不仅会支付给巫师他应有的报酬，而且会十分感激他。

根据这里描述的治疗巫术细节，可以说这种治疗方式可归因于巫术信仰对患者身体产生的心理影响。巫师的建议渗透到他的意识和无意识中。通过这种方式，对巫术力量的信仰作为超自然治疗的一种手段得到加强。这种影响让处于焦虑状态的病人在头脑中想象出完全健康的画面，而不是呈现出疾病的样子，从而有助于康复。我可以大胆地在这里提出：这种治疗方式与某些欧洲地区所谓的"精神治疗"有关。

仇恨巫术

这种巫术是用来破坏两个人或两个团体之间的友谊的，使用范围不仅限于两性之间，也延伸至部落其他领域。仇恨巫术的主要功能是当一名男子想要与其他男子或女子建立起友谊，发现有人从中作梗时，他就会立即借助该巫术的力量帮助他得到想要的感情。为了达到这一目的，他必须首先摧毁双方已存在的友谊，等到竞争对手出局，他再开始好好地经营自己渴望的情感。这真印证了基库尤的一句著名谚语：想要种出好庄稼，必先去除野茅草。

在描述爱情巫术的时候，我们可以看到一名恋爱中的男子如何借助巫术的力量来获得心爱之人的心。我们现在以一个面临竞争的商人为例来解释仇恨巫术。如果一个人从事某个行业，比如卖陶器或铁器，他看到另外一个人在从事同一个行业，但发展得更好，他就会认为这个人的进步要归功于厉害的巫术。这时，生意不断减少的这位商人会立即咨询他的巫师，要求巫师对此事进行调查，并要巫师向他提供一种强大的魔法物质，以对抗施在他身上的巫术。于是，巫师聚集了所有的力量与经验开始工作，因为他十分清楚自己的报酬与人气取决于巫术的成效。在实施魔法之前，他考察了所有相关情况，确保这位客人在生意上的失败不是由于其自身的原因，而是有人对他使用了巫术。同时，他还必须找出这种巫术的来源，这往往通过占卜来完成。

巫师的调查工作完成后，就会交给商人强大的魔法物质来保护他的生意。一方面，商人必须利用这种物质来吸引客户，另一方面他必须让客户从竞争对手那里脱离出来。当然，这种行为必须是商人做了所有努力均告失败的情况下，才可以诉诸的最后手段。在这种绝望的时刻，他理所当然地认为，有一种超出他能力范围的力量正在左右自己的生意，只有依靠巫师的神秘力量和神灵世界的影响力，他才能够加以控制。

防守和催眠巫术

催眠巫术（itwanda）与保护巫术密切相关，但是功能不同，前者主要用于辩论、法庭诉讼和其他争端。在基库尤刑事或民事法庭上看到被告、原告、辩护律师和法律顾问展示他们的催眠力量，是一件十分有趣的事。他们每个人都出于自身利益，试图用巫术的力量影响法庭判决，也就是说，巫术可能会对法官、长老和所有与案件相关的人进行催眠，从而迫使案件向着有利于他们的方向发展。

对此，我们不详细展开，但值得一提的是，催眠巫术使用广泛。人们不仅在基库尤法庭，也在警署和其他欧洲法庭上使用这种巫术来为自己辩护。

催眠巫术只能通过语言或密切的个人接触发挥作用。由于担心被催眠，男子拒绝与有官司牵扯的另一方当面交谈，而是通过第三方进行沟通，这种情况十分常见。

早先，这种巫术广泛使用在部落战争中。人们相信，使用催眠巫术的咒语，敌人就会溃逃，或在不做丝毫抵抗的情况下自行败北。战争巫师必须通过一场成功的战役来巩固自己的地位，增强大众的信心。他不仅需要对敌人施以咒语，也要展示自己在使用长矛、盾牌及其他武器方面的灵活度。如果一位巫师能够证明自己在武力和巫术方面的出色才能，拥有成为领导人的素质，那么勇士们都会忠诚地守护他，他在战场上的存在将被视为战士们的一针强心剂。

非洲的许多地方仍坚守着这一制度的基本原则。我们发现非洲民族大部分的酋长和统治者都是各种形式的巫师。如果他们赢得了部落的尊敬和领导权，则更为如此。从非洲人的角度出发，能担任酋长或统治者的人须有勇气，有胆魄，是一位哲人，一位先知，而这正是一位巫师必须具备的条件。

破坏性巫术（毒药）

基库尤人最憎恶、最不欢迎的巫术就是破坏性巫术（orogi）。它专门用于恶意的目的，其做法违反了部落的伦理道德规范。拥有这种巫术的人被认为是充满危险和破坏性的。

早先，在白人到来之前，任何实施破坏性巫术的人都会被判死刑。巫师受刑的方式是对部落其他成员的严重警告。在我们描述破坏性巫术如何实施之前，得首先讲一讲死刑的执行过程。这方面的信息是祖父刚果·瓦·马加纳告诉我的，他曾作为领头长老参与过许多此类不愉快的事件。

在处决一个人之前，必须有目击者发誓，证明这个人确实实施了破坏性巫术，如毒杀了一名男子、一名女子或一个小孩。因此，受害者家属将这一案件提交至长老委员会。长老委员会经调查批准逮捕后，指示高级勇士委员会成员将嫌疑人逮捕，并带至长老面前进行审判。这时，有必要将巫师的所有巫术，无论好坏，全部带到法庭，展示给众人观看，以证明此人确实拥有实施破坏性巫术的能力。

高级勇士委员会在寻找证据时十分谨慎小心，如果没有足够有力的证据，势必会在部落中引起不小的冲突。首先，他们要严密监视巫师及其同党，力求当场抓获，也就是在他实施巫术的秘密场所——山洞或茂密的森林中将其逮捕。这里有必要提及的是，破坏性巫术从不在家里或住处附近进行。人们对这类巫术恐惧至极，它不仅会导致人的死亡，如若接近住处，还会困扰家庭成员，从而给他们带来不幸和痛苦。正因如此，从过去到现在，这种巫术都选择在十分隐秘的地方进行，而其他巫术的实施则光明正大，公开为部落所知。巫师在实施破坏性巫术后，也必须在回家之前经过净化仪式，以免将污秽带入家庭。

现在我们继续讲审判和死刑。巫师被逮捕后，将会和他的各种巫术用具一起被带到长老委员会的面前。用具包括许多犄角、小药瓶大小的各种葫芦、香蕉叶子制成的包裹，有时还有一些动物骨骼。这些物品里面装着不同种类的有毒粉末和药品粉末，后者只是伪装，以掩盖前者的恶毒动机。我们应该知道，巫师为了掩饰其恶意的行动，不得不将自己伪装成一个治病救人的巫医。

巫师在接受审判时，长老会要求他把每个动物犄角、葫芦或包裹中的药粉都试尝一遍，当然中间会间隔几分钟，以便仔细观察他吃下每种药粉后的身体反应。如果巫师在此审判过程中未表现出任何不情愿的情绪，那就证明他的药物和巫术用品无害。

接下来要调查的就是巫师是否雇用了代理人来为他实施破坏性巫术，而不是自己动手毒害他人。为此，长老会要求他郑重发誓，如果他有罪，发誓就意味着会给他的家人和亲属带去灾难。如果他为了家人拒绝发誓，或者因害怕断送自己的性命而拒绝试尝粉末，那就证明他有罪。试尝有毒粉末致死会使他的灵魂永不安息和恶毒，基库尤人认为这样的灵魂是不洁净的。如果他确实有罪，那么他要么选择吃下一种毒药耻辱地结束生命，要么发下假誓，从而导致自己的家庭和家族毁灭，或者，为了延续他的宗族，他最终会认罪，然后面对死刑。

如果长老委员会发现巫师是无辜的，就会当场将其释放，但仍然会派勇士委员会继续监督几个月。如果他被判有罪，长老会立即宣读判决，判处其死刑。行刑的日子也会马上确定下来，这一天，巫师所有的亲戚都会应召参加仪式。

行刑当天一大早，仪式号角一响起，当地长老委员会的成员就组织好队伍，前往行刑的地点。这时候，战斗的号角吹响，召唤勇士们带上囚犯，跟在委员会的队伍后面。当地的人们也得到了通知，纷纷加入进来。行刑地点往往远离住处，且必须是一个开阔地，这样方圆几英里的人都可以看到行刑的情况。

到达指定地点后，长老们围成一个圈。有罪巫师在勇士委员会的押送下立刻被带到圈子的中心。其他准备工作也正在进行。首先，他们把该巫师家的一只小公山羊带到他的面前，命令巫师将其杀死，这象征着他自己的死亡。同时，他必须声明，自己在被处死之前不曾也不会默默地或大声地诅咒任何人；他愿意为了赎清自己的罪恶安静地死去。声明结束后，他要吃下山羊的心脏，从而在死前让自己的心脏明亮起来。接着是一个简短的结束仪式，将山羊血与牛奶混合，先倒在巫师的头上，然后是他身体的其他部位。这时，所有人都静默地站着。过了一会儿，长老和勇士在主持长老的带领下开始唱起仪式歌曲。大意如下。

哦，长老们，巫师就要被烧死了。哦，是的，长老们。

哦，长老们，巫师没有朋友，也没有亲戚，没有人同情他。哦，是的，长老们。

哦，勇士们，把巫师用干香蕉叶捆绑起来吧。哦，是的，勇士们。

哦，勇士们，举起你们的长矛和盾牌，一齐说出：烧死巫师，烧死巫师。哦，是的，勇士们！

哦，当地的人们啊，一齐说：没有人为巫师喊冤。哦，是的，就让巫师彻底化为灰烬吧。

哦，长老们，勇士和人们一致同意，巫师无人援助。

哦，是的，就让巫师彻底化为灰烬吧。

让我们一齐说：巫师没有家。

哦，是的，就让巫师彻底化为灰烬吧。

让我们一齐说：巫师没有孩子。

哦，是的，就让巫师彻底化为灰烬吧。

让我们一齐说：巫师没有宗族。

哦，是的，就让巫师彻底化为灰烬吧。

长老和勇士一边唱着歌，一边围着巫师转圈。每个人在巫师身上放一张干香蕉叶（itharara）。歌曲结束时，领头长老叫一两名巫师的近亲把干香蕉叶绑在巫师的身上。这一行动意味着巫师的家人与亲戚已将巫师抛弃，他们已把他完全交给部落，以后再不能因为失去家族成员而提出索赔抚恤金或其他任何赔偿。等家人和亲戚完成第一步，表示愿意抛弃巫师后，其他人会一起上来，帮助他们把巫师用香蕉叶从头到脚地绑好，然后在香蕉叶上面放一些干草等易燃物。

与此同时，仪式长老正忙着在神圣的火棍上钻木取火。很快，火堆准备就绪，他们让巫师说出遗愿，同时说出自己下毒谋害之人的姓名。巫师忏悔完后，长老们给巫师的其中一位亲戚一根燃烧的木头，让他点燃巫师身上的引火物。一旦火焰点燃，所有人站起身，背对火焰站在稍远一些的地方，只留下一个守卫作为行刑者，来保证火焰一直燃烧。

这是除去恶毒巫师，劝阻他人沉溺于破坏性巫术的方式之一。还有一种方式是在主要道路的交叉处将巫师用十字架钉死，但这种方法较少使用。行刑结束后，礼仪号角吹响，长老们再次列队前往圣树林。他们将在这里为参加行刑的公众举行净化仪式，以免人们将污秽带回家。

如今，即使一位巫师真的品德不良，充满危险，他也不必再担心受此惩罚。欧洲人的政府通常不区分纯粹的巫医和邪恶的巫师（morogi），他们统一将此二者称为"巫医"。所有的"医生"和"先知"，即使是只做好事的人都有可能受到迫害。的确，如今受苦的往往是无辜之人。我的祖父是一个"先知"或"智者"，其职责是给予公众建议，预见未来，尤其是进行与战斗有关的预言。他把这一职业和象征他荣誉的葫芦一起赠给了我的父亲。但是，由于后来没有了部落战斗，父亲并没有继承父业。

但是，传教士在政府官员的帮助下到各家各户搜查"恶魔的用品"。

我父亲的葫芦就这样被搜查出来，作为有罪的证据，他和许多有着同样情况的人一起经历了一段牢狱之灾。虽然他们保留了这些传统物件，但并未参加过任何恶意的巫术活动。仅仅因为欧洲人的这项政策，任何跟"巫术"相关的东西都必须加以取缔。传教士的目的是要消除"撒旦"的影响，为他们转变基库尤人的宗教信仰奠定基础。

到目前为止，我已讲述了如何对巫师进行审判和处决。这里有必要对欧洛基（orogi）的制作稍作解释，这是一种纯粹的毒药，就是欧洲人指的致命毒药，不能与巫术或奇迹相混淆。这种毒药由各种有毒药草制成，只为那些专门从事恶毒活动的巫师所知。部落中不少男女认识其中一些药草，但问题的关键，也是这些巫师拼命保守的秘密，就是如何配制这种毒药。严格来说，制作这种毒药的配方是巫师秘密委员会的资产。他们以极度机密和恐怖的方式开展活动，即使是团队成员都不知晓其他成员的确切名字。他们极少见面，即使见面，也是以伪装示人。

他们用黑色粉末（mbiro）涂脸，在眼睛和鼻子上涂上白点。开展活动时，任何成员都不得穿任何衣服。每个人都有只为自己所知的隐藏之处，那里也是他丢弃衣服的地方。每个巫师都单独行动，只在指定的地方见面。有一句知名的基库尤谚语可以恰如其分地描述这些人的行为："我像一个巫师一样离群索居。"

巫师完成任务后，每个人单独离开，须十分小心谨慎地注意不让人看到或尾随。他通常绕着路走，有时往前，有时返回，以迷惑任何试图跟踪他的人。所有这一切发生在多数人熟睡的深夜。如果某个地区的人们知道当地存在这样的巫师团体，他们会非常恐惧，绝不敢谈论任何与此有关的活动，生怕巫师知道后给自己带来灾难性的后果。

毒药一般由烧焦的灰烬或有毒的草药和根的粉末组成。这种毒药里面还混合着人类和动物肉体的粉末。这样，具备毒杀功能的混合物就准备就绪了。制作毒药所需的主要人体或动物的部位有：男性和女性的生殖器官、乳房、舌头、耳朵、手脚、眼睛和鼻子等。这些部位都是从被巫师毒杀的人的尸体上获取的。他们会留意被下毒的人何时死亡，尸体在何处，然后偷偷地在被害者死亡当晚前去挖取所需的部位。若是动物，需要的部位则更多，比如心脏，肾脏，部分胃和肠，肝脏，睾丸，等等。巫师待这些材料干燥以后，将其妥善保存起来，以备立即或将来使用。

尽管我们认为欧洛基在严格意义上就是一种纯粹的毒药，但我们也不禁在想，它在炮制和使用方面的神奇之处也有其重要性。一方面，它的巫术仪式将使伴随着复杂仪式咒语的准备工作戏剧化；另一方面，巫师通过吟诵长篇的巫术咒语，将这种超自然力量的暗示传递给药草或人类和动物的肉体，从而有助于向普通人隐瞒制造毒药的真正秘密。这样，这个行业不仅得到了规范，也被严格地限制在了少数邪恶的男女手中。

第十三章

结 语

　　我们在对此研究做出总结时，对于这一点，不管怎么强调都不为过：本书描写的基库尤生活的方方面面都是其完整文化的一部分。事实上，任何部分之间都无法分割，每一部分都有其背景，只有联系整体，才能完全理解。那些从头到尾阅读本书的读者就能领悟到这一点，但在这里，还是有几点启示值得简单讲一讲。

　　基库尤文化的关键是部落制度，而部落制度的基础是家庭团体和年龄组，它们塑造了基库尤人的性格，也决定了他们的人生观。根据基库尤人的思维方式，没有任何人是孤立的个体，或者说，个人的唯一性是第二位的，因为他首先是一些人的亲戚和一些人的同辈。无论是在生物学意义上、精神上，还是经济上，他的生活都建立在这一事实之上。他每天的工作都由此事实决定，这也是其道德责任感和社会责任感的基础。他在身体和心理上的个人需求只能在扮演家庭成员的同时偶尔得到满足，并不能以任何其他方式完全得到满足。在基库尤语中，"个人主义"一词与黑巫术相关联，男性和女性是因成为某人的父母、叔叔或阿姨而受到尊重的，这些事实表明：亲属关系与基库尤人的善恶观密不可分，是其善恶观的根本。

家庭团体是整个基库尤社会经济组织的基础，这一点十分重要，欧洲人应当牢记。这意味着部落的权威与欧洲国家的权威是不同的。基库尤人不把自己当作一个社会单位，因而认为其部落也不是集体组织下的个人群体，而是一个扩大的家庭，通过成长和分裂的自然过程而形成。基库尤人通过家庭参与各种部落事务，他在大型组织中的地位也反映了他在家庭圈子中的地位。普通的欧洲观察者未接受过比较社会学的教育，想当然地做出自己的基本假设，尽管他自己并未意识到这一点。他认为部落必定与欧洲主权国家类似，从而得出结论：这个主权的行政权力必须授予酋长，好像酋长就是总理或者总统。然而，他这样做犯了一个极大的错误，使之无法与基库尤人建立起相互理解的良好关系。基库尤人不明白欧洲人的这种想法从何而来，对前者而言，家庭，而非部落，才是权力所基于的重要事实。

这种亲属关系的明显标志是家庭的土地，土地是劳动资料与家庭生计的来源。在农业社会中，整个社会组织都必须从土地出发，如若不理解这种土地制度，就不可能理解基库尤生活其他方面的意义。在基库尤，土地使用权制度只能通过参考亲属关系来理解。与其说土地是个人私有的，还不如说土地由部落集体所有。就部落而言，一名男子是他的土地的所有者，没有任何官员或委员会有权剥夺他的权利，或对他的农产品征税。但是，只要家庭中还有其他骨肉至亲需要依靠这片土地，他就不是土地的所有者，而是合伙人，或者充其量是其他人的受托人。既然土地已为了生者和未出生者而被托付到他手中，同时土地也代表了他在几代人共同生活中的伙伴关系，他就不会轻率地放弃土地。只要他在为了自己和妻子儿女的生计耕种田地，他就是这块土地和其上所生长的农作物的无可争议的所有者。同样，一个女人也是她的土地和小屋的所有者，即使就外人，甚至是丈夫的其他妻子而言，也是如此。她在管理这些财产时，表现了自己的主动性，以及为家庭预算做出的贡献。她并不是没有所有权，只是她在家庭中的主要职能是抚养自己的孩子，除此之外，她别无他想。

与此同时，由于基库尤人的观点在本质上是社会性的，所以他们有一些被公众普遍接受的共同要求。亲属们会就共同关心的事务互相协商，互相帮助；任何在经济上有需要的人都会去找离他最近的富有亲戚；热情好客被认为是理所当然的。这些做法源于良好的教育和优良的习俗，而非法律强制要求，但要详细理解它们的具体演变，还得了解那些将基库尤社会凝聚在一起的真正纽带。

经济生活当然取决于土地。无论是通过集体，还是个人，有些事情必须得做，这些必须做的事就规定了生活的不同阶段和劳动的分工。按照传统惯例，每个年龄阶段的人都被分配了最适合他的任务和跟他一起工作的团体。在每项集体工作中，男性和女性各司其职，孩子则承担起和其力量和经验相符的一些任务。因此，基库尤的经济生活中不存在主仆式的关系，对于劳动分工也很少有或没有任何争议；人们在成长过程中明白他人有何期许，也明白他们的能力与义务有所局限。

这样一种复杂的部落生活需要经过细致的培训，而基库尤教育体制就为此提供了支持。就其技术方面而言，基库尤的早期教育是实用性的。基库尤孩子不需要蒙台梭利练习或训练双手灵巧性的课程，他有大量的空间可以自由活动。周围的长辈在从事有趣的手工劳动时，他通过实际操作，便可以自然而然地进行学习。一旦他掌握了正确的技能，就会有工作可做，因此基库尤的孩子很难将工作与玩耍区分开来。随着年龄的增长，年龄组给予他同辈间的平等友谊，通过相互竞争，他锻炼了思维的敏捷性与肢体的灵敏度，为他今后的生活和农牧业工作奠定了基础。他通过模仿和自由训练进行学习，甚至在某种程度上承担了一些风险，但他在此过程中学会了如何对待长辈，如何与自己的同龄人相处。同时，由于基库尤生活中有大量适合每一个年龄段的必要工作，所以，每一步的教育不仅仅是为了提升自我，也是为了集体生活的需要而真正做出贡献。

因此，要将文化教育与技术训练分割开来十分困难，但在文化教育方面必须说明的是：基库尤孩子不去学校接受部落教育是因为他们没有必要这样做。首先，部落的正常生活为他们提供了成长和学习的健康环境，家庭的教育计划也为他们提供了学习机会。无论是为了他们的自身利益，还是出于父母的方便考虑，都没有必要将孩子关在一个特别的空间内。其次，脱离家庭绝不是基库尤教育计划的一部分。在欧洲人的生活中，学校通常是孩子的第一大影响施予者，这使他们离开父母，作为个人进入到一种不同的关系中，但基库尤的男孩和女孩不必经历这样的分离。他们从父母和祖父母那里自然习得部落传统和道德观念，这使其在成长过程中具有一种简单的家庭忠贞感，由此他们开始了解自己对于整个社会的责任。同时，他们的大部分生活和活动都与自己的同年龄组伙伴一起进行，从中学习到平等与合作。基库尤男孩和女孩一起经历割礼仪式，相互间建立起共同的默契，这在某种程度上类似于同年毕业的英国大学生，只是基库尤年龄组成员间的这种关系更加神圣，更加具有凝聚力，这是基库尤社会的重要组成部分。

在试图了解这些割礼仪式时，我们必须牢记基库尤文化与欧洲文化的区别。后者主要是学究式的：每个英国小孩都必须在法律的强制下经过几年的学校教育，这样他至少可以读懂《圣经》、选票和报纸，从而实现社会传承。而基库尤孩子不用印刷的书本，相反，社会通过图像、仪式、舞蹈的节奏和礼仪歌词对他进行教育。生活的每一个阶段都有这样的教学过程，并且尽可能地让教学充满戏剧性，令人难以忘怀。特别是在青春期，当男孩和女孩开始成为负责任的部落成员时，有必要让他们牢记自己在生活的新阶段应该做什么，随着他们性能力的发展成熟和生理、心理的成长，肩上又会增加哪些新的责任等。

再者，性行为也与部落的经济生活息息相关。在农业生活中，一个人只有拥有了土地、小屋和耕种能力，才能组建家庭。因此，性行为必须加以限制，但考虑到个人的健康和幸福，又不能绝对地抵制性生活。等到了合适的年龄，年轻的受割礼者能够从部落经验中获益，得到如何在性生活方面取得适当平衡的指导。如果违反规则，或擅自对规则做出调整，那么年龄组就会着手处理此事，必会让违反者深刻领悟到公众舆论的重要性。

在走入婚姻之前，年轻男女必须再次接受关于婚后新职责的教育。他们要明白婚姻具有两方面的含义。一方面，婚姻是男女双方自己的事情，由他们自由选择。当然，这种选择并不是完全的冒昧行事。基库尤社会允许年轻男女在婚前自由交往，进行身体爱抚，这使每个人都能具有良好的判断力来选择自己的伴侣。另一方面，婚姻意味着在两个家庭之间建立起社会、经济和生理上的联系，而这实际上就是部落生活的联系。因此，通过婚姻来规范行为关系是整个社会生活中最重要的规则，必须非常仔细地学习，谨慎地遵守。

婚姻，尤其是为人父，让男人充分享受到了家庭欢乐，也使他有资格为大众福利出谋划策。只有当他的儿女进入了青春期，人们才认为他已经成熟稳重，可以参与部落的事务。这里我们再次看到，其中的指导原则是他的家庭管理经验，以及同辈对他的看法。只有当他组建了家庭，并不断使家庭成长扩大，他才有机会展示自己明智的管理能力，以及智慧且公正地与别人交往的能力，才知道自己可以为家庭做些什么，可以在更大范围内为整个部落的利益做些什么。年龄组制度使基库尤人很好地掌握了民主选择的原则，因此，一个男子可能会因为他与生俱来的天赋与理解力而被同辈选为领导人或发言人。如果是这样，他会被长老选定为一个将在公共事务中发挥重要作用的人，但只有当他经过连续几个年龄组的考验，获得了人生经验，才能获得完全承担起部落事务的资格。到那时，他可能已成为由亲属组成的小型部落和他所在年龄组的领导人，他的家庭生活将证明他在部落工作中的能力。

谈到宗教，我们会再次发现基库尤宗教与整个基库尤生活融为一体。宗教是戏剧化了的信仰，而信仰是有关人类生活最重要事物的社会经验问题。在基库尤人的生活中，土地显然是一切有生命的物质的母亲，基库尤人世世代代因共同参与土地耕种而紧密联系在一起，因此农业仪式和对祖先精神的崇敬，必须自然而然地在宗教仪式中发挥最重要的作用。

新宗教运动因涉及社会变革问题而十分有趣。期待基库尤人像欧洲传教士所阐述的那样被基督教完全同化，这是不合理的。对基库尤人来说，欧洲的语言和传统与他们的日常生活无关，其宗教仪式对他们而言毫无意义，其道德规范尤其是对一夫一妻制的坚持，与基库尤的经济状况不符，它还反对自己社会中的重要仪式。这一切都使基库尤人感到，所有清晰易懂的社会价值观在欧洲人眼中都是颠覆性的。但新宗教运动也确实表明，在新势力的影响下，非洲人能够进行自发的调整。这是一种内在的努力，既可吸收基督教文化中有价值的东西，同时又使其适应基库尤生活的需要。

最后，我们谈到了巫术，知道了巫术是如何像宗教一样给予人们日常经济和社会活动的启发的，以及巫术如何贯穿和丰富人们的活动，并将它们引向人类周围的神秘力量。即使在这个话题上，我们也能清楚地看到所有善举都源于部落的集体生活，而巫师从事的恶意巫术都是独自完成的。当一个人犯下了从事反社会巫术的死罪，其罪行反对的是整个社会，但对他执行最后判决的必须是其亲属，亲属将点燃罪人身上的易燃物，执行死刑。

正是生活中这些不同的方面构成了社会文化，也正是人们所继承的文化赋予了人类尊严与物质繁荣。文化教给了人类思想和道德价值观，使其感觉值得为了自由而努力工作与奋斗。

但是，离开了赖以生存的社会组织，文化就没有了任何意义。欧洲人来到基库尤，掠夺了他们的土地，欧洲人剥夺的不仅是他们的生计，也是他们维系家庭和部落关系的物质标志。这种做法给了基库尤人沉重打击，砍断了整个基库尤社会、经济和道德生活的根本。而在对所涉问题草率地瞥了一眼之后，欧洲人还解释说这样做完全是为了非洲人，要"教化"他们，要"教导他们常规工作的纪律价值"，要"让他们享受到欧洲进步思想的益处"。但实际上，他们的做法对非洲是雪上加霜，除了他们自己，说服不了任何人。

当然，欧洲文明确实存在一些进步的方面，包括物质繁荣、医药卫生和能够使人参与世界文化的读写能力。但到目前为止，来到非洲的欧洲人并没有明显热衷于将这些好的传承教给非洲人，他们似乎认为，教育非洲人的唯一办法就是通过警察约束和武装力量，认为非洲人为他们工作才是有益的，并且为了确保得到这样的利益，尽全力剥夺非洲人的土地，让非洲人别无选择。除了土地之外，欧洲人还剥夺非洲人的政府，谴责非洲人的宗教思想，忽视非洲人在司法和道德方面的基本观念，而这一切都是打着文明和进步的旗号的。

如果想让非洲人和平地待在自己的土地上，欧洲人就必须真心地为他们提供欧洲文明的好处，这样才能得到欧洲人非常需要的非洲劳工。欧洲人必须为非洲人提供一种真正优于后者祖辈的生活方式，与他们共享科学带来的繁荣。欧洲人必须让非洲人自己选择欧洲文化的哪些部分可以被移植，如何才可以适应。非洲人也许不会选择气体炸弹或武装警察，但可能会要求一些自己尚未得到的东西。而事实上，欧洲人把非洲人从他们祖祖辈辈耕作的土地上赶走，抢走非洲文化的物质基础，使其沦为农奴，毫无幸福可言。几个世纪社会和文化制度的浸润，使非洲人早已习惯了自由，而这种自由是欧洲人无法理解的，因此非洲人在天性上永远不可能接受农奴制。非洲人意识到自己必须为彻底的解放而不懈斗争；若非如此，他们注定继续作为帝国主义的猎物，列强的毒牙将年复一年地深深扎入他们的身体，削弱他们的活力和力量。

词 汇 表

序号	基库尤语	英文解释	中文含义
1	Acheera	name of a clan	阿舍拉(种族名)
2	Agachiko	name of a clan	阿格西库(种族名)
3	Agu	name of an age-grade of a very remote past; time immemorial	阿古(远古时期的一个年龄组;自古以来)
4	Airimo	name of a clan	阿依里莫(种族名)
5	Aitherando	name of a clan	阿依赛兰多(种族名)
6	Amboi	name of a clan	阿博依(种族名)
7	aka	women	女人(阿卡)
8	Angare	name of a clan	安加里(种族名)
9	Anjiro	name of a clan	安基洛(种族名)
10	Angoi	name of a clan	安格依(种族名)
11	baba	father(my or our)	(我的或我们的)爸爸(巴巴)
12	Borori	country	国家(博罗里)

序号	基库尤语	英文解释	中文含义
13	ciana	children	孩子们(西阿纳)
14	ciana ciaku	your children	你们的孩子们(西阿纳·西阿库)
15	ciana ciito	our children	我们的孩子们(西阿纳·西多)
16	Ciana irogea thaai	Peace be with the children	愿孩子们平安
17	coco	(my or our)grandmother	(我的或我们的)奶奶(休休)
18	Coomba	Europeans, foreigners	欧洲人,外国人(休巴)
19	coco(pl. macoro)	horn, trumpet; long curved horn	号角,喇叭;长而弯曲的号角〔休休/马休洛(复数)〕
20	coro wo ita	war-horn	战斗的号角(休洛·瓦·依塔)
21	coro wa igongona	ceremonial horn	仪式的号角(休洛·瓦·依格格纳)
22	emwe	one	一(艾姆威)
23	Embu	name of a district and of its people	艾姆布(区名及该区域人民的统称)
24	Ethaga	name of a clan	艾萨格(种族名)
25	Gatego	syphilis; name of an age-group, recording the first appearance of the disease in the country	格特格(梅毒;年龄组的名称,标志梅毒在基库尤首次出现的时间)
26	Gaturi	name of a district in central Gikuyu	格图里(基库尤中部的一个区)
27	gecohe(pl. icohe)	copper earring	铜耳环〔格休黑/依休黑(复数)〕

序号	基库尤语	英文解释	中文含义
28	gechukia	name of certain moonlight dances and songs for young people	年轻人在夜间跳的一种歌舞(基修起亚)
29	geka(pl. ika)	the bottom part of a stick from which fire is drilled	火棍底部〔基卡/依卡(复数)〕
30	gekama(pl. ikama)	iron ore; iron slag	铁矿石;铁矿渣〔基卡马/依卡马(复数)〕
31	gekonyi	a prolific creeper with small black seeds used for making beads	一种多产的蔓生植物,带有的黑色的小种子可用来做珠子(基库尼)
32	Gekoyo	name of both the country and the people	基库尤(国家名及该国人民的统称)
33	getara(pl. itara)	a platform or nest	平台或鸟巢〔基塔拉/依塔拉(复数)〕
34	getaroro	a tray for winnowing or spreading grain in the sun	一种托盘,用来筛选谷物或把谷物铺撒在阳光下(基塔洛洛)
35	gethaka(pl. ithaka)	land in a general sense, bush-land	一般意义上的土地,矮灌丛地〔基萨卡/依萨卡(复数)〕
36	gethamaro	a roaring sound uttered by warriors	战士们发出的咆哮声(基萨马洛)
37	gethambio	uncooked gruel used generally for ceremonial purposes	一般在仪式上使用的未煮熟的粥(基萨比尔)
38	getharia	lady-killer, or heart-breaker	少女杀手,花花公子,万人迷(基萨里阿)
39	gethathi	an oath-symbol; a stone used for taking oaths and for pronouncing comminations	誓言的象征;宣读誓言和宣判诅咒时用的石头(基萨齐)

续表

序号	基库尤语	英文解释	中文含义
40	gethegethi	top part of fire-drilling stick; drill	钻火棍子的顶部;钻头(基塞格齐)
41	gethemengo(pl. ith emengo)	the evil eye	恶毒的眼睛,邪恶之人〔基塞曼格/依斯·艾曼格(复数)〕
42	gethere(pl. ithere)	apron worn at back by warriors for dancing	战士跳舞时穿在身上的围裙〔基塞尔/依塞尔(复数)〕
43	gethii(pl. ithii)	a cloak or mantle made of skin for men only	男性专用的皮质披风或斗篷〔基齐/依齐(复数)〕
44	gethiito(pl. ithiito)	amulet; charm	护身符;咒文〔基齐多/依齐多(复数)〕
45	gethiito kea ogo	magician's charm, or magic	巫师的魔法或巫术(格齐多·起亚·阿格)
46	gethori	chest; breast; selfishness	胸部;胸脯;自私(格索里)
47	gethuuri	reverend elder; mountain	令人尊敬的长者;山(格苏里)
48	getiiro	a dance and song for women only	只有女人才能表演的舞蹈和歌曲(格缇洛)
49	getiti(pl. ititi)	a kind of wicker tray, used as a plate or dish	一种柳条编制的托盘,可用作碟子或盘子〔格缇缇/依缇缇(复数)〕
50	getooka(pl. matooka)	lily, used for marking boundaries	用于标记边界的百合花〔格图卡/马图卡(复数)〕
51	getongano	a place where dancers assemble before going to dance	舞者们去跳舞前聚集的场所(格托格诺)
52	getungati (pl. itun-gati)	rear-guard	后驱〔格托格缇/依托格缇(复数)〕

序号	基库尤语	英文解释	中文含义
53	gociarwo	to be born	即将出生(格西阿洛)
54	gocinwo	to be burnt	即将被烧伤(格西诺)
55	Gocinwo ne egocinwo	He is to be burnt	他将被烧伤
56	goitanga	to sprinkle ceremonially libation	仪式性地洒祭奠用的酒(格依塔格)
57	ithanwa(pl. mathanwa)	an axe	斧子〔依萨瓦/马萨瓦(复数)〕
58	ithe	father(his, hers, thine)	(他的,她的,你的)父亲(伊赛)
59	ithombe (pl. mathombe)	spear-head	矛头〔依嗖贝/马嗖贝(复数)〕
60	itimo(pl. matimo)	spears	矛〔依缇莫/马缇莫(复数)〕
61	itora(pl. matoora)	village; town; city	村;镇;城市〔依图拉/马图拉(复数)〕
62	ituranguru (pl. maturanguru)	leaves used for ceremonial purposes	在仪式上使用的叶子〔依图拉古鲁/马图拉古鲁(复数)〕
63	itwanda	hypnotising or surprising magic	催眠术或令人惊奇的魔法(依特瓦达)
64	itweka	a peaceful revolution in which one generation takes over the government from the preceding one	一代人从上一代人的手中接过政府掌管权的和平革命(依特威卡)
65	kaare	ceremonial song, sung only by warriors who have killed an enemy in battle	只有在战争中杀过敌人的战士可以唱的仪式性歌曲(卡里)

续表

序号	基库尤语	英文解释	中文含义
66	kagutwe（pl. togut-we）	leaves used by girls after circumcision, to prevent the lips of the vagina from sticking together	女孩接受割礼后使用的叶子,可防止阴唇粘在一起〔卡古特威/图古特威(复数)〕
67	kamatimo	elders of lesser grade, lower rank of the kiama	等级较低的长老,长老委员会中等级较低的人(卡马缇莫)
68	kamoinge	a group of people acting together	一起行动的一群人(卡莫依格)
69	Kamoinge koyaga ndere	Unity is strength	团结就是力量
70	kanya	a small gourd	小葫芦(卡亚)
71	Kanya gatune ne mwamokanero	to give and take; reciprocity	礼尚往来;互惠原则
72	kanya ka igongona	a calabash used in religious ceremonies	在宗教仪式中使用的葫芦(卡亚·卡·依格格纳)
73	Kareng'a	a pure-blooded Gikuyu, a nationalist	血统纯正的基库尤人,民族主义者(格兰阿)
74	kebata	a popular spectacular day-dance for warriors only, a display of physical fitness	仅在战士们中间流行的日间舞蹈,可展示其健康体魄,舞起来的时候十分壮观(克巴塔)
75	keberethi（pl. ibe-rethi）	a wide spear used by elders	长老们使用的宽的矛〔克贝里齐/依贝里齐(复数)〕
76	kegeena（pl. igee-na）	a special calabash in which seeds are kept	用于储藏种子的特殊的葫芦〔克基纳/依基纳(复数)〕
77	keguni	benefit, beneficial	对……有利,有益的(克古尼)

续表

序号	基库尤语	英文解释	中文含义
78	kehaaro(pl. ihaaro)	an open-air place for meeting or dancing	用于开会或跳舞的户外场所〔克哈洛/依哈洛（复数）〕
79	kehee	a big boy who is not yet circumcised	还未接受割礼的大男孩（克黑）
80	keheenga	an obstacle	障碍物（克黑格）
81	kehembe (pl. ihembe)	drum, used either for beating or as a receptacle	鼓,可用来击打或作为容器〔克黑贝/依黑贝（复数）〕
82	keheti	an old woman past child-bearing	已过生育年龄的妇女（克黑缇）
83	kehinganda	last born, the one that closes the womb	最小的孩子,母亲子宫中孕育的最后一个孩子（克黑甘达）
84	kehonia	curative, that which cures	药品,有疗效的（克厚尼亚）
85	kehongoyo	a useless or thoughtless person; babbler	无用的或轻率的人;唠叨的人（克厚格尤）
86	kehuroko	a resting-place; place of retirement	休息地;隐居地（克忽洛库）
87	keimba (pl. ciimba)	corpse	尸体〔克姆巴/西姆巴（复数）〕
88	keombani	lady-killer or heart-breaker	少女杀手,花花公子,万人迷（克姆巴尼）
89	kohonia	to cure	治疗（库厚尼亚）
90	koina	to dance or sing	跳舞或唱歌（库依纳）
91	koingata ngoma	to chase away evil spirits	赶走邪灵（库依格塔·恩格马）

续表

序号	基库尤语	英文解释	中文含义
92	koirugo	taking an oath by tasting the soil, swearing by the earth	通过品尝土壤进行宣誓,指着土地发誓(库依鲁格)
93	komemenda	to smash to smithereens	粉碎成碎片(库梅曼达)
94	komenya ooru na wega	to know good and evil	明辨善恶(库曼亚·乌鲁·纳·威格)
95	korora	to be fat or fertile	变得肥厚或肥沃(库洛拉)
96	koraria morongo	a ceremony of keeping the gods awake	使众神保持清醒的仪式(库拉里阿·莫洛格)
97	konyitwo ne ngoma	to be possessed by evil spirits	被邪灵附身(库依尼图·内·恩格马)
98	korathimithia	to ask for blessing, to lead a prayer	祈求保佑,带头祷告(库拉齐米齐亚)
99	koringa thenge	swearing by killing a goat and breaking its bones	通过杀死一只山羊,并打断它的骨头,进行发誓(库里格·赛恩格)
100	koruta	to take out, to do, to train	拿出,去做,培训(库鲁塔)
101	koruta igongona	to offer a sacrifice	献祭(库鲁塔·依格格纳)
102	koruta mogiro	to purify, remove pollution	净化,去污(库鲁塔·莫基洛)
103	kuoha nyeki	to tie the grass; phrase used in asking a girl to select her partner for talking or playing with	把草捆绑起来;要求女孩选择搭档进行交谈或玩耍时使用的短语(库哈·涅齐)
104	kuuna mogumo	the breaking of branches from the sacred tree for circumcision ceremony	为了割礼从圣树上折下来的树枝(库纳·莫古莫)

续表

序号	基库尤语	英文解释	中文含义
105	kwenja	to shave; to dig	剃头;挖掘(克威加)
106	macoro(sing. coro)	horns; trumpets	号角;喇叭〔马休洛/休休(单数)〕
107	mae	water	水(麦)
108	mae maithanwa	"axe water"; cold water used for numbing the sexual organ before operating	"斧水";在手术前用来麻木性器官的冷水(麦·麦萨瓦)
109	Mae me gotherera matietagerera mondo	Flowing water waits for no man	流水匆匆不等人
110	magerio	temptations; trials	诱惑;试验(马格里尔)
111	magetha	harvests	收成,收获(马格萨)
112	magetha ma njahe	the season of harvesting njahe	基库尤的一种豆子的收获季节(马格萨·马·恩加黑)
113	magetha ma mwere	the season of harvesting millet	小米的收获季节(马格萨·马·姆威里)
114	maguta	oil; fat	油;脂肪(马古塔)
115	maguta ma mbare-ki	raw castor oil	生蓖麻油(马古塔·马·巴里齐)
116	mahoithia	herb used for embrocation	可涂擦患处的药草(马罕齐阿)
117	mahio	flocks and herds	牛羊,牧群(马黑尔)
118	mahori	lungs	肺(马厚里)
119	mahuti	rubbish	垃圾(马忽缇)
120	mbare	family group, clan or sub-clan	家庭,氏族或亚氏族(姆巴里)

序号	基库尤语	英文解释	中文含义
121	Mbari ya moombi	Moombi's family group, Moombi's tribe or nation; Gikuyu people	姆比的家庭,姆比的部落或国家;基库尤人民(姆巴里·亚·姆比)
122	Mbare ya Abaci	Ethiopians	埃塞俄比亚人(姆巴里·亚·阿巴西)
123	mbeo	seeds	种子(姆贝尔)
124	mbiro	soot, black powder; lamp-black	油烟,黑粉;灯烟,特指灯火在某些物体上熏出的黑色凝固物(姆比洛)
125	mboco	beans	豆子(姆博休)
126	mbootho ya nda-hekio	a small calabash in which purification water is carried	用来装净化水的小葫芦(姆布嗖·亚·恩达黑齐尔)
127	mbori ya ihaki	a goat or sheep given by a junior warrior to his seniors as entrance fee to a higher grade	资历较浅的战士在晋升时付给等级较高的战士的入门费,即一只山羊或绵羊(姆博里·亚·依哈齐)
128	mbuku	a book	一本书(姆布库)
129	mbura	rain	雨(姆布拉)
130	mbura ya mwere	the season of short rain commencing in October	始于十月的阵雨季节(姆布拉·亚·姆威里)
131	mbura ya njahe	the season of long rain commencing In March	始于三月的阴雨连绵季节(姆布拉·亚·恩加黑)
132	menjo	shaving ceremony, performed a few days after circumcision	在割礼结束几天后举行的剃须或清洗仪式(曼久)
133	menoga	fatigue	疲劳(曼诺格)

序号	基库尤语	英文解释	中文含义
134	meri ya mekongoe	oblivion	被遗忘(梅里·亚·梅库格)
135	meruke	breadth	宽容(梅鲁克)
136	metugo ya nganyii-ti	noble character, good behaviour	品格高尚,品行良好(梅图格·亚·恩格基缇)
137	moburabureki	nosy parker; fussy, interfering person	爱管闲事的人;挑剔难搞的人(莫布拉布里齐)
138	mocee(pl. mecee)	sticks used by initiates after circumcision	年轻人接受割礼后使用的棍子〔莫西/梅西(复数)〕
139	mociari(pl. aciari)	parent	父亲或母亲〔莫西阿里/阿西阿里(复数)〕
140	mociarithania	midwife	接生婆,助产士(莫西阿里萨尼亚)
141	mociarwa (pl. aciarwa)	one who is ceremonially adopted; blood-brother	通过仪式收养的孩子;亲兄弟〔莫西阿瓦/阿西阿瓦(复数)〕
142	mocie	home, homestead, village, town	家,家园,村庄,镇(莫西艾)
143	mociiri	a judge, a spokesman with legal training	法官,精通法律的发言人(莫西里)
144	mogai	divider; benefactor; God; testator	分割者;恩人;神;立遗嘱的人(莫盖)
145	mogathe wa mwenji	barber's present; a string of beads given by the initiate to her or his sponsor	理发师的礼物;接受割礼的年轻人给其帮助者的一串豆子(莫格塞·瓦·姆威基)
146	mogendi	traveller	旅行者(莫根缇)

续表

序号	基库尤语	英文解释	中文含义
147	mogere	a shrub used in taking oaths or uttering curses	宣誓或诅咒时使用的灌木（莫格里）
148	mogio(pl. megio)	a shrub whose bark is used for making strings	树皮可用来做细绳的灌木〔莫基尔/梅基尔（复数）〕
149	mogiro(pl. megiro)	taboo; defilement	禁忌；污秽〔莫基洛/梅基洛（复数）〕
150	mogonda (pl. megonda)	garden; plantation; farm	园地；种植场；农场〔莫格达/梅格达（复数）〕
151	mogori(pl. agori)	buyer, purchaser	购买者〔莫格里/阿格里（复数）〕
152	mogotha (pl. megotha)	a shrub whose bark is used for making strings	树皮可用来做细绳的灌木〔莫格萨/梅格萨（复数）〕
153	mogumo	a sacred tree, parasitic wild fig under which sacrifices are offered to Ngai	圣树,即寄生的野生无花果树,人们一般在圣树下向恩盖（神）献祭（莫古莫）
154	moigwithania	uniter, arbitrator, the one who unites in one cause	统一者,裁决者,使众人联合为同一事业努力的人（莫伊圭萨尼亚）
155	mohari wa njoa	one who scrapes the hair from skins	把毛发从皮肤上刮下来的人（莫哈里·瓦·久阿）
156	moherega (pl. meherega)	clan; division of a tribe	宗族；部落的组成部分〔莫黑里卡/梅黑里卡（复数）〕
157	mohiki	a bride, from day of marriage to childbirth	新娘,即刚嫁人,还未生孩子的女人（莫黑齐）
158	mohoi(pl. ahoi)	one who is given cultivation rights on another man's land	在别人的土地上享有种植权的人〔莫罕/阿罕（复数）〕

序号	基库尤语	英文解释	中文含义
159	mohoko	herb used for purification and other ceremonies	用于净化等仪式的药草（莫厚库）
160	mohoroha	herb used for purification and other ceremonies	用于净化等仪式的药草（莫厚洛哈）
161	moihwa（pl. aihwa）	cousin	堂兄弟姐妹，表兄弟姐妹〔莫依哈瓦/阿依哈瓦（复数）〕
162	moireetu（pl. aireetu）	young unmarried woman；circumcised girl	年轻的未婚女性；已经接受割礼的女孩〔莫依里图/阿依里图（复数）〕
163	moiru	a partner；co-wife	伙伴；丈夫的另一个妻子（莫依鲁）
164	mokengeria	a creeper used for ceremonial and curative purposes	用于仪式或治病的一种蔓生植物（莫克格里亚）
165	mokenia	a herb used for purification and magical purposes	用于净化等仪式的药草（莫克尼亚）
166	mokeo	a shrub whose bark is used for making strings	树皮可用来做细绳的灌木（莫克尔）
167	mokoora	a herb used for purification ceremonies	用于净化仪式的药草（莫库拉）
168	mokoro	elderly person，senior	长者，较年长者（莫库洛）
169	mokorwe wa gathanga	a traditional sacred place where the Gikuyu people are believed to have originated, the first Gikuyu homestead	莫克威·瓦·加斯安加，被认为是基库尤人起源的传统圣地，基库尤人最初的家园

序号	基库尤语	英文解释	中文含义
170	mokoyo （pl. mekoyo）	fig tree（sacred）	（神圣的）无花果树〔莫库尤/梅库尤（复数）〕
171	mondo	a man, person	人（莫多）
172	mondo-marome	a he-man; a title attained after circumcision	颇有男子气概的男人；男孩接受割礼后获得的称号（莫多·马洛梅）
173	mondo-mogo	medicine man; magician	巫医；有法术的人（莫多·莫格）
174	mondo-mogo-wa-ita	a war magician	掌管战争的巫师（莫多·莫格·瓦·依塔）
175	mondo-moroaru	a sick man	病人（莫多·莫洛阿鲁）
176	monene	a chief, ruler	首领，统治者（莫内内）
177	moniginia	a herb used in purification ceremonies	用于净化仪式的药草（莫尼基尼亚）
178	monyinyi	junior, younger; small	年少的，年轻的；小的（莫尼尼）
179	monunga	deciduous tree; stinkwood; a herb used for magical purposes	落叶树；有恶臭味的树；用于实施巫术的药草（莫努格）
180	monyaka	good luck	好运（莫亚卡）
181	moogo（pl. meogo）	a creeper used for making platters	用于制作大浅盘的蔓生植物〔姆格/梅格（复数）〕
182	moombi	moulder, potter, creator; name of the first Gikuyu woman; the mother of the Gikuyu nation	塑造者，陶艺家，创造者；第一个基库尤族的女人的名字；基库尤族的母亲姆比
183	Moombi arugaga na ngeo.	a potter cooks with broken pots	一个用破罐子做饭的陶工

序号	基库尤语	英文解释	中文含义
184	moondo	pocket	口袋(姆多)
185	mora	the bottom part of a spear	矛的底部(莫拉·瓦·依缇莫)
186	morathi(pl. arathi)	seers, prophets	预言家,先知〔莫拉齐/阿拉齐(复数)〕
187	morigiti wa Mogwati	preventer of dangers; magical protector	阻止危险发生的人;拥有魔法的保护者(莫里基缇·瓦·莫格瓦缇)
188	moro(pl. ario)	son of...	……的儿子〔莫洛/阿里尔(复数)〕
189	moro(pl. mero)	a digging-stick	挖掘棒〔莫洛/梅洛(复数)〕
190	morogi(pl. arogi)	wizard, witch; one who practises black magic	巫师,女巫;经常使用黑魔法的人〔莫洛基/阿洛基(复数)〕
191	moroki wa mocie	one who sets foot in a homestead first thing in the morning	早晨的第一件事就是到家里的园地走一走(莫洛齐·瓦·莫西)
192	morongo	ancestral god	祖先的神灵(莫洛格)
193	moroori(pl. orori)	wanderer	流浪者〔莫鲁里/阿洛里(复数)〕
194	moruna	younger brother or sister	弟弟或妹妹(莫鲁纳)
195	moruru	liquid honey	液态蜜(莫鲁鲁)
196	moruithia	circumciser; operator	割除包皮或阴蒂的人;操作者(莫鲁依齐阿)
197	motaathi, mongirima	wood from which the staffs of the kiama are made	用来给长老们做手杖的木头(莫塔齐,莫基里马)
198	motahekania	purifier	净化师(莫塔黑卡尼亚)

续表

序号	基库尤语	英文解释	中文含义
199	motamayo	sacred tree used in initiation and other ceremonies	在成人仪式或其他仪式中使用的圣树(莫塔马尤)
200	mote wa igongona	sacred grove, under which rituals are performed	神圣的小树林,举行仪式的场所(莫特·瓦·依格格纳)
201	mote wa itimo	a stick which joins the two halves of a spear	把矛的两半连接起来的棍子(莫特·瓦·依缇莫)
202	mote wa ngai	tree of God, sacred tree	神之树,圣树(莫特·瓦·恩盖)
203	mote wa ombani	attraction magic	吸引术(莫特·瓦·欧巴尼)
204	moteei	shrub used in purification ceremony	用于净化仪式的灌木(莫特依)
205	motegi(pl. ategi)	trapper	设陷阱捕兽者〔莫特基/阿特基(复数)〕
206	mothaiga	medicine	药物(莫塞格)
207	mothaiga wa rwenda	love magic	爱情魔法(莫塞格·瓦·日威达)
208	mothamaki (pl. athamaki)	judge; ruler; spokesman	裁决者;统治者;发言人〔莫萨马齐/阿萨马齐(复数)〕
209	mothamaki wa riika	leader or spokesman of an age-group	一个年龄组的领导者或发言人(莫萨马齐·瓦·里卡)
210	mothamaki wa borori	ruler of a country, a king	国家的统治者,国王(莫萨马齐·瓦·博罗里)
211	mothami (pl. athami)	one who is given cultivation and building rights on another man's land	在别人的土地上享有种植权和建造权的人〔莫萨米/阿萨米(复数)〕

续表

序号	基库尤语	英文解释	中文含义
212	motheegi	a staff of office carried by elders of the kiama	长老委员会的长老所拿的象征权威的手杖（莫塞基）
213	mothenya (pl. methenya)	day	白天〔莫赞亚/梅赞亚（复数）〕
214	mothingi wa ithito	a maker of charms or amulets	护身符或咒文的制作者（莫齐基·瓦·依齐多）
215	mothoni (pl. athoni)	a relative-in-law	姻亲〔莫索尼/阿索尼（复数）〕
216	mothuri (pl. athuri)	an elder; a married man with grown-up children	长老；孩子已经长大成人的已婚男子〔莫苏里/阿苏里（复数）〕
217	mothuri wa igongona	elder of the ceremonial council	仪式委员会的长老（莫苏里·瓦·依格格纳）
218	mothuri wa kerera	elder of the traditional council; educator	传统委员会的长老；教育工作者（莫苏里·瓦·克里拉）
219	motiiri(pl. atiiri)	a sponsor; a supporter	帮助者；保护人〔莫缇里/阿缇里（复数）〕
220	motino	bad luck	厄运（莫缇诺）
221	motirima (pl. metirima)	a staff of office carried by elders of the Kiama	长老委员会的长老所拿的象征权威的手杖〔莫缇里马/梅缇里马（复数）〕
222	motongoro	a procession	行列、队伍（莫托格洛）
223	motoriro (pl. metoriro)	flute	长笛〔莫托里洛/梅托里洛（复数）〕
224	motumia (pl. atumia)	lady	女士〔莫图米阿/阿图米阿（复数）〕
225	mumo	youths	青少年（姆莫）

序号	基库尤语	英文解释	中文含义
226	mungu（pl.miungu）	tunnel, underground passage	隧道,地下通道〔姆古/米阿古（复数）〕
227	muuma	oath	誓言,诅咒（姆马）
228	muuma wa anake	Warriors'oath	战士们的誓言（姆马·瓦·阿纳克）
229	mwako	the work of building	建筑工作（姆瓦库）
230	mwambaigoro	creeper used in purification ceremony	在净化仪式中使用的蔓生植物（姆瓦巴依格洛）
231	mwamokanero	reciprocity	互惠（姆瓦莫卡内洛）
232	mwanake.（pl. anake）	warrior	战士〔姆瓦纳克/阿纳克（复数）〕
233	mwangi	the name of an age-group	姆瓦基,一个年龄组的名称
234	mwate(pl. meate)	ewe	母羊〔姆瓦特/梅阿特（复数）〕
235	mwathi(pl. aathi)	hunter; bush-man	猎人;居住于丛林的人〔姆瓦齐/阿齐（复数）〕
236	mwehetwa wa anake	warriors' oath	战士们的誓言（姆威黑特瓦·瓦·阿纳克）
237	mwene(pl. ene)	owner	所有者〔姆威内/艾内（复数）〕
238	Mwene-Nyaga	God	神（姆威内-亚格）
239	mwengo（pl. Meengo）	a small apron worn by women	女人穿的小围裙〔姆威格/梅安格（复数）〕
240	mwenjerere	warriors' long spears	战士们的长矛（姆威杰里里）
241	mwenji	barber	理发师（姆威基）

序号	基库尤语	英文解释	中文含义
242	mwere	body；millet	身体；小米（姆威里）
243	mweri（pl. meeri）	moon；month	月亮；月份〔姆威里/米里（复数）〕
244	mwondwe	a shrub used for making strings	树皮可用来做细绳的灌木（姆网德威）
245	Mzungu	a European（Swahili）	欧洲人（姆祖古）
246	nda	stomach；womb	胃；子宫（恩达）
247	Ndamathia	a sacred monster which is believed to have lived in rivers；national totem	据说住在河里的神圣的巨兽；国家图腾（恩达马齐阿）
248	ndemi	an age-group of the remote past	恩德米，远古时期的一个年龄组
249	ndere	mortar	砂浆；研钵（恩德里）
250	Getire ondo wa ndereri	Nothing is impossible	凡事皆有可能
251	ndia ngiri	deep, still water；deep pool in a river	静止的深水；河水深处（恩缇阿·基里）
252	ndogamoki	herb used for curing wounds and sores	用来治伤口和溃疡的药草（恩多格莫齐）
253	Ndoire nyiki ta morogi	I live like a wizard	我活得像一个巫师
254	ndokoyo，thiya na ndokoyo	axe used for carving hives, etc.	用来切开蜂巢等的斧子（恩多库尤，齐亚·纳·恩多库尤）
255	ndoma	arum lily	海芋百合（恩多马）
256	ndoogo	warriors' war-dance	战士们的战舞（恩多格）
257	ndoogo ya ita	a war-cry accompanied with jumping dance	伴随着跳舞的战斗呐喊（恩多格·亚·依塔）

续表

序号	基库尤语	英文解释	中文含义
258	ndorobo	hunter, a race of hunters	猎人,猎人一族(恩多洛博)
259	ndorome	a fat ram	肥胖的公羊(恩多洛梅)
260	ndua	a large calabash for fermenting beer	用来酿酒的大葫芦(恩度阿)
261	nduma	darkness	黑暗(恩度马)
262	ndundu ya athamaki	council of judges, spokesmen	仲裁委员会或发言人委员会(恩顿度·亚·阿萨马齐)
263	ndundu ya atumia	council of women	女性委员会(恩顿度·亚·阿图米亚)
264	ndundu ya mocie	family council	家庭委员会(恩顿度·亚·莫西)
265	Ngai	God	神(恩盖)
266	Ngai ndegiagiawo	God is not pestered	神不会有烦恼(恩盖·恩德基亚基尔)
267	ngangae	slags; blooms	矿渣;花(恩格盖)
268	nganyiti	fineness; high quality	精良;高品质(恩格依缇)
269	ngaragari	balls, pellets	球,小球(恩格拉格里)
270	ng'aragu	hunger, famine	饥饿,饥荒(恩阿拉古)
271	ngatha	noble generous person	高尚、慷慨的人(恩格萨)
272	ngemi	thrilling sounds uttered by women in applause	女人们发出的激动人心的欢呼声(恩格米)
273	Ng'enda the ndiagaga motegi	Nothing treads that cannot be trapped	你能愚弄他人一时,但不可能永远愚弄别人。作者这句话反映了基库尤原住民对殖民者的反抗

续表

序号	基库尤语	英文解释	中文含义
274	ngeo	pieces of a broken pot	破罐子的碎片（恩基尔）
275	ngerewani	advance guard	前哨,先锋（恩格里瓦尼）
276	ngiri	a thousand	一千（恩基里）
277	ngiria	a beetle used for magical purposes	施展巫术时使用的大槌（恩基里阿）
278	ngoima	a ceremony for sealing marriage arrangements	敲定结婚事宜的仪式（恩格依马）
279	noima	a fat sheep	肥胖的绵羊（恩格依马）
280	ngoma	spirits, good or bad	好的或坏的灵魂（恩格马）
281	ngoma cia aciari	spirits of parents	父母的灵魂（恩格马·西阿·阿西阿里）
282	ngoma cia ago	spirits of magicians	巫师的灵魂（恩格马·西阿·阿格）
283	ngoma cia riika	spirits of an age-group	一个年龄组的灵魂（恩格马·西阿·里卡）
284	ng'ombe	a cow, cattle	母牛,牛（农贝）
285	ng'ombe ya igong-ona	a ceremonial cow	用于仪式的母牛（农贝·亚·依格格纳）
286	ng'ondo	land, cultivated or uncultivated	已经耕作过或未经开垦的土地（努昂度）
287	ngoto	a branch of banana tree, banana bark	香蕉树的树枝,香蕉树皮（恩格托）
288	nguo	clothes, garments	衣服（恩古尔）
289	nguo ya maribe	a kind of women's dress	一种女人穿的裙子或长袍（恩古尔·亚·马里贝）

序号	基库尤语	英文解释	中文含义
290	nguo ya ngoro	a cloak worn by women	女人穿的斗篷,上衣(恩古尔·亚·恩格洛)
291	ngurario	a sheep killed in the preliminary arrangements for matrimony	在订婚仪式准备中所杀的绵羊(恩古拉里尔)
292	nguro	a dance in the form of drill, for men only	男人们跳的操练舞(恩古洛)
293	ngwati	a tassel, below the head of the male organ	挂在男性性器官顶部的流苏(恩格瓦缇)
294	ngwatanero	joint property, partnership	共同财产,合作关系(恩格瓦塔内洛)
295	ngweko	fondling, caressing	爱抚,宠爱(恩格威库)
296	ngweko ya gecomba	European(i.e. vulgar or lustful)sexual intercourse	欧洲人粗俗的、放荡的性交(恩格威库·亚·格匈巴)
297	njahe	a kind of Gikuyu bean	一种基库尤豆子(恩加黑)
298	njama	council	委员会(恩加马)
299	njama ya arogi	council of wizards	巫师委员会(恩加马·亚·阿洛基)
300	njama ya ita	council of war	战争委员会(恩加马·亚·依塔)
301	njama ya itwika	council of the revolution	革命委员会(恩加马·亚·依特威卡)
302	njama ya kerera	traditional council	传统委员会(恩加马·亚·克里拉)
303	njamba	a brave man, hero	勇敢的人,英雄(恩加姆巴)

序号	基库尤语	英文解释	中文含义
304	njegeni	stinging-nettle	刺人的荨麻（恩杰格尼）
305	njera	road，path	道路，小路（恩杰拉）
306	njingiri	small rattles	小鼓（恩金基里）
307	njogo	tree peas	树豌豆（恩久格）
308	njongwa	a specialised dance for young men only	年轻男性跳的一种特殊舞蹈（恩迥瓦）
309	njohi	beer；any alcoholic drink	啤酒；带酒精的饮料（恩久黑）
310	njohi ya gothugumitheria mbori	beer given in celebration of the first instalment of roracio	送完第一批彩礼后用来庆祝的啤酒（恩久黑·亚·格苏古米萨里阿·姆博里）
311	njohi ya ngorario	beer for celebrating an engagement	庆祝订婚用的啤酒（恩久黑·亚·恩格拉里尔）
312	njohi ya njoorio	beer given to a girl's parents in a formal proposal	在正式求婚时送给女孩父母的啤酒（恩久黑·亚·恩久里尔）
313	njohi ya ooke	honey beer	蜂蜜啤酒（恩久黑·亚·乌克）
314	nyakiambi	head wife，first wife	正妻，首个妻子（恩亚齐安比）
315	nyamo-Njoru	a fierce animal	凶猛的动物（恩亚莫-恩久鲁）
316	nyina	mother(his，hers，theirs)	（他的，她的，他们的）母亲（妮娜）
317	nyokwa	mother(your)	（你的）母亲（努克瓦）
318	nyondo	breasts	乳房，胸脯（努昂多）

续表

序号	基库尤语	英文解释	中文含义
319	nyoni	a bird	鸟(努尔尼)
320	nyoni ya monyaka	lucky bird, i.e. lucky men	幸运的鸟,即幸运的人(努尔尼·亚·莫亚卡)
321	nyota	thirsty	口渴的(努尔塔)
322	ocoro	gruel	稀粥(欧休洛)
323	ogembe	millet(small)	小米(欧格姆贝)
324	ohoro	news, affairs, matters	消息,事宜,事件(欧忽洛)
325	oiru	jealousy	嫉妒(欧依鲁)
326	okamini	generosity, nobility	慷慨,高尚(欧卡米尼)
327	ombani	attractiveness to the opposite sex	对异性的吸引(欧姆巴尼)
328	ombani na ngweko	attractiveness to the opposite sex, friendship based on sexual intercourse; platonic love and fondling	对异性的吸引,基于性交的友情;柏拉图式的爱情和爱抚(欧姆巴尼·纳·恩格威库)
329	onoru	fatness; fertility	饱满;受孕能力(欧诺鲁)
330	ooke	honey	蜂蜜(乌克)
331	oomo	a kind of medicine to stimulate bravery and perseverance	一种可以激发勇气和毅力的药物(乌莫)
332	oriro	mystery, wonder	神秘的事物,奇事(欧里洛)
333	orogi	poison; witchcraft	毒药;巫术(欧洛基)
334	ororo	bitterness; poison for arrows	苦难;箭头的毒(欧洛洛)

序号	基库尤语	英文解释	中文含义
335	orugare wa nyon-do	warmth of the breast	胸部的温暖(欧鲁格里·瓦·努昂多)
336	oruma-wa-hiti	hyena's pit or cave	鬣狗的洞穴(欧鲁马-瓦-黑缇)
337	otaari wa mocie	the family's traditional education	家庭传统教育(欧塔里·瓦·莫西)
338	othamaki	kingdom	王国(欧萨马齐)
339	otonga	wealth	财富(欧托格)
340	riige(pl. mariige)	door	门〔里格/马里格(复数)〕
341	riika(pl. mariika)	age-grade	年龄组〔里卡/马里卡(复数)〕
342	riika remwe	belonging to one age-grade	属于某一个年龄组(里卡·里姆威)
343	rogambi	a small bell for ceremonial purposes	在仪式上使用的铃铛(洛格姆比)
344	rohuho	wind; evil spirit; spirit of wind	风;邪灵;风之魂(洛忽厚)
345	rokwaro	a strip of goat or sheepskin worn ceremonially	仪式性地穿在身上的山羊皮或绵羊皮(洛克瓦洛)
346	rong'otho	clitoris	阴蒂(容尔松)
347	rooa(pl. njoa)	skin	皮肤〔鲁阿/恩久阿(复数)〕
348	rooe(pl. njooe)	rivers	河流〔鲁艾/恩久艾(复数)〕
349	roracio	dowry; lobola	嫁妆;婚前男方送给女方家的彩礼(洛拉西尔)

序号	基库尤语	英文解释	中文含义
350	rorere	tribe；nation；race	部落；国家；种族（洛里里）
351	rothuko	enticement；magic；magnetic power	诱惑；魔力；磁力（洛苏库）
352	rwenji	razor	剃刀（鲁威基）
353	taatha	contents of the stomach	胃内容物（塔萨）
354	tata	aunt	姑母；姨母；婶母；伯母；舅母（塔塔）
355	tene tene na tene	long time ago ever and ever	很久之前（特内） 永远（特内·纳·特内）
356	thaai	peace；tranquility	和平；宁静（萨依）
357	thaata	barren	贫瘠的（萨阿塔）
358	thahu (pl. mathahu)	taboo，defilement	禁忌，污秽（萨忽/马萨忽（复数））
359	thaithayai	praise；beseech	赞美；恳求，祈求（萨依萨亚）
360	thaka	handsome，beautiful；beauty	帅的，美丽的；美（萨卡）
361	thakame	blood	血（萨卡梅）
362	thangari	couch-grass	茅草（萨格里）
363	the	the world；the earth	世界；大地（塞）
364	thego	a small calabash used for carrying gruel in circumcision dances	割礼舞会上用来装粥的小葫芦（塞格）
365	thenge	he-goat	公羊（赛恩格）
366	thingira	man's hut；bachelor-hut	男人的小屋；单身汉的小屋（齐基拉）

序号	基库尤语	英文解释	中文含义
367	tho	Enemy	敌人(索)
368	thogwo	father(yours)	(你的)父亲(索古)
369	toturi	corners	角落(特图里)
370	waine	initiates' song after circumcision	孩子们在接受割礼后唱的歌(威内)
371	wakeri	form of greeting used by a girl to her sponsor	女孩向她的保护人问候的方式(瓦克里)
372	wakia-maito	form of greeting used by a child to her aunt	孩子向她的姑母问候的方式(瓦齐亚-玛托)
373	wakia-mware	form of greeting used by an aunt to her niece	姑母向侄女问候的方式(瓦齐亚-姆瓦里)
374	wakine	form of greeting used between members of the same age-grade	同一年龄组成员问候的方式(瓦齐内)
375	watu wa mngu	people of God; prophets, seers	上帝的子民;预言家,先知(瓦图·瓦·曼古)

译 后 记

　　《面向肯尼亚山》（*Facing Mount Kenya*）是肯尼亚国父乔莫·肯雅塔在导师马林诺夫斯基的支持和指导下完成的一部人类学著作，于1938年完成，是一部当时少有的由非洲人自己写就的民俗专著。此书经过修订后在其朋友的帮助下得以出版，此后成为肯雅塔最重要的代表作和维护民族利益的武器。

　　译者有幸在浙江师范大学外国语学院组建"非洲人文经典译丛"学术组时加入其中，机缘巧合之下选择了《面向肯尼亚山》进行翻译。撰写该文本的导论时恰在美国访学，其间得以在图书馆和数据库中收集到不少重要的相关资料，对作者肯雅塔和著作本身有了更为深入的了解，为译介本书奠定了较为扎实的前期基础。

　　该译著从译前准备到初稿完成，再到修改和统稿，前后约一年半时间。我的研究生林方芳同学扫描并审校了所有原文电子稿，整理了文中所有术语，并负责部分章节的翻译工作。为了更好地翻译著作中的大量基库尤语，我们在浙江师范大学国际学院的帮助下，找到两位肯尼亚留学生，根据他们的朗读录音进行音译。鉴于本书翻译过程中遇到的一些困难，现将最终的处理方式说明一二。

第一，本书中运用了大量基库尤语，作者在行文过程中对大部分进行了英文释义。我们若在翻译中将这些基库尤语全部去掉，只对英文释义进行汉译，一方面，这会使部分没有英文释义的基库尤语难以处理；另一方面，鉴于部分章节中的基库尤语与文章内容无法分割，若简单去除，将在某种程度上影响译文的忠实性，同时也使译文失去原文的韵味。因此，译者最后采取的方式是汉语释义+（基库尤语），或音译名+（基库尤语），文中出现的部分基库尤语句子或段落则只根据英文释义翻成汉语。如此虽略显累赘，但有利于保留原文中的基库尤文化特征，也可为感兴趣的读者提供参考。

第二，译稿最后的词汇表是基于原文末尾的术语表翻译的，但正文中的部分基库尤语却因未知的原因并未出现在其中。读者若无法在词汇表中找到正文中的基库尤语，原因即在于此。另外，正文中的极少一部分基库尤词汇，与其在词汇表中的形式不一致，略有出入，其原因亦未可知。对此，考虑到翻译的忠实性，译者未擅做改动。此外，正文和词汇表中对基库尤语的音译名是基于肯尼亚留学生的朗读录音，可能跟读者所熟悉的音译法有所不同。费此周折，只为供对基库尤语感兴趣的读者参考一二，但因肯尼亚留学生中的基库尤人十分难寻，朗读录音若有不准确之处，请读者发现后不吝指教。

本书在翻译过程中得到几位学生的协助，其中三位将部分章节作为她们毕业设计的翻译实践材料，因而使得统稿工作相对复杂一些。笔者对学生翻译的章节逐页进行了审校，以消除漏译、误译，并做必要的文字修改润色，统一术语，其间数易其稿。我在统稿中所做的修改，如有错误，当然由我来负责。现将由学生完成的初稿章节说明如下：

第一章：童超男

第二至四章：林方芳

第五章：王菲

第六至八章：康美玲

第十章：吴燕婷

感谢上述同学在本书翻译过程中付出的努力，其中林方芳同学花费大量时间和精力做了许多前期准备和后期收尾工作，在此表示特别的感谢。同时，也在此特别感谢浙江工商大学出版社的大力相助，若没有他们的帮助，本书的版权引进不可能如此顺利，译著的出版也可能还要推迟。

面向肯尼亚山

译者翻译此书时身怀六甲，统稿时则怀抱幼儿，辛苦自不必说，却也甘之如饴，是为后记。

陈芳蓉

2018年1月于雨泽花园

浙江师范大学外国语学院
"非洲人文经典译丛"

百年来，非洲的文化思想飞速革新，知识分子既尽力重现往日历史传统的光辉，又在全球化的碰撞下迸发出新的思想火花，在文化领域留下了不可磨灭的思想印记。非洲大陆为世界贡献了许多杰出的文学家、思想家、政治家等。在中非合作越来越紧密的今天，人文领域的相互理解也变得越来越迫切，需要双方学者进行全方位、深层次、多角度的系统研究。

浙江师范大学外国语学院拥有国内高校首个非洲文学研究中心。中心旨在搭建学术平台，深入战略合作，积极服务于中非文化的繁荣与传播，为推进中非学术和文化交流做出新贡献。

国内首套大型"非洲人文经典译丛"以"20世纪非洲百部经典"名单为基础，分批次组织非洲文学作品及非洲学者在政治学、社会学、哲学、人类学等领域的重要专著的汉译工作，在此过程中形成一个高效实干的学术团队，培养非洲人文社科领域的译介与研究人才，构建具有中国特色的非洲文学研究学术话语体系。

浙江师范大学非洲研究院
"非洲研究文库"

 非洲大陆地域辽阔，国家众多，文化独特。近年来，中国与非洲国家的交往合作迅速扩大，中非关系的战略地位日益重要。目前，中非关系已超出双边关系的范畴而对世界产生多方面的影响，成为撬动中国与外部世界关系的一个支点。

 浙江师范大学非洲研究院是国内高校首家成立的综合性非洲研究院，创建的目标在于建构一个开放的学术平台，聚集海内外学者及有志于非洲研究的后起之秀，开展长期而系统的研究工作，以学术服务于国家与社会。

 "非洲研究文库"是浙江师范大学非洲研究院长期开展的一项基础性、公益性工作，秉承非洲研究院"非洲情怀，中国特色，全球视野"之治学理念，并遵循"学科建设与社会需求并重，学术追求与现实应用兼顾"之编纂原则，由国内外知名学者、相关人士组成编纂委员会，遴选非洲研究领域的重大重点课题，以国别和专题之形式，集为若干系列丛书逐步编撰出版，形成既有学科覆盖面与知识系统性，同时又重点突出各具特色的非洲研究基础成果，为中国非洲研究事业之进步，做添砖加瓦、铺路架桥之工作。